ELEMENTS DE LINGUISTIQUE TEXTUELLE
Théorie et pratique de l'analyse textuelle

 *PHILOSOPHIE ET LANGAGE*

Jean-Michel Adam

Eléments de linguistique textuelle
théorie et pratique de l'analyse textuelle

Deuxième édition

MARDAGA

© 1990, Pierre Mardaga, éditeur
1, Avenue du Luxembourg - 4020 Liège
D. 1996-0024-8

*Como é difícil, pai, abrir a porta
Essa palavra presa na garganta.*

(Ch. Buarque et F. Himel, «Calice»)

*Qu'on vous regarde
ou qu'on vous pense,
vous vivez,
vous existez.*

*(M. Leiris, «A qui l'on aime»,
Vivantes cendres, innommées)*

Avant-propos

Bien que l'analyse de discours, inaugurée par Z.S. Harris en 1952, ait donné à la linguistique une orientation discursive, jusqu'à ces dernières années, dans le domaine francophone du moins, cette célèbre remarque de Bakhtine a gardé toute sa validité :

> La linguistique [...] n'a absolument pas défriché la section dont devraient relever les grands ensembles verbaux : longs énoncés de la vie courante, dialogues, discours, traités, romans, etc. car ces énoncés-là peuvent et doivent être définis et étudiés, eux aussi, de façon purement linguistique, comme des phénomènes du langage. [...] La syntaxe des grandes masses verbales [...] attend encore d'être fondée; jusqu'à présent, la linguistique n'a pas avancé scientifiquement au-delà de la phrase complexe : c'est le phénomène linguistique le plus long qui ait été scientifiquement exploré. On dirait que le langage méthodiquement pur de la linguistique s'arrête ici [...]. Et cependant, on peut poursuivre plus loin l'analyse linguistique pure, si difficile que cela paraisse, et si tentant qu'il soit d'introduire ici des points de vue étrangers à la linguistique (1978 : 59).

Depuis près de 25 ans, la théorie du texte s'est largement développée dans les pays anglo-saxons où l'on ne compte plus les ouvrages de synthèse[1] et les manuels. Dans les deux Allemagnes, la Textlinguistik existe, avec ses différentes écoles : générative ou structuraliste (développant les thèses récentes du Cercle de Prague), proches de la sémantique générative ou de la logique formelle ou encore de la Textpragmatik. Aux Etats-Unis, l'école tagmémique de Pike a donné naissance aux recherches de R.E. Longacre sur les types de paragraphes dans les langues des Philippines (1968) et sur les types de discours dans des langues de Nouvelle-

Guinée (1972); les recherches de R. Jeanneret sur l'hymne et la prière chez Virgile (1973) s'inscrivent dans la même perspective. Plus récemment, ce sont surtout les travaux de R. de Beaugrande et ceux de W. Kintsch (menés en collaboration avec T.A. van Dijk) qu'il faut citer avec, en Italie, le *Lector in fabula* d'Umberto Eco (1979) et, en Grande-Bretagne, *Cohesion in English* de M.A.K. Halliday et R. Hasan qui reste un ouvrage de référence depuis sa parution en 1976.

Il n'en va pas du tout de même dans le domaine francophone — malgré la nomination d'Harald Weinrich à la chaire européenne du Collège de France et le cours de linguistique textuelle qu'il y a donné de mars à juin 1990 — où le terrain a été surtout occupé par les recherches de sémiotique et d'analyse de discours. Aux rares traductions (*Linguistique et sémiologie* 1978, Rück 1980, Weinrich 1973 et 1989, Eco 1985), on ne peut guère ajouter que D. Slakta (1977), B. Combettes (1983) et L. Lundquist (1980 et 1983) ainsi que P. Ricœur (1986) et F. Jacques (1987) pour quelques rares tentatives philosophiques de définition du texte.

Les linguistes structuralistes n'ont, malgré tout, jamais cessé de s'intéresser à des textes-discours. Les uns dans la ligne des propositions de Harris (tradition de l'Analyse de Discours Française[2]), les autres, dans la tradition des formalistes russes et en suivant l'exemple de Roman Jakobson, se sont occupés de la poésie (Ruwet, Milner, Halle, Guiraud, de Cornulier, mais aussi Wagner, Peytard, Mounin, etc.). C'est bien, d'ailleurs, le sens du post-scriptum des *Questions de poétique* :

> D'autres préjugés dus à leur tour à la méconnaissance de la linguistique contemporaine et de ses visées amènent les critiques à de graves bévues. Ainsi l'idée que l'étude linguistique est enfermée dans les limites étroites de la phrase [...] se trouve contredite par l'analyse du discours comme l'une des tâches mises de nos jours au premier plan dans la science linguistique (Jakobson 1973 : 485-486).

Il y a, dans l'hypothèse de travail structuraliste, les germes d'une définition de la textualité : «Sous certaines conditions, les grosses unités du langage, c'est-à-dire les unités de degré supérieur à la phrase, offrent des organisations comparables à celles des petites unités du langage, c'est-à-dire les unités de degré inférieur à la phrase, celles précisément qui sont du ressort de la linguistique» (Ricœur 1986 : 147). Le travail de C. Lévi-Strauss dans le premier tome de l'*Anthropologie structurale* est, sur ce point, exemplaire. Avec les «mythèmes» — grosses unités au moins égales à une phrase, «paquets de relations» —, Lévi-Strauss a mis l'accent sur les combinaisons constitutives de la structure du mythe. Dans la ligne de la *Morphologie du conte* de Propp, les travaux de Bremond,

Todorov, Barthes et Genette sur le récit reposent sur les mêmes postulats, ainsi résumés par Paul Ricœur :

> Le sens du récit est dans l'arrangement même des éléments; le sens consiste dans le pouvoir du tout d'intégrer des sous-unités; inversement, le sens d'un élément est sa capacité à entrer en relation avec d'autres éléments et avec le tout de l'œuvre; ces postulats ensemble définissent la clôture du récit; la tâche de l'analyse structurale consistera alors à procéder à la segmentation (aspect horizontal), puis à établir les divers niveaux d'intégration des parties dans le tout (aspect hiérarchique) (1986 : 159-160).

La linguistique pragmatique et textuelle hérite en partie de ces postulats dont il s'agira de dépasser les limites et la clôture formelle. Elle hérite aussi de la sémiotique (littéraire en général — Houdebine 1968, Kristeva 1969, Barthes 1971[3], Genette 1979 —, narrative et discursive de l'Ecole de Paris réunie autour d'A.J. Greimas), de la sémiologie (J.-B. Grize et M.-J. Borel) et surtout de la rhétorique (antique, classique et «nouvelle»). Parmi les autres acquis, il faut citer les travaux socio-linguistiques de W. Labov (sur le récit oral), sociologiques d'E. Goffman (sur les rituels de la conversation ordinaire, travaux développés linguistiquement dans l'analyse conversationnelle moderne[4]), psycho-linguistiques, avec les recherches de psychologie cognitive menées dans une perspective résolument textuelle depuis quelques années (Denhière 1984, Fayol 1985, Wittwer 1985).

Riche de toute une tradition et d'un tel foisonnement de données établies par des disciplines connexes, la linguistique textuelle peut aujourd'hui se définir comme un ensemble théorique assez puissant pour intégrer sans éclectisme une telle tradition et un tel héritage. Savoir hériter, ce sera savoir reformuler des acquis sans confusion et avec assez de modestie pour ne pas prétendre abusivement au changement radical de paradigme. J'avoue, dans ce sens, me sentir beaucoup moins proche de certains pourfendeurs de théories que de ce propos de Francis Jacques dans un article consacré au texte : «L'heure de la mise à feu successive des grandes hypothèses de travail est passée. Celle de la réintégration a sonné. [...] Il est clair que la meilleure tradition inter-théorique pour l'accueillir est la plus puissante et la plus intégrative, j'entends sans éclectisme, des programmes de recherche locaux» (1987 : 76).

Si, pour l'essentiel, mes exemples porteront sur des textes écrits — et souvent même littéraires —, c'est que, de mon point de vue, il n'y a pas deux linguistiques : l'une de l'oral et l'autre de l'écrit. En dépit de leurs spécificités, qu'il est difficile de passer sous silence, textes oraux et textes écrits possèdent plus de points communs que de différences. Le linguiste se doit de porter attention à toutes les formes de textualité, en privilégiant toutefois, pour des raisons méthodologiques et dans un premier temps, l'une ou l'autre forme de manifestation de la langue. Le parcours de mes propres travaux — qui ont porté sur le poème, le récit et la description littéraires autant que sur les descriptions et les récits «ordinaires» écrits et oraux — m'a confirmé dans cette conviction inégalement partagée par les linguistes contemporains[5].

NOTES

[1] Voir, entre autres, PETÖFI et RIESER 1973, PETÖFI 1975, DRESSLER 1978, RÜCK 1980, DE BEAUGRANDE et DRESSLER 1981, VAN DIJK 1981 et 1984, SOWINSKI 1983, *Linguistique et sémiologie*, n° 5 (1978), *Degrés*, n°s 46-47 (1986).
[2] Pour une synthèse, voir Maingueneau 1976 et 1987.
[3] En dépit de l'idéologie du texte absolu qui — au-delà de ces trois références — court de Blanchot à Ricardou et ses «Eléments de textique »(1987, 1988, 1989). Idéologie qui généralise une expérience d'écriture historiquement datée et qui, comme le souligne F. Jacques : «A force de cantonner la signifiance à l'ordre du signifiant, [...] manque la spécificité du discours» (1987 : 25).
[4] Roulet 1985, par exemple.
[5] Diverses publications antérieures, généralement très profondément remaniées, ont été partiellement utilisées dans cet ouvrage. Il s'agit d'articles publiés dans les revues *Degrés*, n°s 46-47, (1986), *Travaux du Centre de Recherches Sémiologiques de Neuchâtel*, n° 52 (1986) et n° 55 (1988), *T.L.E.*, n° 6 (1986), *Cahiers de linguistique française*, n° 7 (1986), *Revue Européenne des Sciences Sociales*, n°s 43 (1984) et 56 (1987), *Le Français dans le monde*, numéro spécial février/mars 1988, *Langue Française*, n° 74 (1987) et n° 81 (1989), ainsi que dans deux ouvrages collectifs : *L'interprétation des textes* (C. Reichler éd., Minuit 1989) et *Modèles du discours* (Ch. Rubattel éd., Peter Lang 1989).

Introduction
Le texte : un objet linguistique?

1. DE LA PHRASE AU TEXTE

Si l'on recherche une tradition purement linguistique d'approche du texte, le nom de Bakhtine est le premier qui viennent à l'esprit. Au début d'une étude consacrée au «problème du texte», il reconnaît qu'il ne peut parler de cet objet ni en linguiste, ni en philologue, ni en littéraire et il situe son propos «dans les sphères limitrophes, aux frontières de toutes les disciplines mentionnées, à leur jointure, à leur croisement» (1984 : 311). Entreprendre de parler en linguiste du texte, c'est, en effet, se trouver en présence d'un objet pluridisciplinaire et être inévitablement confronté aux limites d'une discipline constituée. En passant de la phrase — limite ultime classique — au texte, le linguiste ne peut pas procéder par simple extension de son domaine : «Le texte écrit nous force, de façon exemplaire, à comprendre que l'on ne peut pas passer de la phrase (hors prosodie, hors contexte, hors situation) à l'énoncé, par une procédure d'extension. Il s'agit en fait d'une rupture théorique, aux conséquences incontournables» (Culioli 1984 : 10).

De manière semblable, dans le chapitre de *Language in the Inner City* consacré aux insultes rituelles, W. Labov note que cet objet le conduit «à dépasser la grammaire de phrases pour aborder l'étude du discours» (1978 : 223). Et il ajoute aussitôt :

> Jusqu'à présent, les linguistes n'ont guère progressé dans cette étude et sont, pour l'essentiel, restés dans les limites de la phrase. Car *l'analyse du discours*, sans être en

soi un domaine vierge, l'est au moins du point de vue technique, en ce sens qu'aucune de ses parties fondamentales n'a encore été sérieusement pénétrée. Certes, il y a l'ouvrage bien connu de Harris, *Discourse Analysis Reprints* (1963), mais son objet réel, les réarrangements structurels au niveau de la phrase, le rend tout à fait étranger aux problèmes qui nous intéressent ici. En fait, et ce devrait être là un motif d'alarme pour les linguistes, même si beaucoup d'entre eux commencent à se consacrer à cette question, les principaux progrès sont venus des sociologues (1978 : 223-224).

En d'autres termes, il semble que, pour parler du TEXTE, le linguiste soit tenu ou de sortir de sa discipline ou de s'engager dans une redéfinition de son objet. A l'occasion de son essai de 1924 sur «le problème du contenu, du matériau et de la forme dans l'œuvre littéraire», Bakhtine s'engage dans cette voie d'une redéfinition de l'objet de la linguistique. Tout en déplorant les limites de la linguistique et tout en soulignant que «le langage méthodiquement pur de la linguistique» s'arrête à la phrase, Bakhtine envisage malgré tout alors la possibilité de «poursuivre plus loin l'analyse linguistique pure, si difficile que cela paraisse, et si tentant qu'il soit d'introduire ici des points de vue étrangers à la linguistique» (1978 : 59). Ces difficultés et ces tentations sont certainement responsables du fait que, trente-cinq ans plus tard, il présente son étude comme une analyse philosophique située dans une zone frontière entre littérature, philologie et linguistique. La question essentielle est ainsi posée : l'analyse linguistique «pure» est-elle encore possible quand sont franchies les limites morpho-syntaxiques de la langue comme système ?

Les approches qu'on peut ranger dans ce qu'on appelle la grammaire de texte se caractérisent par la recherche d'une sorte de continuité entre les niveaux et méthodes de la linguistique classique et le niveau du texte. C'est généralement dans cet esprit que sont théorisés les phénomènes transphrastiques dont il sera question plus loin : anaphore, nominalisation, coréférence, connecteurs, progression thématique et même ellipse et paragraphe. Le cadre conceptuel de ces indispensables et importantes recherches reste dominé par la morpho-syntaxe et par une conception très locale de la sémantique et de la pragmatique.

Pourtant de nombreuses voix se sont élevées et il semble que philosophes et linguistes aboutissent au même constat : «La phrase n'existe pas dans l'utilisation réelle que l'on fait du langage, où il y a toujours un contexte d'énonciation qui situe la phrase [...]». Cette idée de Michel Meyer (1986 : 225) se trouve déjà, par exemple, chez Z.S. Harris : «Toutes les occurrences de la langue ont une cohérence interne. La langue ne se présente pas en mots ou phrases indépendantes, mais en discours suivi, que ce soit un énoncé réduit à un mot ou un ouvrage de 10 volumes, un monologue ou un discours politique» (1969 : 10-11).

L'initiateur de ce qui deviendra, en France, l'analyse de discours ajoute même, un peu plus loin, de façon très intéressante que : «Le texte peut être constitué de morceaux successifs, sortes de sous-textes à l'intérieur du texte principal, comme des paragraphes ou des chapitres» (: 24-25). Malheureusement, la méthodologie mise en place reste très strictement phrastique. Bloquée par la recherche d'une continuité phrase-texte, elle ne permet pas de théoriser ces segments textuels qui résultent du découpage de l'énoncé par le travail d'organisation-planification.

Se proposant d'introduire dans l'analyse textuelle une manière de mouvement, A. Culioli soulignait quant à lui, il y a plus de quinze ans déjà, qu'il est nécessaire de dépasser «la conception simpliste d'une langue décrite comme un stock de phrases isolées, où, à chaque suite, correspondrait une analyse syntagmatique indépendante, irréductible», nécessaire aussi de se débarrasser de l'observation naïve selon laquelle l'énoncé ne serait qu'une succession linéaire d'unités discrètes, d'une conception qui «enferme le langage à double tour, en faisant de toute phrase un phénomène isolé [...]» (1973 : 85).

Même souhait également, plus de dix ans après, chez Catherine Fuchs, à propos de l'approche de la paraphrase :

> On sait que le texte n'a guère été étudié pour lui-même par les linguistes. C'est la phrase que les théories linguistiques ont, pour la plupart, adoptée comme unité d'analyse, et les études menées sur l'ambiguïté et la paraphrase reflètent très largement cette tendance : on s'y intéresse aux ambiguïtés de phrases isolées et aux relations de synonymie entre phrases prises deux à deux, sans considération de contexte plus vaste. Si certaines tentatives récentes visant à dépasser le niveau de la phrase, et à tenir compte de certaines relations entre phrases (anaphores, consécutions temporelles) ont vu le jour, elles restent néanmoins encore limitées, et l'on ne dispose pas d'études systématiques sur l'ambiguïté et la paraphrase au niveau du texte.
>
> De telles études seraient pourtant précieuses, car la limitation à la phrase, dans ce domaine de la constitution de la signification, apparaît comme une restriction dommageable : [...] bien des ambiguïtés potentielles de phrases isolées ne subsistent pas dans un contexte plus large et, inversement, d'autres ambiguïtés sont engendrées par le tissage progressif des significations au fil du texte; de même certaines relations de paraphrase sont bloquées ou, au contraire, libérées, selon le contexte (1985 : 20-21).

Dans cet esprit, quelques linguistes ont essayé de penser le suivi du discours en théorisant les enchaînements d'énoncés (Bellert 1970), les enchaînements d'actes d'énonciation («Il n'y a texte que si l'énonciation de chaque phrase prend appui sur l'une au moins de ces phrases précédentes — de sorte que la compréhension de ce qui suit exige celle de ce qui précède», écrivait O. Ducrot en 1972), ou encore, plus largement, la cohésion sémantique : «La cohésion détermine l'appropriation d'une phrase bien formée à un contexte. Un texte répond aux exigences de cohésion si toutes les phrases qu'il comporte y sont acceptées comme des suites possibles du contexte antécédent» (Martin 1983 : 205).

Il faut ajouter que la compréhension d'un texte ne se réduit pas à l'assimilation phrase par phrase des conditions de vérité individuelles. «Comprendre *Dom Quichotte* n'est pas une opération analytique de décomposition phrastique», écrit M. Meyer (1986 : 225) qui prolonge ce constat empirique par une critique destinée aussi bien à Frege et au calcul des prédicats qu'à la pragmatique actuelle : «Le texte est un tout, et non un simple assemblage de propositions indépendantes (et analysables comme telles) que l'on aurait mises bout à bout» (: 252). Dans *Univers de la fiction*, Thomas Pavel parvient exactement à la même conclusion :

> Les textes littéraires, tout comme la plupart des ensembles non formels de propositions : conversations, articles de journaux, dépositions de témoins oculaires, livres d'histoire, biographies des gens célèbres, mythes et critiques littéraires, ont en commun une propriété qui étonne les logiciens, mais qui paraît normale à la plupart d'entre nous : la vérité de ces ensembles de propositions ne se définit pas de manière récursive à partir de la vérité des propositions individuelles qui les composent. La vérité globale de l'ensemble ne se déduit pas immédiatement des valeurs de vérité locales des phrases présentes dans le texte. [...] De surcroît, le sens d'un texte peut se déployer à plusieurs niveaux [...]. Il est donc inutile de mettre sur pied une procédure pour évaluer la vérité et la fausseté individuelle des propositions d'un roman, car leur micro-valeur de vérité risque fort de n'avoir guère d'effet sur la vérité du texte pris en sa totalité (1988 : 27).

Cette prise de position n'est pas nouvelle, bien sûr, elle parcourt la linguistique de Bakhtine à M.A.K. Halliday et R. Hasan (1976). Le premier envisage l'énoncé comme «un tout de sens» (1979 : 332), les seconds définissent le texte comme un tout sémantiquement unifié. D'autres linguistes ont théorisé ce point en insistant sur la notion de thème ou topic du discours qu'ils distinguent du thème (topic) phrastique. A la relation linéaire de connexité intra et inter-phrastique, il faut bien ajouter une relation non linéaire de cohésion-cohérence, construction élaborée par l'interprétant à partir d'éléments discontinus du texte. C'est ce que je désignerai ici comme la perception-construction d'une macro-structure sémantique dont il faut bien voir qu'elle est elle-même prise dans la dynamique de ce qu'on appellera l'orientation pragmatique du texte (ci-après, 1re partie 2.6.). Précisons ici que l'isotopie (et son corollaire la poly-isotopie) peut être envisagée comme un phénomène de cohésion sémantico-référentielle, tandis que le topic du discours — qui correspond très exactement à la macro-structure sémantique — est un phénomène pragmatique à mettre en rapport avec la cohérence et la pertinence (Eco 1985 : 119). L'approche linguistique de la cohérence (description des suites linguistiquement bien formées d'unités et des conditions syntactico-sémantiques de bonne formation cotextuelle) doit être doublée d'une approche interprétative de la pertinence contextuelle. On assiste d'ailleurs actuellement dans la linguistique du discours à un déplacement de la pragmatique dans cette direction.

Il faut dès maintenant signaler un point rarement souligné du travail de Halliday et Hasan : mettant l'accent sur le fait que notre compétence linguistique nous permet de distinguer une collection de phrases sans liens d'un tout unifié, ils en viennent à constater que cette compétence textuelle générale se double d'une compétence spécifique, en quelque sorte typologique. Ils parlent d'une macro-structure «that establishes it as a text of a particular kind — conversation, narrative, lyric, commercial correspondence and so on» (1976 : 324). Pour eux, chacun de ces genres possède sa propre structure discursive; ils entendent par là : «The larger structure that is inherent in such concepts as narrative, prayer, folk-ballad, formal correspondance, sonnet...» (: 326-327). C'est ce que théorisera plus loin (1re partie 2.5.) la notion de séquence, complémentaire de l'orientation configurationnelle.

2. POINT DE VUE LOCAL ET POINT DE VUE GLOBAL EN LINGUISTIQUE

L'extension de la linguistique phrastique à des enchaînements minimaux de (rarement plus de deux) phrases ou propositions connaît actuellement un développement évident. Des travaux comme ceux de G. Kleiber, la «perspective transphrastique» de S. Stati[1], les recherches pragmatiques d'O. Ducrot et J.-C. Anscombre — en dépit de leurs cadres théoriques assez différents —, relèvent de ce secteur dynamique et intéressant de la linguistique contemporaine. On peut dire que ces travaux appartiennent à la micro-linguistique — ou grammaire de texte —, secteur d'extension le plus légitime de la linguistique classique, attentif aux contraintes locales générales touchant la phrase et le cotexte minimal de deux phrases contiguës ou éloignées.

L'emploi des organisateurs et des connecteurs dont il sera question dans la seconde partie du présent ouvrage relève certainement de ce genre d'études attentives à des contraintes en partie indépendantes du type de cotexte. Toutefois, un certain nombre de phénomènes prouvent que l'attention du linguiste doit se porter également sur l'interaction entre planification globale et mise en mots locale. Ainsi les différences entre un ALORS temporel (narratif par excellence) et un ALORS non temporel (argumentatif), entre les usages du présent (présent gnomique des proverbes, présent de vérité générale, présent historique ou de narration et encore de reportage), entre l'emploi de l'imparfait et du passé simple dans des séquences descriptives d'action et d'état, dans des récits voire même, pour le passé simple employé de façon isolée, dans des énoncés explicatifs et parfois argumentatifs. On pourrait encore citer le passage de la majuscule d'une fonction morpho-syntaxique classique (signal d'un nom propre ou d'un début de phrase) à une fonction textuelle de marquage de l'initiale de vers dans un type particulier de mise en texte appelé poème, le rôle démarcatif de la nominalisation dans les textes de presse, les différences de progression thématique dans la description et dans la narration.

D'un point de vue épistémologique, il est intéressant de prendre un peu de distance en se référant, par exemple, à ce qu'écrit, dans son *Essai sur l'unité des mathématiques*, le philosophe des sciences Albert Lautman. Le premier chapitre de sa réflexion sur «les schémas de structure» est consacré à la «solidarité presque organique qui pousse les parties à s'organiser en un tout et le tout à se réfléchir en elles» et il a pour titre : «Le local et le global». Lautman observe que le développement des mathématiques depuis le milieu du XIXe siècle se caractérise par le fait que les recherches ont été menées selon un double point de vue local ou global :

> L'étude locale se porte vers l'élément, le plus souvent infinitésimal, de la réalité; elle cherche à le déterminer dans sa spécificité, puis cheminant de proche en proche, établit progressivement des liaisons assez solides entre les différentes parties ainsi reconnues, pour qu'une idée d'ensemble se dégage de leur juxtaposition. L'étude globale cherche au contraire à caractériser une totalité indépendamment des éléments qui la composent; elle s'attaque d'emblée à la structure de l'ensemble, assignant ainsi leur place aux éléments avant même que d'en connaître la nature; elle tend surtout à définir les êtres mathématiques par leurs propriétés fonctionnelles, estimant que le rôle qu'ils jouent leur confère une unité bien plus assurée que celle qui résulte de l'assemblage des parties (1977 : 31).

La dualité de ces deux points de vue s'est d'abord présentée aux mathématiciens comme une «opposition entre deux modes d'étude, irréductibles l'un à l'autre» (1977 : 32). Mais, dans la perspective de la recherche d'une synthèse, l'examen de la façon dont les propriétés des parties réfléchissent éventuellement la structure topologique de l'ensemble a donné lieu à deux sortes de démarches :

> Ou bien l'on part de l'ensemble dont on connaît la structure et l'on cherche les conditions que doivent satisfaire les éléments pour être éléments de cet ensemble, ou bien l'on se donne des éléments jouissant de certaines propriétés et l'on cherche à lire dans ces propriétés locales la structure de l'ensemble en lequel ces éléments se laissent ranger. Dans l'un et l'autre cas on cherche à établir une liaison entre la structure du tout et les propriétés des parties par quoi se manifeste dans les parties l'influence organisatrice du tout auquel elles appartiennent (1977 : 39).

Lautman ajoute qu'il est impossible de considérer un tout mathématique comme résultant de la juxtaposition d'éléments définis indépendamment de toute considération d'ensemble relative à la structure du tout en lequel ces éléments s'intègrent. L'analogie avec la recherche linguistique est assez frappante et je suis tenté de voir dans ces observations des affirmations qui valent certes pour le domaine intra-phrastique, mais également pour les ensembles textuels. La linguistique pragmatique et textuelle que le présent ouvrage tente de situer, se définit par une attention non seulement à la nature des parties, mais également aux différentes manifestations d'un «tout» textuel. C'est exactement le propos de Bakhtine dans son étude sur «Le problème du texte» : «La proposition est l'élément signifiant de l'énoncé dans son tout et acquiert son sens définitif seulement dans son tout» (1984 : 290). De façon très claire, il précise :

> Lorsque nous choisissons un type donné de proposition, nous ne choisissons pas seulement une proposition donnée, en fonction de ce que nous voulons exprimer à l'aide de cette proposition, nous sélectionnons un type de proposition en fonction du tout de l'énoncé fini qui se présente à notre imagination verbale et qui détermine notre opinion. L'idée que nous avons de la forme de notre énoncé, c'est-à-dire d'un genre précis du discours, nous guide dans notre processus discursif (1984 : 288).

La possibilité de prendre en considération la relation du tout et des unités qui le composent se trouve, selon Bakhtine, dans la compétence linguistique (discursive) des sujets :

> Les formes de langue et les formes types d'énoncés, c'est-à-dire les genres du discours, s'introduisent dans notre expérience et dans notre conscience conjointement et sans que leur corrélation étroite soit rompue. Apprendre à parler c'est apprendre à structurer des énoncés (parce que nous parlons par énoncés et non par propositions isolées et, encore moins, bien entendu, par mots isolés). Les genres du discours organisent notre parole de la même façon que l'organisent les formes grammaticales (syntaxiques). Nous apprenons à mouler notre parole dans les formes du genre et, entendant la parole d'autrui, nous savons d'emblée, aux tout premiers mots, en pressentir le genre, en deviner le volume (la longueur approximative d'un tout discursif), la structure compositionnelle donnée, en prévoir la fin, autrement dit, dès le début, nous sommes sensibles au tout discursif qui, ensuite, dans le processus de la parole dévidera ses différenciations. Si les genres du discours n'existaient pas et si nous n'en avions pas la maîtrise, et qu'il nous faille les créer pour la première fois dans le processus de la parole, qu'il nous faille construire chacun de nos énoncés, l'échange verbal serait quasiment impossible (1984 : 285).

Lorsque Lautman parle (1977 : 47) d'un double mouvement de descente du tout vers la partie et de montée de la partie vers le tout, j'y vois un principe extrêmement utile pour la réflexion linguistique. Le succès auprès des linguistes et dans les manuels de grammaire actuels des hypothèses — pourtant parfois un peu élémentaires et même souvent imprécises — de Benveniste et de Weinrich sur les temps de l'indicatif et l'énonciation ne s'explique pas autrement : il s'agit, dans les deux cas, de propositions théoriques qui relient des unités morphématiques (morphèmes verbo-temporels, indices de personne, adverbes, modalisateurs) à un énoncé considéré dans sa globalité.

Il serait facile d'examiner dans l'histoire récente de la linguistique et de la sémiotique les traces d'une option localiste et d'une option globaliste. Dans la tradition micro-linguistique locale, on rangerait la phonologie, la linguistique saussurienne, les grammaires générative, transformationnelle et même fonctionnaliste qui considèrent toutes la phrase comme la borne ultime de la recherche linguistique. La tradition issue de la *Morphologie du conte* de Propp et des grammaires du récit américaines ou françaises ont, en revanche, théorisé d'abord le tout narratif avant de songer à se préoccuper des unités linguistiques de «surface». Les travaux de sémiotique narrative et discursive de l'Ecole de Paris correspondent également à ce courant globaliste. Pour en revenir à la linguistique proprement dite, je ne prendrai qu'un exemple. Dans un travail de syntaxe, Joëlle Tamine note que l'apposition est presque toujours précédée du déterminant LE dans un corpus emprunté à des romans tandis que, dans un corpus tiré d'un numéro du journal *Le Monde*, elle relève un tout petit nombre d'appositions, qui sont toutes des noms de métier ou de fonction, et elle note qu'aucune ne présente de déterminant. Elle aboutit à la conclusion suivante : «Il devient donc impossible d'affirmer qu'en général l'apposition admet tel déterminant plutôt que tel autre, parce que la répartition se fait en réalité selon le type de discours envisagé» (1976 : 138). Ce qui l'amène à formuler une observation qui va très nettement dans le sens d'une influence du global sur le local :

> Ce n'est pas l'analyse syntaxique qui contribue à l'analyse du discours, mais la typologie des textes qui doit éclairer l'analyse syntaxique. Ceci infirme donc en partie l'idée d'une compétence abstraite et générale qui coifferait l'ensemble des possibilités d'emploi dans le discours. (1976 : 139)

On peut certes nuancer cette position un peu radicale d'effet du tout sur l'élément, comme le propose d'ailleurs J.-C. Milner dans la discussion qui suit cet article :

> Qu'il existe des propriétés des phrases qui dépendent effectivement de leurs conditions d'énonciation, personne ne le niera. Mais il ne suit pas de là que les phrases n'aient que des propriétés de ce genre ou que seules ces propriétés soient intéressantes [...].

Le débat théorique est clair : il porte sur l'autonomie relative du système (plan «sémiotique» de la signifiance de Benveniste) et sur la surdétermination partielle des éléments par la mise en texte-discours (plan «sémantique» de la signifiance chez Benveniste) sous toutes ses formes : plans d'énonciation, certes, mais aussi types de mise en séquence et/ou genres du discours. Milner s'intéresse avant tout aux propriétés qui peuvent être attribuées aux unités, il insiste donc sur l'autonomie (relative) du plan local tout en reconnaissant la surdétermination de certaines autres propriétés des phrases par les «conditions d'énonciation». Nous verrons qu'il s'agit d'une approche encore trop restrictive de la surdétermination par le plan global.

Les deux démarches identifiées par Lautman me paraissent plus complémentaires qu'exclusives. Elles placent le linguiste dans l'obligation de ne pas prendre pour détermination locale (syntaxique) un phénomène énonciatif-discursif global et, réciproquement, de ne pas considérer comme fait typologique global une simple contrainte morpho-syntaxique. La deuxième partie du présent ouvrage, consacrée aux connecteurs-organisateurs aura pour but d'examiner une partie de cette délicate question en définissant surtout un cadre théorique nouveau. On verra à quel point il est utile d'adopter un point de vue résolument syntaxique, sémantique et pragmatique sur des unités morphématiques comme les conjonctions (deuxième partie).

Avant d'envisager — ce sera le but de toute la première partie — le cadre général d'une linguistique pragmatique et textuelle, il convient de souligner une bifurcation théorique importante que permet de préciser la distinction nécessaire entre TEXTE et DISCOURS.

3. DU DISCOURS AU TEXTE

Il est utile de partir de la définition que propose Bakhtine de la compétence linguistique : il constate tout d'abord que «nous parlons par énoncés et non par propositions isolées et, encore moins, bien entendu, par mots isolés» pour insister ensuite sur le fait qu'apprendre à parler c'est apprendre à structurer des énoncés et que «les genres du discours organisent notre parole de la même façon que l'organisent les formes grammaticales (syntaxiques)» (1984 : 285). A travers la notion de «genres du discours», ce qui est avant tout souligné, c'est l'existence de pratiques discursives réglées. Si «tous nos énoncés disposent d'une *forme* type et relativement stable, de *structuration d'un tout*», c'est parce que nous avons appris, en même temps que notre langue maternelle, des «formes types d'énoncés». Quels sont, au juste, ces «genres du discours» et ces «formes types d'énoncés»? Faut-il distinguer les TEXTES des DISCOURS? Bakhtine ne pose pas ces questions et, développant une théorie de la compétence discursive, il ajoute :

> Le locuteur reçoit donc, outre les formes prescriptives de la langue commune (les composantes et les structures grammaticales), les formes non moins prescriptives pour lui de l'énoncé, c'est-à-dire les genres du discours — pour une intelligence réciproque

entre locuteurs ces derniers sont aussi indispensables que les formes de langue. Les genres du discours, comparés aux formes de langue, sont beaucoup plus changeants, souples, mais, pour l'individu parlant, ils n'en ont pas moins une valeur normative : ils lui sont donnés, ce n'est pas lui qui les crée. C'est pourquoi l'énoncé, dans sa singularité, en dépit de son individualité et de sa créativité, ne saurait être considéré comme une combinaison absolument libre des formes de langue (1984 : 287).

Si ces remarques déterminantes peuvent nous servir de point de départ, il reste à nous demander quelles régularités transphrastiques peuvent être linguistiquement observées et surtout ce que sont exactement ces «genres du discours». Tout en notant l'existence de «types relativement stables d'énoncés», Bakhtine (1984 : 266) insiste sur leur extrême mobilité; la diversité du dialogue quotidien, du récit familier, de la lettre, de l'exposé scientifique, du commandement militaire standardisé ou des discours de la propagande (publicitaire et politique) a pour conséquence une dilution des traits communs qui peut expliquer le fait que le problème général de ces genres du discours n'ait jamais été posé en linguistique.

En fait, le caractère très hétérogène de cette liste de types manifeste clairement qu'il serait nécessaire, pour penser tous les paramètres de la discursivité, de disposer d'un modèle assez puissant pour articuler discours et institutions, d'un modèle capable de décrire le «système de rapports» qui, «pour un discours donné, règle les emplacements institutionnels des diverses positions que peut occuper le sujet d'énonciation» (Maingueneau 1984 : 154). Comme le suggère le schéma 1, il convient de référer le concept de DISCOURS aux formations discursives de Foucault. Suivant la définition de ce dernier : «On appellera discours un ensemble d'énoncés en tant qu'ils relèvent de la même formation discursive» (1969 : 153). Dans cette perspective, les genres du discours de Bakhtine pourraient probablement être envisagés dans leur dimension fondamentalement sociale et l'on entrerait dans les réseaux institutionnels des différents groupes sociaux que «l'énonciation discursive à la fois suppose et rend possible» (Maingueneau 1984 : 13). Dès lors, «l'unité d'analyse pertinente n'est pas le discours, mais un espace d'échange entre plusieurs discours». Comme le souligne le schéma 1, les discours «se forment de manière réglée à l'intérieur de l'interdiscours». L'interdiscours étant défini comme un «espace de régularité» dont les discours ne sont que les composants : «l'interdiscours prime le discours» (Maingueneau 1984 : 11). Une telle analyse, qui excède les moyens théoriques propres aux linguistes et se situe même au-delà du champ général des sciences du langage, sur le terrain de l'anthropologie, ne peut faire l'objet que d'une collaboration entre chercheurs de divers secteurs des sciences humaines. Le concept de discours étant ainsi pris dans celui d'interdiscours, je réserve son usage à l'emploi trivial qui permet de parler de discours publicitaire, politique, scientifique, etc. et je le relie aux genres du discours que constituent le poème, l'essai, le théâtre, le roman (et leurs sous-genres respectifs) comme genres du discours littéraire; le sermon, l'hagiographie, la parabole, la prière, etc. comme genres du discours religieux; l'éditorial, le fait divers, le reportage sportif, etc. comme genres du discours journalistique; etc.

Schéma 1

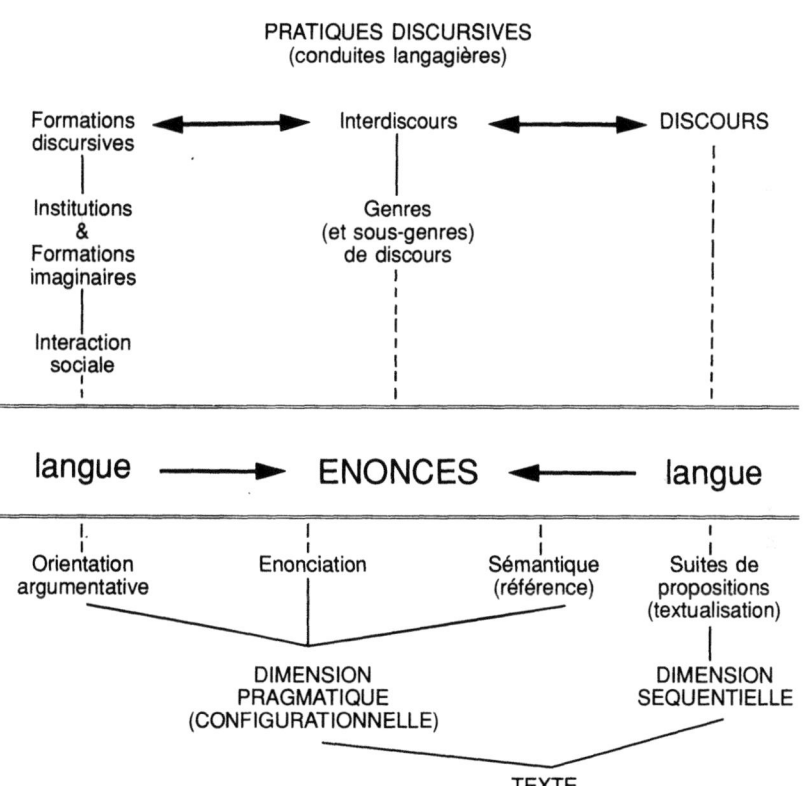

Deux exemples littéraires m'aideront à situer les problèmes posés par la dimension proprement discursive des pratiques langagières. Lorsque Blaise Cendrars recopie — presque mot pour mot — un fait-divers du journal *Paris-Midi* du 21 janvier 1914 pour en faire un de ses *Dix-neuf poèmes élastiques*[2], ou lorsque René Char reprend l'essentiel de la définition de l'iris du *Littré* pour en faire un poème de *Lettera amorosa*[3], ils modifient, l'un comme l'autre, le sens des propositions assertées. Devant cette pratique interdiscursive, on perçoit aisément qu'il ne suffise pas de parler de plagiat avoué (Cendrars) ou dissimulé (Char). Pour l'essentiel, l'opération consiste dans le transfert d'un discours d'une formation discursive (celle de la presse quotidienne ou celle du dictionnaire de langue) dans une autre (la poésie comme genre du discours littéraire). Ce que dit Foucault de l'exemple d'une phrase prononcée par un romancier dans la vie quotidienne et replacée par lui, ensuite, dans un roman, s'applique parfaitement à de tels exemples :

> On ne peut pas dire qu'il s'agisse dans les deux cas du même énoncé. Le régime de matérialité auquel obéissent nécessairement les énoncés est donc de l'ordre de l'institution plus que de la localisation spatio-temporelle ; il définit des possibilités de réinscription et de transcription (mais aussi des seuils et des limites) plus que des individualités limitées et périssables (1969 : 135).

Au terme d'un tel déplacement, ce qui bouge de façon déterminante, ce sont les conditions mêmes de l'interprétation : le contrat de lecture à la base de la sémantisation de propositions pourtant presque identiques.

Dans *L'Archéologie du savoir*, Michel Foucault se demande si l'on peut admettre, telles quelles, la distinction des grands types de discours, formes ou genres «qui opposent les uns aux autres science, littérature, philosophie, religion, histoire, fiction, etc., et qui en font des sortes de grandes individualités historiques». Comme il le souligne : «nous ne sommes pas sûrs nous-mêmes de l'usage de ces distinctions dans le monde de discours qui est le nôtre. A plus forte raison lorsqu'il s'agit d'analyser des ensembles d'énoncés qui étaient à l'époque de leur formulation, distingués, répartis et caractérisés d'une tout autre manière [...]; mais ni la littérature, ni la politique, ni non plus la philosophie et les sciences n'articulaient le champ du discours au XVIIe ou au XVIIIe siècle, comme elles l'ont articulé au XIXe siècle. De tout façon, ces découpages — qu'il s'agisse de ceux que nous admettons, ou de ceux qui sont contemporains des discours étudiés — sont toujours eux-mêmes des catégories réflexives, des principes de classement, des règles normatives, des types institutionnalisés : ce sont à leur tour des faits de discours qui méritent d'être analysés à côté des autres» (1969 : 33).

D. Maingueneau est encore plus radical : «Pour maîtriser un tant soit peu l'univers discursif on utilise constamment des typologies fonctionnelles (discours juridique, religieux, politique...) et formelles (discours narratif, didactique...) qui s'avèrent aussi inévitables que dérisoires. [...] On est condamné à penser un mélange inextricable de même et d'autre, un réseau de rapports constamment ouvert. Rien d'étonnant si les typologies, dès qu'on les scrute d'un peu près et qu'on veut les appliquer, volent en éclats, laissant apparaître un immense entrelacs de textes dans lesquels seules les grilles idéologiques d'une époque, d'un lieu donné, ou les hypothèses qui fondent une recherche peuvent introduire un ordre» (1984 : 16). Cette méfiance m'amène à me séparer des perspectives typologiques à visée trop globalisante et à partir d'une toute première distinction, assez communément admise aujourd'hui :

DISCOURS = Texte + Conditions de production
TEXTE = Discours - Conditions de production

En d'autres termes, un discours est un énoncé caractérisable certes par des propriétés textuelles, mais surtout comme un acte de discours accompli dans une situation (participants, institutions, lieu, temps); ce dont rend bien compte le concept de «conduite langagière» comme mise en œuvre d'un type de discours dans une situation donnée. Le texte, en revanche, est un objet abstrait résultant de la soustraction du contexte opérée sur l'objet concret (discours). Soit une définition du TEXTE comme objet abstrait qu'on peut, avec C. Fuchs (à la suite de D. Slakta), opposer au DISCOURS : «considéré [...] en tant qu'objet *concret*, produit dans une situation déterminée sous l'effet d'un réseau complexe de déterminations extralinguistiques (sociales, idéologiques...)» (1985 : 22). A ceci j'ajoute, pour ma part, une première délimitation : le discours ne peut pas être l'objet d'une approche purement linguistique. Comme le souligne le schéma 1 (page 21), linguistique et pragmatique textuelles doivent définir un champ de recherche limité, à l'intérieur du domaine plus vaste du discours que d'autres disciplines (histoire[4], sociologie, socio-linguistique, psycho-sociologie, psychanalyse, etc.) sont probablement plus à même de décrire.

F. Rastier, lui, n'hésite pas à partir du fait que : «Il n'existe pas de texte (ni même d'énoncé) qui puisse être produit par le seul système fonctionnel de la langue (au sens restreint de mise en linguistique). En d'autres termes, la langue n'est jamais le seul système sémiotique à l'œuvre dans une suite linguistique, car d'autres codifications sociales, le genre notamment, sont à l'œuvre dans toute communication verbale» (1989 : 37). Tout naturellement, il en vient à appuyer la réflexion typologique sur la définition suivante de la notion de genre : «Un discours s'articule en divers genres, qui correspondent à autant de pratiques sociales différenciées à l'intérieur d'un même champ. Si bien qu'un *genre* est ce qui rattache un *texte* à un *discours*. Une typologie des genres doit tenir compte de l'incidence des pratiques sociales sur les codifications linguistiques. [...] L'origine des genres se trouve donc dans la différenciation des pratiques sociales. Et il ne suffit pas de dire, avec Todorov, que nos genres sont issus de ceux qui les précédaient; il faudrait encore montrer comment les genres se forment, évoluent et tendent à disparaître avec les pratiques sociales auxquelles ils sont associés» (1989 : 40). Ceci confirme bien la place accordée aux genres de discours dans le schéma 1. Mon hypothèse est que les genres sont probablement des codes «seconds» par rapport aux principes de régularité transphrastique que je choisis d'aborder. Les genres relèvent, de toute façon, d'un domaine de recherche extra-linguistique (pour une synthèse littéraire sur ce domaine, voir J.-M. Schaffer 1989).

Si le but évident d'une pragmatique (textuelle ou non) se situe au-delà des limites que je viens de fixer, je crois nécessaire de définir un moment théorique et de considérer comme (malheureusement) prématuré de «restituer le texte dans son interdépendance avec le contexte social et cognitif» (Jacques 1987 : 77). Même si mon choix théorique gomme (provisoirement) le rapport au contexte d'une façon qui pourrait le rapprocher de l'idéologie du texte absolu, ce risque me paraît moins dangereux que celui de la dispertion et de la fuite en avant.

Malgré ces limites et toutes ces précautions théoriques, je dirai, en transposant au domaine de la textualité les remarques d'U. Eco sur le code, que l'on peut voir la production textuelle comme un «labyrinthe globalement indescriptible» sans pour autant assumer ni qu'on ne peut le décrire partiellement ni, puisque de toute façon ce sera un labyrinthe, qu'on ne peut «l'étudier et en *construire* les parcours» (1988 : 274). Comme le dit encore U. Eco : les lois que nous inventons pour expliquer ce qui semble hétérogène et fort complexe l'expliquent toujours «d'une certaine manière, jamais définitivement».

Le schéma 1, que la suite de cet ouvrage rendra progressivement plus explicite — surtout pour sa partie inférieure — traduit aussi simplement que possible les bifurcations théoriques dont il vient d'être question. Si l'on considère l'ENONCE comme l'objet empirique de la linguistique[5], lieu des marques et traces, le choix entre une théorisation des pratiques discursives ou de la textualité s'opère sur des bases radicalement différentes. La partie supérieure du schéma reprend les éléments dont il vient d'être question pour définir le champ du discours. La partie inférieure signale que l'EFFET DE TEXTE est le produit de deux dimensions complémentaires : une dimension séquentielle et une dimension pragmatique. C'est à la définition de ces deux dimensions que la fin de la première partie sera consacrée. Ajoutons, pour revenir un instant sur certaines remarques précédentes, qu'une approche GLOBALE de l'orientation argumentative consiste à penser le texte comme l'accomplissement d'un macro-acte de langage ; l'approche globale de l'énonciation consiste quant à elle à établir l'ancrage énonciatif de la séquence considérée tandis que, d'un point de vue sémantique, l'approche globale considère la macro-structure sémantique (thème-topic) dérivable du texte; enfin, l'approche globale de la dimension séquentielle tient compte de ce qu'on appelle les «superstructures» textuelles (que je préfère appeler structures séquentielles) comme le récit, la description, l'argumentation, etc. ou des simples plans de texte (de la *dispositio* de la tradition rhétorique — toujours présente, par exemple, dans le discours juridique contemporain — aux structures des journaux quotidiens). D'un point de vue LOCAL, la prise en compte de l'argumentation revient à considérer les micro-actes de langage et prioritairement le rôle des connecteurs; le point de vue énonciatif privilégiera les plans d'énonciation, les modalités et autres traces de la prise en charge des propositions; d'un point de vue sémantique, c'est toute la question de la construction de la représentation discursive (référenciation) et des isotopies qu'il faudra considérer; d'un point de vue séquentiel enfin, les phénomènes de liage de propositions, la progression thématique, la ponctuation, etc.

Pour passer d'un tel consensus contradictoire sur l'existence de grandes masses verbales réglées mais aussi sur la trop grande hétérogénéité du discours, à la dimension textuelle proprement dite, je pense qu'il est nécessaire de partir des constats empiriques dont il a déjà été question, mais également d'un certain nombre d'hypothèses sur la lecture-compréhension élaborées aussi bien dans le domaine littéraire (théories de la réception) que dans les domaines de la lecture en français langue étrangère et de la psycho-linguistique textuelle (psychologie cognitive).

4. DE LA LECTURE AU TEXTE[6]

En dehors des études littéraires et rhétoriques, les premiers travaux systématiques sur la textualité ont été le fait des psycho-linguistes. Après une période essentiellement consacrée aux mots puis aux phrases, ces derniers ont très vite compris les limites de leurs unités d'analyse. En témoignent, en langue française, le numéro 371, tome XXXVIII du *Bulletin de psychologie* (1985, J. Wittwer éd.) ainsi que les synthèses publiées par G. Denhière (1984) et par M. Fayol (1985). Pour une grande partie, les hypothèses développées dans le présent ouvrage s'expliquent par la volonté de tenir compte — tout en restant dans le champ linguistique — de certaines observations développées dans le cadre de telles recherches sur la production et surtout la compréhension des textes.

L'entrée herméneutique serait probablement intéressante aussi, mais elle me semble, en raison de ses présupposés philosophiques, plus difficilement conciliable avec la démarche linguistique. Je me référerai parfois à Paul Ricœur dont les *Essais d'herméneutique II*, intitulés : *Du texte à l'action* (1986), apportent une réponse originale à la question «Qu'est-ce qu'un texte?» (: 137-159) et distinguent les actes d'interprétation, d'explication et de compréhension. La pragmatique textuelle demeure, bien sûr, en deçà du projet de l'herméneutique philosophique. Comme le note également F. Rastier, à propos de sa sémantique textuelle, la linguistique textuelle ne définit que «les conditions linguistiques de l'interprétation» (1989 : 18). Ce dernier opère les mêmes choix que moi : «Plutôt que vers l'herméneutique, c'est vers la psycho-linguistique que nous nous tournons pour préciser expérimentalement les performances des lecteurs réels» (1989 : 19).

Roman Jakobson, dans ses *Dialogues* avec K. Pomorska, semble avoir bien pressenti l'indispensable ouverture de la linguistique en direction du domaine de la psycho-linguistique et de la psychologie cognitive :

> Le rôle de la mémoire à court terme et à long terme constitue l'un des problèmes centraux, dirais-je, de la linguistique générale et de la psychologie du langage — dans ce domaine aussi, beaucoup de questions sont à revoir et à réexaminer avec plus de précision, compte tenu de leurs divers tenants et aboutissants (1980 : 72).

Je reviendrai sur les limites de rétention mémorielle propres à l'appareil cognitif humain et sur l'influence de ces limites sur le traitement des unités linguistiques. En cette fin d'introduction, je veux seulement tenter de répondre brièvement — et en termes aussi proches que possible de la réflexion et des préoccupations linguistiques — à la question : qu'est-ce qu'un texte du point de vue de la lecture?

Pour la lecture, au sens courant et traditionnel, l'écrit est le lieu où gît le sens. L'oralisation consiste à faire jaillir, avec le signifiant oralisé, le sens qui lui est adjacent (le signifié). «Mettre le ton» — but ultime de l'activité classique de lecture —, c'est donner à entendre le sens du signifiant graphique étalé sur la page. Ce principe scolaire — source d'un aveuglement encore répandu ici ou là parce qu'après tout faire lire tout haut les élèves apparaît comme un moyen commode de contrôler une compétence de lecture — repose sur une double méconnaissance : méconnaissance de l'écrit et méconnaissance des processus cognitifs en jeu dans la lecture véritable[7].

En tant que texte produit pour être lu, l'écrit a subi un traitement, une certaine élaboration : le scripteur fournit les indices qu'il juge utiles à une bonne transmission de ce qu'il veut dire et, pour ce faire, il s'appuie sur un savoir commun et fait des hypothèses sur ce que son (ses) lecteur(s) pourra (pourront) déduire de son texte. F. Flahaut a fort justement insisté sur «le rôle des représentations supposées partagées dans la communication» (1982). Cette idée est présente également dans la thèse de base du *Lector in fabula* d'Umberto Eco. La compétence étroitement linguistique ne permet pas d'expliquer le processus interactif et dialogique de compréhension : le lecteur — comme l'auditeur du texte oral — comprend ce qui est dit-écrit parce qu'il part du principe que ce qui (lui) est dit est animé d'une visée de pertinence (le texte veut dire quelque chose) et parce qu'il dispose d'un stock de représentations supposées partagées dans lequel il puise pour retrouver les repères à partir desquels l'énoncé a été formulé[8].

Bien sûr, ceci n'implique pas que le lecteur (re)construise exactement ce que le scripteur a produit; objet d'une construction à la production, le sens l'est tout autant à la «réception» (si l'on tient à conserver ce terme aux connotations beaucoup trop passives pour désigner la complexité de l'acte de lecture-interprétation). Il faut bien voir qu'en programmant son texte, le scripteur-énonciateur choisit un contenu propositionnel (de quoi il parle, ce qu'il veut dire), un contenu pragmatique (force illocutoire de type promesse, ordre, avertissement, etc.) et un stock de représentations supposées partagées (ce qu'il pense que le lecteur sait, partage, admet ou ignore, redoute, etc.). Entre les attitudes intentionnelles du scripteur-énonciateur et celles du lecteur-co-énonciateur, des pertes (incompréhension, malentendu, quiproquo) interviennent : pertes entre ce que le locuteur veut/cherche à signifier et l'énoncé qu'il réussit à produire, et pertes encore par rapport à ce que l'énoncé signifie pour le lecteur.

En mettant l'accent sur un tel processus d'interprétation, la linguistique pragmatique et textuelle renonce à l'utopie de la transparence du sens et du caractère explicite des contenus. A la suite des recherches sur l'analyse pragmatique et, plus largement, des travaux qui ont porté sur l'énonciation, on peut affirmer, avec A. Culioli, qu'«un texte n'a pas de sens, en dehors de l'activité signifiante des énonciateurs, [...] l'ambiguïté (et le malentendu) sont non seulement explicables, mais encore partie intégrante du modèle, de même que les déplacements métaphoriques». A. Culioli poursuit très clairement en ces termes : «La communication se fonde sur cet ajustement plus ou moins réussi, plus ou moins souhaité, des systèmes de repérage des deux énonciateurs» (1973 : 87). La théorie linguistique peut difficilement ignorer ce mouvement, la complexité de cet ajustement des systèmes de repérage entre énonciateurs et le fait que la signification d'un texte résulte d'une accommodation inter-subjective. Comme le note encore le linguiste :

Tout énoncé suppose un acte dissymétrique d'*énonciation*, production et reconnaissance interprétative. Ramener l'énonciation à la seule production et l'énonciateur au locuteur, c'est, en fin de compte, ne pas comprendre que l'énoncé *n'a pas de sens* sans une double intention de signification chez les énonciateurs respectifs. Ces derniers sont *à la fois* émetteur et récepteur, non point seulement en succession, mais au moment même de l'énonciation. En bref, la communication à valeur référentielle strictement externe et explicite n'est qu'un cas limite. (Culioli 1973 : 86)

Au lieu de considérer l'acte de lecture comme un processus actif d'ajustement, d'accommodation inférentielle AVEC UN TEXTE, la définition traditionnelle de la lecture comme déchiffrement-oralisation considère que lire, c'est transformer le signifiant graphique en son (oraliser), d'une part, et tirer le signifié du signifiant, identifier le mot comme signe : signifiant et signifié (déchiffrer), d'autre part. La lecture s'inscrit ainsi, il est vrai, dans le cadre de la définition saussurienne du signe, mais dans une conception de la stricte équivalence et non de l'inférence : «Le signe linguistique unit non une chose et un nom, mais un concept et une image acoustique». Que la méthode de lecture soit analytique (B-A-BA) ou «globale» ne change rien aux présupposés de la méthode. Dans ce dernier cas, le signe est conçu comme un idéogramme ainsi que Saussure le pose à la page 57 du *Cours de linguistique générale* :

> Il y a aussi la question de la lecture. Nous lisons de deux manières : le mot nouveau ou inconnu est épelé lettre après lettre; mais le mot usuel et familier s'embrasse d'un seul coup d'œil, indépendamment des lettres qui le composent; l'image de ce mot acquiert pour nous une valeur idéographique. Ici l'orthographe traditionnelle peut revendiquer ses droits : il est utile de distinguer *tant* et *temps*, — *et, est* et *ait*, — *du* et *dû*, — *il devait* et *ils devaient*, etc.

Pour les théories littéraires dites «de la réception», l'écrit ne constitue que la *lettre* ou un *artefact* (Rutten 1980) offert, dans sa matérialité, à la perception. C'est l'*énoncé* tel qu'il a été produit par un individu ou un collectif «dans le but de provoquer et de rendre possible un processus de lecture; un ensemble structuré d'instructions de lecture produit d'après des conventions plus ou moins bien connues d'une communauté de lecteurs et d'auteurs. Autrement dit, l'artefact est le seul élément constitutif d'un processus de lecture concret qui soit extérieur au lecteur» (Rutten 1980 : 73). A l'origine de la production de sens, on posera donc une triade : énoncé-artefact, lecteur et processus de lecture, en réservant la notion de texte au produit de l'acte de lecture, à l'effet du processus de lecture. Le texte ne tire son identité sémiotique-sémantique que de son inscription dans un processus de lecture : «On ne lit pas un texte, il y a texte parce qu'il y a eu lecture», dit encore F. Rutten (1980 : 83).

Si les travaux psycho-linguistiques développent une même conception résolument interactive de la lecture, c'était déjà l'idée qui guidait la réflexion sur l'enseignement du Français Langue Etrangère dès l'article de D. Coste : «Lecture et compétence de communication» (1978) et la synthèse de S. Moirand et D. Lehmann : «Une approche communicative de la lecture» (1980). Leur thèse, convergente avec les remarques précédentes, est la suivante : la lecture doit être considérée comme un phénomène complexe dans lequel intervient «certes, le texte en tant que message produit par un scripteur, mais dans lequel joue également une (re)construction du (des) sens par le lecteur en fonction de ses connaissances préalables, linguistiques, mais aussi extra-linguistiques, et de ce qu'il cherche à atteindre par la lecture du texte en question (information, plaisir, etc.). [...] Si la lecture est bien ce dialogue dont nous parlons, on en vient à rétablir l'intention du lecteur sans faire litière de celle du scripteur; on prend en compte les «compétences» aussi bien que les objectifs du lecteur (selon, par exemple, qu'il cherche dans un écrit des consignes, un renseignement, des définitions, des néologismes, une émotion, un prétexte à rêverie) mais aussi les caractéristiques du texte lui-même, et tout particulièrement les conditions de sa production, c'est-à-dire l'ensemble de ses dimensions pragmatiques» (Lehmann et Moirand 1980 : 73).

Que des opérations de base interviennent dans toute lecture, c'est évident et c'est bien ce que travaillent les méthodes de lecture rapide et de «rééducation» en tous genres, mais ce qui est essentiel pour notre propos, c'est que le processus commun (perception, anticipation-vérification, etc.) ne sert que de base fonctionnelle pour des stratégies de lecture diversifiées à partir des variables suivantes :

a) Les conditions pragmatiques de réception de l'écrit : variable situationnelle qui inclut les caractéristiques psycho-sociologiques et événementielles de l'interaction texte-lecteur.

b) Le projet du lecteur : *variable but poursuivi par le lecteur*.

c) Les caractères propres au(x) texte(s) : *variable textuelle*. A condition toutefois de bien souligner, avec F. Rastier, que : «Si [...] le sens d'un texte est construit plutôt que donné, son *objectivation* n'est pas un processus unique fixé une fois pour toutes. Elle est certes fondée sur l'objectivité matérielle du texte mais non fondée ni garantie par elle» (1989 : 19).

Les différentes stratégies de lecture généralement répertoriées (lire intégralement un roman, lire sélectivement un article scientifique ou un magazine, rechercher une information dans un annuaire ou un quotidien) correspondent à l'interaction de ces trois variables. F. Jacques adopte un point de vue proche quand il écrit «qu'on ne peut plus donner à une *Litteraturwissenschaft* un domaine d'investigation restreint à l'auteur, au message textuel, ou au récepteur pris isolément, sans provoquer un enchaînement quasi-mécanique de crises fondamentales» (1987 : 75). Dans un autre domaine, il serait facile de montrer que l'artificialité de la lecture scolaire correspond à une normalisation de ces variables (jusqu'au texte-artefact généralement recalibré, encerclé de notes, d'un titre, etc.).

Du point de vue qui est le nôtre, il convient, ici encore, de bien définir les limites du propos : seule la variable textuelle (c) peut être l'objet d'une théorisation linguistique. Le texte-artefact correspond à ce que les linguistes appellent l'énoncé. Or, le sens d'un énoncé résulte d'un calcul opéré dans une situation de discours donnée et à partir d'instructions fournies par le texte. Cette notion d'*instructions* fournies par l'énoncé reste bien problématique. Etendant la réflexion menée par O. Ducrot dans le cadre de la phrase et de mini-enchaînements de phrases, on peut dire que l'acte de lecture consiste à travailler à partir d'instructions données par l'énoncé, ceci en exploitant les indications fournies par la situation de discours, mais, comme le souligne O. Ducrot, «la linguistique ne peut pas déterminer quels éléments, parmi la multitude des composants situationnels, l'interprétant retiendra comme pertinents, et lesquels il négligera : il y a mille façon possibles d'obéir aux instructions véhiculées par la phrase» (1980 : 33). Ce que F. Rastier formule en des termes très proches : «Plutôt que le réceptacle dépositaire d'un sens plus ou moins profond, le texte apparaît comme une série de contraintes qui dessinent des parcours interprétatifs. Chaque lecteur est libre de suivre un tracé personnel, de déformer ou de négliger à sa guise les parcours indiqués par le texte, en fonction de ses objectifs et de sa situation historique» (1989 : 18). La linguistique pragmatique développée par O. Ducrot présente l'intérêt de nous permettre d'«imaginer les stratégies imposées par le locuteur au destinataire pour l'interprétation de son discours» (1980 : 11). Comme O. Ducrot le précise encore : «Ce qui est important pour la compréhension d'un texte, ce sont non seulement les indications qu'il apporte au destinataire, mais tout autant les manœuvres auxquelles il le contraint, les cheminements qu'il lui fait suivre» (*ibid.*). Et cette réflexion-là, qui porte plus largement sur les contraintes exercées *par le texte* sur la production de sens, fait assurément partie de ce qui entre (toujours partiellement, certes) dans le domaine de compétence du linguiste.

Le présent ouvrage est certes une réflexion sur des unités linguistiques classiquement décrites aujourd'hui (connecteurs, organisateurs, phénomènes de reprise, ellipse, etc.), mais il se caractérise par la prise en compte du fait que l'interprétation est un processus fondé sur des stratégies dont le lecteur se souvient qu'elles se sont révélées utiles et efficaces dans des circonstances antérieures. Comme le souligne W. Kintsch : «Les stratégies aident les gens à inférer la signification d'un texte, mais elles ne garantissent pas un résultat final particulier» (1981-1982 : 777). D'un point de vue strictement linguistique, la question essentielle devient alors : quelles instructions émanant de la variable textuelle (c) peuvent être utilisées par le lecteur pour développer des stratégies en accord avec les autres variables? Cette question semble d'autant plus importante que, d'une part, ces stratégies de lecture sont de véritables opérations pré-programmées qui aident les lecteurs dans leurs inférences (sans garantir, bien sûr, le résultat final) et que, d'autre part, elles déterminent la convocation des savoirs utiles à la compréhension. La mise au clair des différents plans de structuration textuelle (chapitre 2 de la première partie) nous aidera à cerner linguistiquement quelques aspects des instructions textuelles.

On comprend mieux le titre même du présent ouvrage si l'on se souvient de la façon dont Harald Weinrich rapproche linguistique pragmatique et linguistique instructionnelle. Définissant, en 1977, sa conception dialogique du langage, il part d'une définition du signe plus proche de Peirce que de Saussure : «Le signe linguistique est un segment textuel par lequel l'émetteur induit le récepteur à se comporter d'une certaine façon. [...] Le signe linguistique est un acte d'instruction dans une situation communicative et la linguistique qui correspond à cette théorie peut être appelée pragmatique ou plus exactement instructionnelle». Même idée en 1986 quand il souligne que le concept d'*instruction* vient de la sémiotique comme théorie générale des signes et surtout quand il ajoute : «Chaque texte contient certaines instructions adressées au lecteur qui lui permettent de s'orienter dans ce morceau de monde que propose le livre» (1988 : 28). Dans le domaine français, le terme «pragmatique textuelle» ne se trouve guère que chez F. Nef (1980) et F. Jacques (1987 : 62). Tous deux me paraissent toutefois n'avoir abordé qu'une partie du champ que je me propose à présent de circonscrire.

NOTES

[1] Dans *Le transphrastique* (P.U.F. 1990), Sorin Stati délimite ainsi son objet: «L'étude du transphrastique devrait aboutir à l'explication du processus de constitution des textes à partir de la combinaison des phrases. On se limitera, dans le présent ouvrage, aux enchaînements de deux énoncés et de deux répliques dialogales» (: 12).
[2] Voir l'édition critique de J.-P. Goldenstein (*19 poèmes élastiques de Blaise Cendrars*, Paris, Méridien-Klincksieck, 1986) pour l'origine de «Dernière heure».
[3] Sur ces deux exemples, voir Adam 1985b.
[4] Il existe en Allemagne une «Historische Textpragmatik» fort intéressante, illustrée par les travaux de H.U. Gumbrecht (1978, 1979a et b) et de Brigitte Schlieben-Lange (1976, 1977, 1979).
[5] F. Rastier est un des rares linguistes à oser aller dans ce sens et à se proposer de «montrer que le texte est irréductible à une suite de phrases; mieux, qu'il constitue non seulement l'objet empirique, mais l'objet réel de la linguistique» (1989 : 5).
[6] Je reprends partiellement ici la matière de deux de mes articles auxquels je renvoie : «La lecture au collège» (*Enjeux* n° 3, Namur, Labor-Nathan 1983) et «Réflexion linguistique sur les types de textes et de compétences en lecture», *L'orientation scolaire et professionnelle*, Paris, 1985, 14, n° 4).
[7] On n'oralise, en effet, que dans des situations très particulières : lecture collective (en contexte religieux ou laïc), conférence lue, meeting politique non improvisé. Situations toutes exceptionnelles et très formelles.
[8] Pour un inventaire des différents types de représentations supposées partagées, voir Flahaut 1982.

PREMIERE PARTIE

VERS UNE PRAGMATIQUE TEXTUELLE

> Nous souhaiterions une syntaxe de l'énoncé (pourvu d'un contexte linguistique et d'un entour pragmatique) plutôt que de la phrase; en effet, comme les chimères pour la biologie, il est douteux que les phrases, artefacts des linguistes, appartiennent à l'objet empirique de la linguistique (Rastier 1988 : 8).

Pour dépasser un consensus contradictoire qui, tout en admettant l'existence de grandes masses verbales réglées, se trouve arrêté par leur trop grande hétérogénéité, il est nécessaire de commencer par définir une unité d'analyse et les relations de cette unité au tout signifiant qu'est précisément le TEXTE. Le second chapitre cernera les différents plans d'organisation de la textualité tandis que le troisième passera en revue les hypothèses de base qui fondent, selon moi, une pragmatique textuelle. Les analyses textuelles du dernier chapitre ont pour but de développer et de préciser les points précédents à la lumière de l'analyse détaillée de deux textes publicitaires.

Chapitre 1
L'unité d'analyse textuelle : la proposition énoncée

Pour Bakhtine, on l'a vu plus haut, «la proposition est élément signifiant de l'énoncé dans son tout et acquiert son sens définitif seulement dans ce tout» (1984 : 290). Je vais essayer de préciser ce point en termes de pragmatique textuelle et en m'écartant volontairement des analyses de la proposition des logiciens et des philosophes du langage qui se sont limités aux aspects véri-conditionnels de la signification des énoncés. Comme le note D. Vanderkelen : «ils ont eu tendance à réduire la compétence linguistique d'un locuteur à sa capacité de comprendre les conditions de vérité des propositions qui peuvent être exprimées en utilisant les énoncés de sa langue» (1988 : 18). L'approche unifiée de Searle et Vanderkelen (1985) est certainement beaucoup plus intéressante, mais fondée sur l'acte de discours comme unité d'analyse, elle constitue une vue, à mon sens, encore trop partielle des phénomènes discursifs. J'ajouterai que la lourdeur formelle des modèles classiques et le coût de leur utilisation, les rendent impropres à mon propos. Il est certain que la notion de «proposition» introduite ici peut être une source de confusion. La notion — purement énonciative — de «clause», avancée par A. Berrendonner et M.-J. Reichler-Béguelin (1989), serait probablement préférable, mais j'ai hésité à introduire un concept nouveau là où, après tout, la notion classique redéfinie me paraissait suffisante.

D'un point de vue local, la production d'une proposition est en même temps :

- **Acte de référence**, c'est-à-dire construction d'une représentation discursive. C'est le «**dictum**» comme représentation chez Charles Bally. J.R. Searle, de son côté, localise la proposition à ce seul niveau en parlant de «**contenu descriptif**» susceptible de recevoir une certaine valeur de vérité. La prédication, au sens classique d'attribution de propriétés à un individu, correspond uniquement à ce premier niveau d'analyse.

- **Acte d'énonciation**. Ce dernier peut être envisagé, d'une part, comme un acte au sens propre du terme, un acte accompli par un sujet parlant, acte qu'on dira alors locutoire. D'un point de vue plus strictement linguistique, l'acte d'énonciation recoupe ce que Bally appelle la «réaction d'un sujet» ou «**modus**». En parlant plutôt de prise en charge énonciative, il s'agit de combler l'espace vide qui existe, chez Searle, entre le contenu descriptif de la proposition et l'application d'une force illocutoire sur le contenu propositionnel[1]. Comment penser cette «application» sans passer par un ancrage de l'énonciation?

- **Mise en relation ou liage** de la proposition avec d'autres propositions (explicites ou non). En considérant ce troisième niveau comme constitutif de la proposition, il s'agit de se dégager de l'idée de proposition comme unité autonome. En considérant que l'opération de prédication et l'opération de modalisation s'accomplissent dans le sens aussi d'une textualisation, je tente de donner une définition textuelle de la proposition : unité liée selon le double mouvement complémentaire de la succession (linéaire) et de la configuration.

Le schéma 2 résume ces différents points :

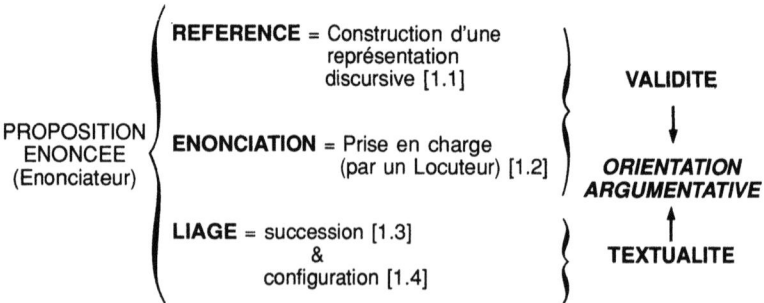

1.1. REFERENCE ET CONSTRUCTION D'UNE REPRESENTATION DISCURSIVE

Comme Benveniste l'a écrit : «La référence est partie intégrante de l'énonciation» (1974 : 82). Paul Ricœur partage la même conception et apporte une précision importante : «Le texte (...) n'est pas sans référence ; ce sera précisément la tâche de la lecture, en tant qu'interprétation, d'effectuer la référence» (1986 : 141). Enoncer ou lire une proposition, c'est construire une représentation discursive : «On peut décrire le sens d'un texte comme une image mentale que le récepteur se fait de la réalité telle qu'elle lui est offerte par le texte» (Martin 1985 : 57). Toutefois, au lieu d'envisager la référence dans un cadre logique vériconditionnel classique (vrai VS faux), il me paraît nécessaire d'élaborer un cadre théorique relativement économique et résolument dynamique :

- **dynamique** : la représentation discursive que la proposition donne à lire-construire est appelée à être confirmée ou infirmée ou seulement modifiée-complétée par d'autres propositions ;

- **économique (partiel)** : pour raisonner et interagir, les locuteurs-énonciateurs manipulent des simulacres de «mondes», simulacres consistants et limités aux besoins de l'interaction en cours. Le caractère nécessairement partiel de ce que j'appellerai ici une représentation discursive m'amène à préférer le concept d'espaces (mentaux) de G. Fauconnier (1984) à celui de «monde» de la logique des mondes possibles. En tout cas, il me paraît indispensable de ne pas séparer référence et prise en charge énonciative — dictum et modus — en restant dans une logique naturelle de la VALIDITE : une proposition est toujours «VRAIE» ou «FAUSSE» POUR quelqu'un. C'est le sens de la première accolade du schéma 2 qui refuse l'isolement vériconditionnel de l'alternative V/F dans le contenu descriptif.

Cette position est aussi bien celle de F. Rastier

> Il nous faudrait une sémantique de la signification (traitant du sens et de la référence, mais non de la vérité, que l'on peut sans dommage laisser à la logique et à la philosophie du langage (Rastier 1988 : 8).

que du psycho-linguiste J. Caron :

> Un énoncé parle *de* quelque chose, réfère à une réalité extra-linguistique. Or, cette référence est construite, elle n'est pas donnée [...].
>
> [...] La notion de *valeur de vérité* ne peut s'appliquer aux discours naturels de la même façon que dans le discours scientifique. D'abord parce que, le référent du discours étant construit par ce discours lui-même, la correspondance entre énoncé et référent est susceptible de toutes sortes de modulations qui ne peuvent se ramener à la simple dichotomie vrai-faux. En second lieu, la fonction d'un énoncé ne se réduit pas à décrire

un état de choses, elle est définie par la finalité du discours où il s'insère; si bien que la notion de *vérité* d'un énoncé apparaît comme subordonnée à une notion plus générale, qui est sa *pertinence* : dans la situation discursive considérée, tel énoncé est-il approprié ou non? [...] Plutôt que la correspondance entre *énoncé* et *référent*, ce que les sujets évaluent en fait pourrait bien être la pertinence de l'*énonciation* dans la *situation* discursive (Caron 1983 : 167).

A titre d'illustration de ce premier point considérons rapidement un poème des *Ziaux* de Raymond Queneau intéressant en raison de sa complexité même[2] et que j'analyserai plus complètement en fin d'ouvrage :

(1) VEILLE
Si les feux dans la nuit faisaient des signes certes
la peur serait un rire et l'angoisse un pardon
mais les feux dans la nuit sans cesse déconcertent
le guetteur affiné par la veille et le froid.

Les propositions successives construisent une représentation discursive qui comporte plusieurs objets-individus («les feux», «la nuit», «la peur», «l'angoisse», «le guetteur», «la veille» et «le froid») tous déterminés par un défini à valeur générique. Le caractère systématique de cette opération de détermination produit un effet référentiel tout à fait singulier : les déterminants génériques signalent le parcours des individus d'une classe sans arrêt sur un de ses élément précis. Dans ce type d'énonciation poétique, il semble donc que l'opération référentielle ait lieu en direction de notions[3], de ce que Mallarmé appelle la «notion pure».

Ce mode de référence, caractéristique de l'énonciation poétique, n'empêche pas, comme nous le verrons plus loin, le développement d'une forme de «raisonnement», mais, dans un discours ainsi dégagé de l'ancrage en un lieu et en un temps, dans un univers de «notions pures», le sujet de l'énonciation semble s'effacer. Le procès de cette mise en retrait est ainsi décrit par Mallarmé : «L'œuvre pure implique la disparition élocutoire du poète, qui cède l'initiative aux mots [...]». Ceci nous amène au second point.

1.2. ENONCIATION ET PRISE EN CHARGE DES PROPOSITIONS

Une proposition n'est jamais «directement» assertée par un locuteur. Comme le suggère la théorie polyphonique de l'énonciation (Anscombre et Ducrot 1983), le locuteur (L) peut s'engager ou se dégager en prenant ou non en charge la proposition énoncée. Cette possibilité de dégagement est à l'origine du fait qu'un énonciateur (E) est toujours à la source de la proposition, mais que le locuteur peut présenter cette dernière comme valide (E = L) ou non (E ≠ L) dans son espace de «réalité» en l'assumant ou en marquant ses distances. Soulignons, à ce propos, avec H. Nølke, que «la notion de *présenter* (ou *montrer*) est cruciale dans cette théorie qui concerne uniquement la question de savoir comment le locuteur *présente* son énonciation, abstraction faite de ce qu'il peut penser réellement» (1985 : 58) :

- si **E = L** : la proposition est valide dans l'espace du locuteur;
- si **E ≠ L** : la proposition est valide dans un autre espace;
- si **E = Ø** : la proposition est posée comme valide dans l'ordre des choses (c'est le cas de l'énonciation «historique» de Benveniste, mais aussi de l'énonciation proverbiale à laquelle Sganarelle recourt dans l'exemple (2) sur lequel je reviendrai un peu plus loin).

(2) SGANARELLE. — O Ciel ! qu'entends-je ici ? Il ne vous manquait plus que d'être hypocrite pour vous achever de tout point, et voilà le comble des abominations. Monsieur, cette dernière-ci m'emporte et je ne puis m'empêcher de parler. Faites-moi tout ce qu'il vous plaira, battez-moi, assommez-moi de coups, tuez-moi, si vous voulez : il faut que je décharge mon cœur, et qu'en valet fidèle je vous dise ce que je dois. Sachez, Monsieur, que tant va la cruche à l'eau qu'enfin elle se brise ; et comme dit fort bien cet auteur que je ne connais pas, l'homme est en ce monde ainsi que l'oiseau sur la branche ; la branche est attachée à l'arbre ; qui s'attache à l'arbre suit de bons préceptes ; les bons préceptes valent mieux que les belles paroles ; les belles paroles se trouvent à la cour ; à la cour sont les courtisans ; les courtisans suivent la mode ; la mode vient de la fantaisie ; la fantaisie est une faculté de l'âme ; l'âme est ce qui nous donne la vie ; la vie finit par la mort ; la mort nous fait penser au Ciel ; le Ciel est au-dessus de la terre ; la terre n'est point la mer ; la mer est sujette aux orages ; les orages tourmentent les vaisseaux ; les vaisseaux ont besoin d'un bon pilote ; un bon pilote a de la prudence ; la prudence n'est point dans les jeunes gens ; les jeunes gens doivent obéissance aux vieux ; les vieux aiment les richesses ; les richesses font les riches ; les riches ne sont pas pauvres ; les pauvres ont de la nécessité ; nécessité n'a point de loi ; qui n'a point de loi vit en bête brute ; et par conséquent, vous serez damné à tous les diables.
DOM JUAN. — O beau raisonnement !
SGANARELLE. — Après cela, si vous ne vous rendez pas, tant pis pour vous.

(Acte 5, scène 2, du *Dom Juan* de Molière)

Ceci m'amène à poser que la visée référentielle de l'énonciation d'une proposition est la (co-)construction finalisée d'un micro-univers ou espace sémantique. De ce fait, toute expression linguistique est argumentativement et énonciativement marquée. Ce qui signifie que, sur la base de marqueurs référentiels (qui renvoient à des individus avec leurs propriétés), de marqueurs énonciatifs et de marqueurs ou signaux d'arguments (Martin 1985 : 305), le destinataire-interprétant (re)construit un ou des espace(s) sémantique(s). C'est à ce niveau que, pour ma part, je situe la prise en compte linguistique du principe dialogique. Avec la notion de validité, il s'agit de théoriser ce que veut dire Bakhtine quand il note que : «L'énoncé (son style et sa composition) est déterminé par le rapport de valeur que le locuteur instaure à l'égard de l'énoncé» (1984 : 298). La présence — intertextuelle — d'autres énoncés se manifeste par tous les phénomènes d'«hétérogénéité montrée» étudiés par J. Authier-Revuz (1982), mais aussi par les normes sous-jacentes qui garantissent que, dans tel espace sémantique, telle proposition a valeur d'argument pour telle conclusion. Tout signal d'argument est la «marque d'un assujettissement consenti à une norme de cohérence. Par lui, l'énoncé commente son énonciation comme acte d'allégeance à un code de rationalité publique» (Berrendonner 1981 : 235). On verra que le discours de Sganarelle (2) manifeste une telle allégeance à la ON-validité de la doxa; la conclusion du «raisonnement» n'est «vraie» que dans cet espace de réalité endoxal que conteste justement Dom Juan.

Le poème de Queneau (1) peut être analysé dans des termes semblables qui éclairent les choix théoriques précédents. D'un point de vue sémantique, l'imparfait de la proposition [A] et le conditionnel de la proposition [B-B'] signalent l'espace représenté comme espace hypothétique contrefactuel. Combiné à l'introducteur (SI) d'un espace hypothétique, l'imparfait du vers 1 peut être défini comme fictionnel. Dans cet univers hypothétique (H), l'individu «feux dans la nuit» possède une propriété «faire des signes» et il s'ensuit pour d'autres individus «peur» et «angoisse» certaines propriétés.

La présence du connecteur CERTES entre les propositions [A] et [B-B'] introduit des contraintes de cohésion-progression et une nouvelle série d'instructions de décodage. Comme nous le verrons dans la deuxième partie du présent ouvrage à propos de l'emploi isolé de ce connecteur, CERTES appuie le mouvement argumentatif qui, dans le cadre (univers H) de la proposition [A], reconnaît la validité de [B-B']. Si A, comme introducteur de l'espace hypothétique, suspend les conditions de vérité qui sont celles de notre univers de référence (R) et CERTES reconnaît que, dans cet espace fictif particulier, on puisse conclure [B-B'] de [A], en ajoutant l'indication d'une prise en charge ou d'un point de vue (E) que MAIS signale comme n'étant pas celui du locuteur (L). CERTES souligne par là une première norme de cohérence : celle d'un univers contrefactuel où Si A entraîne la conclusion B-B'. En d'autres termes, l'enchaînement [A (alors) conclusion B-B'] n'est pas contesté dans sa validité, mais dans sa pertinence argumentative ici-maintenant (dans l'univers de référence ou de «réalité» (R) de l'énonciation actuelle où E2 = L). C'est clairement le sens de l'argument introduit par MAIS (vers 3 et 4) et exprimé au présent, c'est-à-dire dans un espace sémantique «actuel».

Ces premières remarques sur l'enchaînement SI... CERTES... MAIS... nous ont amené à déjà aborder la troisième composante de la proposition énoncée : son caractère d'unité liée explicitement ou non à une ou plusieurs autres propositions.

1.3. LA SUCCESSION DES PROPOSITIONS : COHESION ET PROGRESSION

La mise en texte subit une contrainte de linéarisation inhérente à la langue orale comme écrite. Le chapitre 2 permettra de distinguer deux modes de liage des propositions : un mode de liage général et un mode séquentiel correspondant à des types spécifiques d'organisation plus globale de la textualité. Le premier mode sera abordé à partir d'une révision de la notion classique de période. On distinguera les liages marqués grammaticalement par des connecteurs ou des organisateurs (parenthèsages étudiés en 2.4.3.) des liages marqués uniquement par la ponctuation et/ou des phénomènes de reprise (parallélismes rythmiques examinés en 2.4.2.). A ces structures transphrastiques que la linguistique étudie grâce au développement récent de la description des conjonctions, locutions conjonctives et adverbes rangés dans la catégorie générale des connecteurs (argumentativement marqués) et des organisateurs (non marqués argumentativement), il convient d'ajouter d'autres formes, plus souples et libres de regroupement des propositions en fonction des types de séquences textuelles.

De ce point de vue qu'on appellera séquentiel, le fait qu'une proposition puisse être soit un argument, soit une conclusion correspond à un type particulier d'enchaînement : une séquentialité locale *argumentative*. D'autres modes de micro-enchaînements locaux de propositions semblent possibles : enchaînements *narratifs* dans lesquels le lien «post hoc, ergo propter hoc» entre deux ou plusieurs propositions tient lieu de rapport chrono-logique; enchaînements *descriptifs* régis par des opérations nettement hiérarchisantes et paradigmatiques d'intégration sémantique; enchaînements *conversationnels* et *explicatifs* (dominés par une structure question-réponse-évaluation) ou encore *instructionnels*.

Ainsi, par exemple, une proposition complexe comme :
(3) Les hommes aiment les femmes qui ont les mains douces.

a beau être une unité signifiante de la langue et, par là même, intelligible isolément, elle ne prend sens qu'en co(n)texte où elle peut aussi bien constituer les prémisses d'une argumentation publicitaire que la morale d'une fable ou d'un conte grivois. **Tout dépend de sa place dans une suite séquentielle donnée** et, de plus, elle ne fait sens qu'à l'occasion d'une énonciation particulière.

Lorsque Bakhtine relève l'autonomie très particulière de certaines propositions d'ouverture et de fermeture d'un récit, il insiste sur le fait que cette apparente autonomie est emportée par leur fonction dialogique : «Ce sont, en effet, des propositions d'«avant-poste», pourrait-on dire, situées en plein sur la ligne de démarcation où s'accomplit l'alternance (la relève) des sujets parlants» (1984 : 297). L'existence de telles propositions a été confirmée depuis par l'étude de l'inscription des séquences narratives dans des contextes conversationnels. Cette insertion donne, en effet, systématiquement lieu à des procédures d'ouverture sous forme de *résumé* ou d'*entrée-préface* et de fermeture sous forme de *chute* ou de *morale-évaluation* qui ramène les interlocuteurs au contexte de l'interaction en cours. Les recherches de Labov et Waletzky sur le récit oral ont, de plus, permis de confirmer plus largement encore le bien fondé de l'hypothèse dialogique : les propositions narratives répondent à des questions implicites du destinataire (Adam 1984 : 109). Ajoutons que la structure des enchaînements explicatifs — pourtant monologaux — est très proche de celle de la conversation : une question-problème est posée à laquelle une réponse-solution est apportée puis, ensuite, évaluée. La structure réfutative de certains enchaînements argumentatifs va, elle aussi, dans un sens ouvertement dialogique.

D'un point de vue général, il faut avant tout souligner le fait qu'une proposition descriptive élémentaire comme :

(4) Le ciel est bleu.

intelligible dans sa signification linguistique intrinsèque, mais hors situation et/ou isolément dépourvue de sens, peut fort bien devenir élément d'une séquence argumentative :

(5) Le ciel est bleu mais je ne sortirai pas aujourd'hui.

où (4) est devenu un argument (P) pour une conclusion implicite (Q) justement niée par la proposition (non-Q) qui suit le connecteur-marqueur d'argument MAIS (ici concessif combinable — comme on le montrera dans la deuxième partie — avec POURTANT et paraphrasable par ET POURTANT).

La proposition (4) peut aussi être prise dans une suite narrative de ce type :

(6) Un jour, alors que le ciel était bleu, les animaux du village se mirent étrangement à hurler.

Ici, le passé simple fournit l'ancrage énonciatif narratif tandis que l'imparfait confère un statut descriptif nouveau à (4).

Enfin, dans *Sagesse*, Verlaine peut, par segmentation strophique, donner à (4) un statut cette fois poétique :

(7) Le ciel est, par-dessus le toit,
Si bleu, si calme !
Un arbre, par-dessus le toit,
Berce sa palme.

Si l'on revient à des énoncés élémentaires de la vie courante de type exhortatif ou injonctif comme :

(8) STOP

(9) Défense de fumer.

on perçoit aussitôt la nature de leur lien avec une réponse non verbale (action/réaction).

Qu'elles soient assertives, interrogatives ou exclamatives, des propositions comme (4) ou (10) :

(10) Le soleil s'est levé (.)(?)(!)

sont, de toute façon, prises dans un contexte énonciatif où elles font sens. Il est possible de suivre ici encore Bakhtine qui note à propos de (10) et de propositions semblables à (4) que de telles occurrences fort classiques de la proposition ne prennent sens que dans un co(n)texte déterminé. Considérées isolément, les assertions constatives peuvent, bien sûr, à l'analyse linguistique de leur signification, être perçues comme susceptibles de former un énoncé complet, mais : «Dans la réalité, une information de ce type s'adresse à quelqu'un, est suscitée par quelque chose, poursuit un but quelconque, autrement dit, est un maillon réel de la chaîne de l'échange verbal, à l'intérieur d'une sphère donnée de la réalité humaine ou de la vie quotidienne» (1984 : 290). Dans *Le Marxisme et la philosophie du langage*, Bakhtine-Volochinov pousse cette idée encore plus loin :

> Toute énonciation-monologue, même s'il s'agit d'une inscription sur un monument, constitue un élément inaliénable de la communication verbale. Toute énonciation, même sous forme écrite figée, est une réponse à quelque chose et est construite comme telle. Elle n'est qu'un maillon de la chaîne des actes de parole. Toute inscription prolonge celles qui l'ont précédée, engage une polémique avec elles, s'attend à des réactions actives de compréhension, anticipe sur celles-ci, etc. [...] Une inscription, comme toute

énonciation-monologue, est prévue pour être comprise, elle est orientée vers une lecture dans le contexte de la vie scientifique ou de la réalité littéraire du moment [...]. (1977 : 105-106)

Le graffiti s'apparente assez bien à un tel fonctionnement. Ces exemples que j'ai étudiés plus longuement ailleurs (1985b : 173-178) :

(11) Merde à qui le lira

(12) M@ peur se fera haine
en vos cités trop grandes

permettent de comprendre l'importance de l'acte de lecture hors duquel ces propositions sont, comme on dit, «lettres mortes». L'acte de lecture seul — comme ancrage énonciatif particulier — permet de faire fonctionner (11) comme injure et (12) comme menace. Comme je le disais plus haut : l'application de la force illocutoire sur le contenu propositionnel descriptif passe par un ancrage énonciatif.

Il est aussi possible de considérer (3) comme un proverbe, c'est-à-dire une proposition en apparence encore plus «autonome» et suffisante qu'un slogan. En fait, un proverbe est, avant tout, un énoncé disponible et destiné à la réappropriation polyphonique, sans parler des proverbes détournés ou de proverbes polémiques comme cette célèbre maxime de La Rochefoucauld :

(13) Pauvreté n'est pas vice.

Cette maxime, qui laisse entendre l'assertion qu'elle conteste, possède une structure polyphonique conforme à ce qui a été vu plus haut : non-P est pris en charge par le locuteur (E1 = L) dans un espace sémantique R et P est attribué à un énonciateur (E2) distinct du locuteur (E2 ≠ L) dans un espace M dont les normes se trouvent, en quelque sorte, visées et contestées par l'énonciation de la maxime.

Un premier retour sur le texte (2) va me permettre d'examiner un aspect essentiel de la mise en séquence des propositions. Observons tout d'abord deux énoncés très différents du cœur de la tirade de Sganarelle :

(14) Le ciel est par-dessus le toit.
Le ciel est par-dessus le toit.
Le ciel est par-dessus le toit.
Le ciel est par-dessus le toit.
Le ciel est par-dessus le toit.

On peut dire que les propositions qui composent une telle suite n'introduisent, à partir de la seconde ligne, plus la moindre information nouvelle. La non satisfaction de l'exigence de progression entraîne un jugement immédiat d'inacceptabilité.

Une autre incohérence pourrait venir de propositions successives n'apportant que des informations nouvelles, artificiellement reliées entre elles par un connecteur relatif. Ainsi dans l'exemple proposé par les personnages de l'*Enchâssement* d'Ian Watson (Calman-Levy 1974) :

(15) C'est le fermier qui a semé le grain
Qu'a mangé le coq qui a chanté le matin
Qui a réveillé le curé tout rasé tout tonsuré
Qui a marié l'homme tout cassé tout usé
Qui a embrassé la servante esseulée
Qui a fait mal au chien
Qui a chassé le chat
Qui a mordu le rat
Qui a mangé le malt
Qui était dans la maison que Jacques a bâtie.

Il s'agit là de la version moderne d'une vieille rapsodie («La Maison que Pierre a bâtie») dont je ne cite que la fin :

(16) Voici Pierre qui a semé le grain qui a nourri le coq qui a réveillé le bon monsieur qui a arrêté le méchant brigand qui a battu la servante qui a trait la vache qui a corné le chien qui a étranglé le chat qui a attrapé le rat qui a mangé la farine qui est dans le grenier de la maison que Pierre a bâtie.

(Sara Cone Bryant : *Comment Raconter des Histoires à nos enfants*, trad. fr. Nathan, Paris, 1934 : 173).

On le voit, une progression trop forte, sans cohésion suffisante — autrement dit sans reprise-répétition suffisante —, engendre, elle aussi, un effet de non-texte.

En (2), la situation est plus proche de (15) et de (16) que de (14). A partir de «Sachez Monsieur», nous avons le sentiment de nous trouver en présence d'une suite de phrases isolées. Si chaque phrase est bien formée, la suite paraît difficilement acceptable en raison d'une trop forte progression et d'une cohésion tout à fait insuffisante. La seule reprise de l'élément apparu en fin de phrase précédente aboutit à un enchaînement du type «marabout, bout de ficelle, selle de cheval, etc.», le procédé étant simplement étendu ici du niveau du signe et du syntagme à celui de la phrase.

A la lumière des exemples (2), (14), (15) et (16), la textualité peut être définie comme un équilibre délicat entre une continuité-répétition, d'une part, et une progression de l'information, d'autre part. Les linguistes constatent d'ailleurs cette tension caractéristique. Ainsi B. Combettes : «L'absence d'apport d'information entraînerait une paraphrase perpétuelle; l'absence de points d'ancrage renvoyant à du «déjà dit» amènerait à une suite de phrases qui, à plus ou moins long terme, n'auraient aucun rapport entre elles» (1986 : 69). Idée qui se trouve déjà chez O. Ducrot pour qui le discours (monologue ou dialogue) tend à satisfaire :

> a) une condition de progrès. Il est interdit de se répéter : chaque énoncé est censé apporter une information nouvelle, sinon il y a rabâchage.
> b) une condition de cohérence. Nous n'entendons pas seulement par là l'absence de contradiction logique, mais l'obligation, pour tous les énoncés, de se situer dans un cadre intellectuel relativement constant, faute duquel le discours se dissout en coq à l'âne. Il faut donc que certains contenus réapparaissent régulièrement au cours du discours, il faut, en d'autres termes, que le discours manifeste une sorte de redondance.
>
> La conciliation de ces deux exigences pose le problème d'assurer la redondance nécessaire tout en évitant le rabâchage (1972 : 87).

Idée présente également chez Harald Weinrich, un des maîtres allemands de la linguistique textuelle :

> Aussi vaut-il mieux, ici comme ailleurs, se détacher de ces phrases isolées de tout contexte, que l'on va jusqu'à fabriquer soi-même. Réfléchissons plutôt sur ce qu'est véritablement un texte. C'est manifestement une totalité où chaque élément entretient avec les autres des relations d'interdépendance. Ces éléments et groupes d'éléments se suivent en ordre cohérent et consistant, chaque segment textuel compris contribuant à l'intelligibilité de celui qui suit. Ce dernier, à son tour, une fois décodé, vient éclairer rétrospectivement le précédent : on constate, si l'on s'y reporte, que la compréhension s'en est encore enrichie. Ainsi procédons-nous pour comprendre un texte. Toute phrase (et peu importe ce que l'on entend exactement par là) est subordonnée à chacune des autres dans la mesure où elle n'est pas simplement déchiffrée en elle-même mais participe à la compréhension de l'ensemble des autres. Cela prouve seulement la solidarité de tous les éléments dans ce réseau de déterminations qu'est un texte (1974 : 174).

Pour être interprétée comme un texte, une suite d'énoncés doit donc — conformément à la définition proposée plus haut — non seulement apparaître comme une séquence d'unités liées, mais aussi comme une séquence progressant vers une fin[4]. L'intérêt de (2) réside dans sa mauvaise gestion de cette tension — continuité-répétition et/vs progression — constitutive de toute textualité.

On peut dire qu'en (14) une paraphrase perpétuelle introduit une perturbation de l'indispensable progression, mais, de son côté, si (2) renvoie partiellement à du «déjà dit», il ne respecte pas les conditions habituelles de reprise. Après le rappel du contexte et l'allusion au rapport de force et aux places des interlocuteurs (effet en retour de type être battu, assommé, tué), la tirade de Sganarelle apparaît comme une argumentation bien singulière : «Beau raisonnement!», s'exclame d'ailleurs ironiquement Dom Juan. L'emploi final de ET PAR CONSEQUENT signale l'argumentation et donne à lire un raisonnement, alors que nous sommes en présence d'une simple juxtaposition parataxique de proverbes ou de maximes («tant va la cruche à l'eau...», «l'homme est en ce monde...», etc.), voire d'énoncés bien proches de la tautologie ou qui, du moins, n'apportent pas d'informations nouvelles («les richesses font les riches; les riches ne sont pas pauvres», «la terre n'est point la mer»).

Le mode d'articulation des propositions ressemble à une progression linéaire classique : le rhème (Rh) de la première phrase devenant thème (Th) de la suivante et ainsi de suite :

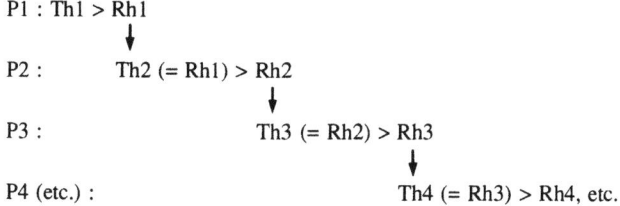

P1 : Th1 > Rh1

P2 : Th2 (= Rh1) > Rh2

P3 : Th3 (= Rh2) > Rh3

P4 (etc.) : Th4 (= Rh3) > Rh4, etc.

Cette progression thématique linéaire correspond à une textualité simple dans laquelle l'opération de thématisation des rhèmes successifs assure la cohésion de la séquence tandis que les rhèmes successifs prennent en charge la progression. Il est fréquent de voir le point d'aboutissement d'une phrase devenir ainsi l'élément initial de la suivante (Blinkenberg 1928 : 10), mais ceci implique généralement des transformations morphologiques et sémantiques. Ainsi, par exemple, dans ces lignes de M. Schwob, citées par D. Slakta (1977 : 42) :

(17) Sur la mer, il y a un bateau; dans le bateau, il y a une chambre; dans la chambre, il y a une cage; dans la cage, il y a un oiseau (...).

Alors que ces enchaînements permettent de dessiner un ensemble descriptif réglé par une série d'emboîtements, les enchaînements de Sganarelle sont, eux, dépourvus d'isotopie. En (17), on peut dire de l'oiseau qu'il est enfermé dans la cage qui est dans la chambre du bateau qui se trouve sur la mer et remonter ainsi une chaîne sémantique cohésive et cohérente. En (2), ce type de mouvement est impossible. Chaque nouvelle phrase ne peut être interprétée à la lumière de ce qui précède : elle apporte une information nouvelle sans prendre réellement appui sur le cotexte précédent. On n'a donc plus qu'une suite de propositions p1, p2, p3, p4... p27 dont la connexité se limite aux enchaînements linéaires très locaux de phrase à phrase, sans aller au-delà. L'absence de cohésion globale est flagrante : toutes les phrases ne se présentent pas comme des suites possibles du co(n)texte antécédent, mais seulement du cotexte immédiat de la phrase précédente.

Cet isolement des propositions est lisible dans l'usage des déterminants définis. En (2), ceux-ci ne remplissent plus du tout le rôle de reprise anaphorique qu'ils assurent, en revanche, en (17) : «UN bateau

⇒ LE bateau, UNE chambre ⇒ LA chambre, etc.» Ce dernier enchaînement apparaît, d'un point de vue référentiel, comme une succession de phrases spécifiques, c'est-à-dire l'expression d'un jugement qui se réfère à une occurrence particulière d'un événement ou d'un état de chose (UNE MER, UN BATEAU, UNE CHAMBRE, UNE CAGE, UN OISEAU spécifiques et non génériques). En (2), en revanche, une lecture générique des syntagmes nominaux est induite par l'usage des déterminants (singuliers ou pluriels). La description porte sur des propriétés et des états de choses généraux, habituels ou constants. L'usage du présent entraîne, lui aussi, une telle lecture des syntagmes verbaux. On a, de ce fait, affaire à des prédicats gnomiques et, en l'absence de liaisons interphrastiques, chaque phrase apparaît comme une unité autonome artificiellement reliée aux autres. D'où l'effet de non-texte (de raisonnement défectueux) immédiatement ressenti.

**1.4. DE LA PROPOSITION AU TOUT SIGNIFIE :
LA DIMENSION CONFIGURATIONNELLE**

Si l'on dépasse les enchaînements séquentiels locaux pour considérer la présence de la proposition dans un texte complet, on peut repartir du fait que : «lorsque nous choisissons un type donné de proposition, nous ne choisissons pas seulement une proposition donnée, en fonction de ce que nous voulons exprimer à l'aide de cette proposition, nous sélectionnons un type de proposition en fonction du tout de l'énoncé fini. [...] Le dessein de notre énoncé, dans son tout, peut ne nécessiter, pour sa réalisation, qu'une seule proposition, mais il peut aussi en nécessiter un grand nombre et le genre choisi nous en dicte le type avec ses articulations propositionnelles» (Bakhtine 1984 : 288). Pour comprendre un texte, il faut être capable de passer de la séquence (lire-comprendre les propositions comme venant les unes après les autres conformément à la contrainte de la linéarité de la langue) à la figure. Il faut, comme P. Ricœur l'a montré, être capable de comprendre le texte comme faisant sens dans sa globalité configurationnelle.

Emile Benveniste dit la même chose :
Le message ne se réduit pas à une succession d'unités à identifier séparément; ce n'est pas une addition de signes qui produit le sens, c'est au contraire le sens (l'«intenté»), conçu globalement, qui se réalise et se divise en «signes» particuliers, qui sont les mots. (1974 : 64)

Avec la dimension configurationnelle, il s'agit de souligner la nécessité de tenir compte de l'ensemble des paramètres précédents : construction d'une représentation, prise en charge énonciative et orientation argumentative. En d'autres termes, la construction d'une représentation est inséparable de l'existence de relations argumentatives; une simple proposition descriptive ne peut être envisagée du seul point de vue référentiel (tentation descriptiviste classique qui ne voit dans un énoncé de type déclaratif qu'une description-représentation de la réalité : tels et tels objets ont telles propriétés ou sont dans telles relations) ni du seul point de vue argumentatif (tentation ascriptiviste, classique depuis Austin qui voit derrière l'énoncé déclaratif bien plus qu'une constatation : un acte de langage). Ainsi, les trois propositions descriptives suivantes :

(18) La moquette est rouge.

(19) L'évêque est rouge.

(20) Le rocher est excellent.

comportent, chacune, une orientation argumentative potentiellement différente. En (18), la dominante est assurément descriptive-référentielle, mais, en situation, cette proposition pourrait être modalisée de diverses façons. Modalisation et orientation argumentative sont indéniables, en revanche, en (19) et en (20). Invitation à la méfiance par le biais de la dénonciation politique en (19), à la pratique de la grimpe en (20).

Considérant le discours humain dans sa dimension textuelle — c'est-à-dire comme une séquence de propositions —, nous ne pouvons définir L'EFFET DE TEXTE que comme le résultat du passage de la séquence à la configuration, de la séquence textuelle comme suite linéaire d'unités linguistiques à la reconstruction de cette séquence comme un tout de sens : «intenté» chez Benveniste, «figure»-«configuration» chez P. Ricœur.

Soit une définition élémentaire à partir de laquelle il devient possible de travailler :

Définition 1 :
Un texte est une suite configurationnellement orientée d'unités (propositions) séquentiellement liées et progressant vers une fin.

Il reste, bien sûr, à théoriser la façon dont des séquences de propositions peuvent être progressivement intégrées dans un tout cohésif et cohérent, c'est-à-dire un TEXTE. Il reste à voir comment de proposition en proposition est progressivement construite une représentation orientée, comment cette orientation (qui tient en quelque sorte lieu de programme) permet d'anticiper sur la suite et sur la cohérence globale du texte, permet de vérifier le caractère co-orienté ou non de chaque nouvelle proposition. Lita Lundquist a formulé récemment des remarques qui vont dans ce sens :

> Les premiers opérateurs argumentatifs fonctionnent comme des instructions locales d'orientation argumentative («bottom-up procedures») à partir desquels sont construites, grâce au principe de consistance argumentative, des anticipations concernant la cohérence globale du texte («top-down procedures»). Ces anticipations qui constituent le programme argumentatif, permettent de prédire l'orientation argumentative des séquences ultérieures et par conséquent d'identifier des séquences qui sont conciliables avec le programme argumentatif [et] d'identifier des séquences qui s'opposent au programme argumentatif, et de les classifier, par exemple, comme étant polyphoniques (1987 : 12).

Ainsi, ce que nous avons dit plus haut de la polyphonie peut probablement expliquer qu'une proposition non co-orientée argumentativement ne soit pas obligatoirement en contradiction avec le texte dans lequel elle se trouve insérée : il suffit, en effet, qu'elle soit attribuable à un énonciateur différent du locuteur (E ≠ L) dans un espace sémantique hétérogène.

La notion d'orientation configurationnelle permet de penser — ou, du moins, d'émettre des hypothèses sur — le contrôle de l'interprétation du texte en un tout cohérent, elle permet aussi de considérer la proposition comme cet «élément signifiant de l'énoncé dans son tout» qui «acquiert son sens définitif seulement dans ce tout» (Bakhtine 1984 : 290).

NOTES

[1] C'est ici que je m'écarte le plus de la logique illocutoire de Searle et Vanderkelen 1985.
[2] Certains aspects de l'analyse (le rôle des connecteurs surtout) seront plus compréhensibles à la lumière de la seconde partie du présent ouvrage. Si j'anticipe ainsi plusieurs fois sur des développements à venir, c'est pour inciter le lecteur à divers déplacements dans l'ensemble du livre.
[3] Au sens de Culioli et de son exemple de l'énoncé ordinaire : «une femme, femme». D'un point de vue poétique, lorsque René Char écrit, dans *La Parole en archipel* : «Dans le poème, chaque mot ou presque doit être employé dans son sens originel», il ne définit, à mon sens, pas autre chose que ce mécanisme très singulier de la référence qui tire, en quelque sorte, chaque mot vers les notions primitives.
[4] C'est aussi la définition de D. Slakta : «Séquence bien formée de phrases liées qui progressent vers une fin» (1985 : 138).

Chapitre 2
Les plans d'organisation textuelle

Pour tenter de décrire de façon unifiée un certain nombre de phénomènes textuels, Michel Charolles (1988) a avancé quelques propositions et distingué quatre plans d'organisation textuelle (la «chaîne», la «portée», la «période» et la «séquence») qui ne constituent pas des niveaux de structuration car «les unités qu'ils supportent ne s'intègrent pas les unes dans les autres pour former, par emboîtement hiérarchique, une unité de rang supérieur» (1988 : 6). Je reformule l'idée de ces divers plans en remplaçant la notion de «séquence» de M. Charolles par celle de SEGMENT afin de réserver l'idée de SEQUENCE à une structure précisément hiérarchique. Ceci m'amène à distinguer six plans d'organisation textuelle : 1) les CHAINES ou, plus largement, les phénomènes locaux de liage, 2) les ESPACES SEMANTIQUES, c'est-à-dire les phénomènes de prise en charge et de polyphonie, 3) la SEGMENTATION textuelle (ponctuation, paragraphes), 4) la PERIODE redéfinie dans le cadre plus large des parenthèsages, 5) la STRUCTURATION SEQUENTIELLE et 6) la DIMENSION PRAGMATIQUE-CONFIGURATIONNELLE. Sur la base de ces six plans, une description unifiée des différentes sortes ou types de textes semble linguistiquement possible.

2.1. ANAPHORES ET COREFERENCE : LES LIAGES EN CHAINES

Les chaînes de liage sont constituées par les phénomènes de reprise-répétition qui assurent la continuité locale de toute séquence linguistique. La répétition apparaît comme une condition nécessaire — mais non suffisante — pour qu'une séquence apparaisse comme cohérente (Bellert 1970 : 336). La reprise-répétition est rendue possible par certaines propriétés de la langue : pronominalisation, définitivisation, référentialisation déictique cotextuelle, substitution lexicale, auxquels il faudrait ajouter également, et plus largement, les recouvrements présuppositionnels et autres reprises d'inférences. C'est, du moins, la position défendue par M.-J. Reichler-Béguelin qui définit l'anaphore comme : «un phénomène de rappel informationnel relativement complexe où sont susceptibles d'intervenir : 1) le savoir construit linguistiquement par le texte lui-même ; 2) les contenus inférentiels qu'il est possible de calculer à partir des contenus linguistiques pris pour prémisses, et cela grâce aux connaissances lexicales, aux prérequis encyclopédiques et culturels, aux lieux communs argumentatifs ambiants dans une société donnée» (1988 : 18).

Rappelons que la référence peut être définie comme une propriété des séquences linguistiques : «être associées à certains segments de la réalité, qu'elles sont dites désigner et qui sont leur référence» (Milner 1982 : 9). J.-C. Milner distingue fort utilement deux types de référence : l'une virtuelle — «que tente de représenter la définition du dictionnaire» (1982 : 10) —, l'autre actuelle — liée à l'emploi. La coréférence, selon un accord aujourd'hui bien établi (Milner 1976 et 1982 ; Corblin 1985 et 1987), peut être sémantiquement définie comme une «relation symétrique d'identité référentielle entre des termes interprétables indépendamment l'un de l'autre» (Corblin 1985 : 178).

Il ne faut toutefois pas confondre la relation sémantique symétrique de coréférence et la relation dissymétrique d'anaphore (asymétrique selon Milner 1982). Comme le souligne F. Corblin, l'anaphore est une «relation de dépendance orientée entre deux éléments de statut différent, un anaphorique [référant] et un antécédent [référé]» (1983 : 120). Si l'orientation vers l'amont (à gauche) du texte est proprement anaphorique, l'orientation vers l'aval (à droite) sera dite cataphorique[1] et, en l'absence d'orientation cotextuelle, le rapport pourra être qualifié d'exophorique (référence absolue et référence contextuelle ou déictique). Quant à la différence de statut entre anaphorique-référant et antécédent-référé, F. Corblin parle ailleurs d'une «capacité à faire apparaître un segment du contexte comme terme «répondant» aux conditions d'interprétation qu'exige un autre terme, qu'on dit pour cette raison anaphorique» (1985 : 181).

Il faut bien souligner la différence entre l'emploi linguistique et l'emploi stylistique traditionnel de la notion rhétorique d'anaphore. Cette figure est ainsi définie par Littré : «Répétition du même mot en tête des phrases ou de membres de phrases». Il cite en exemple ces vers de Delille :

(21) Tendre épouse, c'est TOI qu'appelait son amour,
TOI qu'il pleurait la nuit, TOI qu'il pleurait le jour.

B. Dupriez, dans le *Gradus*, rappelle la définition de G. Antoine dans son ouvrage sur la coordination : «outil coordinatif de remplacement qui laisse subsister et même souligne la juxtaposition» (: 1291) et Dupriez ajoute : «C'est donc un moyen naturel de créer des accumulations analogiques ou disparates» (: 46). Il prend, lui, comme exemple le célèbre premier poème de *Paroles* de Prévert («Tentative de description d'un dîner de têtes à Paris-France») dont je rappelle le début :

(22) Ceux qui pieusement...
Ceux qui copieusement...
Ceux qui tricolorent
Ceux qui inaugurent
Ceux qui croient
Ceux qui croient croire
Ceux qui croa-croa
Ceux qui ont des plumes
Ceux qui grignotent
Ceux qui andromaquent [...]

Toutefois, l'usage linguistique moderne du terme anaphore se trouve déjà chez Littré lui-même : «Terme de grammaire grecque. Expression d'une relation».

Afin d'envisager les différentes formes de chaînes anaphoriques, examinons rapidement le célèbre texte des *Illuminations* intitulé «Conte» :

• Le premier paragraphe comporte 5 phrases dominées par une **anaphore pronominale** :

[P1] UN PRINCE était vexé... [P2] IL prévoyait... [P3] IL voulait voir... [P4]... IL voulut. [P5] IL possédait...

Le début du paragraphe suivant est construit de façon identique même s'il n'est pas toujours facilement interprétable :

(23) Toutes les femmes qui L'avaient connu furent assassinées. Quel saccage du jardin de la beauté! Sous le sabre, ELLES LE bénirent. IL n'EN commanda point de nouvelles. — Les femmes réapparurent.

A ce fonctionnement classique de l'anaphore pronominale, on peut opposer le début des *Géorgiques* de Claude Simon (je respecte soigneusement la typographie des pages 21 à 27) :

(24) Il a cinquante ans. Il est général en chef de l'artillerie de l'armée d'Italie. Il réside à Milan. Il porte une tunique au col et au plastron brodés de dorures. Il a soixante ans. Il surveille les travaux d'achèvement de la terrasse de son château. Il est frileusement enveloppé d'une vieille houpelande militaire. Il voit des points noirs. Le soir il sera mort. Il a trente ans, Il est capitaine. Il va à l'opéra. Il porte un tricorne, une tunique bleue pincée à la taille et une épée de salon. Sous le Directoire il est ambassadeur à Naples. [...] Il est blessé à la jambe à Farinole. Le navire sur lequel il s'est embarqué à Naples est capturé en mer par un corsaire turc. *Il bat en retraite avec son régiment à travers la Belgique. Pendant quatre jours il est impossible de desseller les chevaux.* En Poméranie il se plaint du froid, de sa santé et de ses blessures. Il est membre du premier Comité militaire de l'Assemblée législative. Il fait voter un décret punissant de mort les commandants des places assiégées qui les livreraient à l'ennemi. *Ils sont harcelés par l'aviation et le régiment subit de lourdes pertes.* Le corsaire turc le livre au bey de Tunis [...] Il s'emploie à faire construire la route de Cahors à Albi. *Le soir du dimanche de la Pentecôte il repasse précipitamment la Meuse avant que les ponts sautent.* [...] Il est sauvé par Thermidor. *Le soleil éclaire d'un jour frisant la main qui feuillette les cahiers format registre aux pages couvertes d'une écriture régulière.* Il est général en chef de l'artillerie de l'armée du Rhin. Il achète en Suisse une jument qu'il nomme La Fribourgeoise. [...] *La peau desséchée de la main est d'un ocre pâle, légèrement avivée de rose sur les saillies des os et sillonnée de milliers de rides, comme du crêpe georgette.* Il signe au nom du Comité de salut public la promotion de Pichegru [...]. Il fait ajouter à son château une terrasse orientée au Midi. Il a onze ans. Il est assis à l'orchestre à côté de sa grand-mère. La robe de celle-ci est sévèrement fermée au cou par un camée où se détache sur un fond parme une danseuse pompéienne [...] (1981 : 21-27).

L'absence de référé (source ou antécédent) des différents IL brouille la lecture. La typographie seule nous guide un moment : caractères romains pour la vie de IL1, le Conventionnel, général de l'an II; caractères italiques pour IL2, le cavalier de deuxième classe de la débâcle de 1940, mais également pour l'enfant qu'il était (IL2') et le vieil homme qu'il est devenu (IL2") et qui feuillette les registres de celui (IL1) qui est, en fait, son ancêtre. Le brouillage référentiel est au service d'une vision de l'Histoire qui mêle volontairement les destins et les moments du temps. La cataphore pronominale indéfiniment différée est donc une des clés de lecture, un des points d'ancrage de l'activité de coopération interprétative du lecteur que le texte de Claude Simon exige.

• **Anaphore définie** (ou définitivisation) : c'est elle qui règle les enchaînements du paragraphe 6 du texte de Rimbaud :
UN Prince [§ 1]... UN Génie... LE Prince et LE Génie...

Cette forme de liage anaphorique est également en défaut dans les *Géorgiques*[2]. On lit ainsi, page 366 (je souligne) :

(25) [...] Un printemps, un été, un automne et les premiers jours d'un hiver, l'emplacement du fauteuil changeant par degrés au fur et à mesure de l'écoulement de la journée, selon les saisons : en plein soleil d'abord, tourné de trois quarts toutefois pour protéger ses yeux, LE PLATANE à peine chargé de BOURGEONS DUVETEUX, puis de feuilles naines, [...].

on peut se demander où se trouve l'antécédent de ce qui a toutes les apparences d'une anaphore définie. Cependant, il faut (il faudrait pouvoir) remonter aux pages 42 et 43 pour retrouver trace de ces arbres (je souligne encore) :

(26) *Il doit lutter contre la somnolence et ses paupières le brûlent. Même les yeux fermés il peut percevoir sur son visage la légère agitation des feuilles DU PLATANE qui occultent et laissent passer tour à tour les rayons du soleil. [...]* (page 42)

Avec plusieurs autres officiers il déclare au colonel qu'il est décidé à faire défection si le gouvernement veut employer la force contre le peuple. Les branches DU PLATANE laissent sur sa rétine une empreinte qui épouse vaguement la forme d'un 7 dont les extrémités et le sommet de l'angle sont alourdies par de petites boules, comme des nodosités, comme si le signe avait été tracé à l'encre sur un buvard, la plume hésitante marquant un temps d'arrêt aux changements de direction, le buvard absorbant l'encre en taches rondes. [...] (page 43)

Il ne faut pas se laisser troubler par le changement de typographie. Depuis longtemps déjà, dès que le lecteur s'est habitué au système mis en place, cette opposition a cessé de désigner strictement tel ou tel moment de l'H(h)istoire. Les platanes de la page 42 et de la page 366 peuvent être considérés comme les mêmes, ceux de la page 43 peuvent être passés dans l'histoire du Conventionnel (IL1). De toute façon, ces deux occurrences restent définies et attendent donc leur référé (ou source), elles aussi. Cet antécédent pourrait être identifié page 33 :

(27) *Au-dessous de lui il peut voir le feuillage printanier DES PLATANES DE L'AVENUE, vert pâle. Les POUSSES DUVETEUSES aux extrémités des branches sont d'un roux pâle aussi. Il est armé de deux bombes accrochées à sa ceinture et d'un pistolet. La ville secouée d'explosions est immobile sous le soleil. Le sol de l'avenue est jonché par places de rameaux sectionnés par les balles. Les feuilles sont encore vertes mais commencent à se friper. Le ténor chante Euridice Euridice ombra cara ove sei?*

Toutefois, ici, les différents temps de IL2 se mêlent : temps de Barcelone (IL2′″), temps de l'enfant au concert (IL2′) avec sa grand-mère et, peut-être, de l'écrivain à sa table (IL2″).

• **Anaphore démonstrative** (ou référentialisation déictique cotextuelle) : c'est l'exemple de l'emploi cotextuel et non pas déictique-contextuel du démonstratif, enchaînement du début et de l'ouverture de l'avant dernier paragraphe du texte de Rimbaud :

UN Prince [...]. Mais CE Prince...

Bien que ces deux types d'enchaînements anaphoriques (anaphore définie et anaphore démonstrative) correspondent à une suite : extraction préalable d'une entité puis fléchage, il ne faut pas les considérer comme absolument identiques (Corblin 1983a et 1987, Marandin 1986, Kleiber 1988). Il s'agit de deux possibilités concurrentes et susceptibles de produire des effets de sens spécifiques.

C'est bien le cas dans le texte de Rimbaud où l'anaphore déictique cotextuelle se situe au point stratégique de la fin du texte :

(28) [...] Le Prince et le Génie s'anéantirent probablement dans la santé essentielle. Comment n'auraient-ils pas pu en mourir ? Ensemble donc ils moururent.

Mais CE PRINCE décéda, dans son palais, à un âge ordinaire. Le Prince était le Génie. Le Génie était le Prince.

La musique savante manque à notre désir.

Ici l'article défini serait tout à fait possible — et même attendu comme le confirment d'ailleurs les deux phrases suivantes du paragraphe («Mais LE Prince décéda...») —, mais l'anaphore démonstrative vient signaler l'identification, ou mise en rapport avec un segment mis en mémoire auparavant, tout en opérant une sorte de reclassification (sans reformulation ici). Elle constitue le Prince en question en exemplaire très particulier par rapport à la classe générale : alors que les autres sont mortels, lui est, d'une part, immortel et, d'autre part, double : Prince et Génie à la fois. Il s'agit là d'une caractéristique importante de l'anaphore démonstrative : son pouvoir de reclassification (que ne possède pas l'anaphore définie).

Si la rupture introduite par l'anaphore démonstrative est, de plus, comme le note F. Corblin, généralement l'indice d'un nouveau point de vue sur l'objet — ici le connecteur MAIS, placé en début de paragraphe, remplit cet office —, c'est en raison des reformulations qui l'accompagnent. Ainsi dans cette chaîne du *Rouge et le Noir* que cite Corblin et qui nous introduit au type suivant de chaîne anaphorique : «Julien [...] CE caractère singulier [...] CE jeune homme [...] CE petit abbé».

- **Coréférence et reprises lexicales**

Le lexique et son organisation en langue jouent un rôle essentiel dans ce type de chaîne. La relation de terme hyperonyme (ou super-ordonné) à terme hyponyme autorise ou interdit certains enchaînements (Milner 1982 et Kleiber 1988). Ainsi :

(29) Un chat [...] l'animal / cet animal

est possible, mais pas :

(30) ?Un animal [...] le / ce chat

(31) ?Un livre [...] le / ce roman.

Comme le note G. Kleiber : «Les raisons d'une restriction prédicative (de LIVRE à ROMAN et d'ANIMAL à CHIEN) ne sont pas disponibles dans le contexte antérieur. On a l'impression d'une sorte de coup de force ou de maillon manquant à la chaîne. Les traits analytiques et stéréotypiques de LIVRE ne comportent pas le trait ETRE UN ROMAN qui serait nécessaire pour opérer une saisie coréférentielle anaphorique : un livre *peut* être un roman et c'est tout. L'inverse, on le sait, est un des processus de reprises les plus courants, aussi bien avec le démonstratif qu'avec l'article défini» (1988 : 64-65). Anaphores définie et démonstrative se fondent donc sur la possibilité d'utiliser comme anaphorique le terme super-ordonné (animalité comme propriété). Seule la suite UN N1 (hyponyme) + LE/CE N2 (hyperonyme) est donc possible.

En revanche, comme le soulignent également Corblin et Kleiber, l'enchaînement métaphorique vient modifier la relation sémantique et, dès lors, autoriser :

(32) Je viens de relire un livre. Ce torchon...

tout en interdisant :

(33) ?Je viens de relire un livre. Le torchon...

La connaissance du monde et l'organisation des savoirs encyclopédiques jouent aussi un rôle essentiel dans ce type de chaîne. Ainsi :

(34) Rimbaud [...] le génial auteur des Illuminations...

et non :

(35) Georges Kleiber [...] le génial auteur des *Illuminations*...

est-elle liée à des savoirs indépendants de la structure de la langue et de l'organisation du lexique. En revanche, dans un texte donné (Corblin 1983b, Slakta 1982) — un roman comme le *Rouge et le Noir*, par exemple —, les substitutions choisies sont fixées par le texte lui-même, elles font parties du sens qu'il donne à construire. Substitution lexicale et établissement de chaînes de coréférences visent certes à maintenir un continuum homogène de signification (une isotopie minimale), mais en assurant en même temps la progression par spécifications nouvelles et mobilisation des références virtuelles des lexèmes convoqués.

Il faut souligner que la coréférence repose (permet), en fait, sur une prédication implicite : «Rimbaud est le génial auteur des *Illuminations*». Comme le souligne bien P. Sériot : «Sous l'apparence d'une simple reprise, d'une simple substitution, on voit que la deuxième mention est ici une prédication. Mais une prédication implicite, en ce que la répétition, la renomination, qui est en principe un facteur de cohérence textuelle (la «trame textuelle»), masque en fait une adjonction d'information, qui permet elle-même de faire avancer le texte dans une nouvelle direction» (1988 : 151). Sériot comme Maingueneau (1976 : 156) citent nombre d'exemples de presse, je n'en choisis qu'un :

(36) L'opération secrète de vente d'armes à l'Iran et de transfert aux «contras» nicaraguayens d'une partie des fonds obtenus [...] TOUTES CES AFFAIRES SCANDALEUSES [...] (Cité par Sériot 1988 : 150).

On le voit, la règle textuelle de répétition-progression est appliquée très strictement dans un phénomène qu'on pourrait avoir tendance à ranger un peu trop rapidement dans la seule reprise-répétition.

La complexité et le coût du travail interprétatif nécessaire dans l'acte de reconnaissance sous-jacent à la coréférence apparaissent bien dans un texte comme «Conte» :

(37) Il s'amusa à égorger les bêtes de luxe. Il fit flamber les palais. Il se ruait sur les gens et les taillait en pièces. — La foule, les toits d'or, les belles bêtes existaient encore.

Un enchaînement de type «les gens [...] la foule» est rendu possible par les seules connaissances lexicales (relation hyponyme-hyperonyme). La reprise «les bêtes de luxe [...] les belles bêtes», qui ne joue pas sur les substantifs eux-mêmes (N), n'apporte pas vraiment d'information sauf à établir un rapport d'évidence entre le luxe et la beauté. La relation «palais [...] toits», en revanche, se trouve dans les savoirs encyclopédiques du lecteur, mais ici vient s'ajouter à la relation synecdochique (tout-partie) une information sur l'étendue du luxe du palais : «les toits d'or». Cette relation qu'on dira d'anaphore associative, interdit l'enchaînement démonstratif :

(38) ?Il fit flamber les palais. Ces toits d'or...

C'est aussi l'exemple de G. Kleiber (1988 : 68) :

(39) Nous arrivâmes dans un village. L'église...

(40) ? Nous arrivâmes dans un village. Cette église...

La position de G. Kleiber est très claire : l'impossibilité de l'emploi du démonstratif ne tient pas tant au fait que N2 (église) n'a pas encore été introduit (position de F. Corblin), mais que «la saisie référentielle dans le cadre de l'anaphore associative est [...] obligatoirement indirecte» (1988 : 69). L'usage de l'adjectif démonstratif est exclu parce qu'il exige une saisie référentielle directe du référent et non un passage par le N1 référé (ou source) et les connaissance stéréotypique qui s'y rattachent. Ajoutons que, selon G. Kleiber : «Par opposition à l'article défini, outil référentiel indirect, décrivant le référent dans une circonstance d'évaluation, le démonstratif fonctionne comme un désignateur direct, qui saisit le référent par le truchement du contexte d'énonciation» (1988 : 73).

La deuxième phrase du second paragraphe : «Quel saccage du jardin de la beauté!», phrase métaphorique, elle, est nettement plus délicate à interpréter. La recherche d'une relation d'isotopie entre les deux phrases permet toutefois d'établir les relations suivantes :

(41) Toutes les femmes [...] jardin de la beauté

(42) Furent assassinées [...] saccage

En revanche, l'établissement d'une coréférence entre LE PRINCE et LE GENIE est uniquement rendue possible dans le genre particulier que constitue le conte merveilleux.

Ces phénomènes sont aujourd'hui bien connus et bien décrits. Les analyses habituelles ne me paraissent toutefois pas insister assez nettement sur le fait que si les «chaînes» garantissent, par les reprises, la cohésion du texte, elles peuvent également en souligner la progression. Ainsi, dans l'extrait suivant du *Château de sable* d'Iris Murdoch (je souligne) :

(43) [...] Puis Mor aperçut LE FORESTIER. IL était allongé par terre tout près du chemin dans une petite clairière où les arbres avaient reculé et laissé un large espace vide couvert de feuilles tombées. Tout autour, les fleurs et les ronces formaient une épaisse palissade en festons et, au fond de la clairière, une échancrure triangulaire dans les broussailles menait vers l'intérieur du bois et se perdait dans l'obscurité. L'HOMME était couché sur le côté dans les feuilles sèches et semblait jouer à un jeu avec des cartes de couleurs vives. IL tenait dans sa main la plupart des cartes mais une demi-douzaine environ étaient posés par terre. C'ETAIT UN HOMME petit et trapu, vêtu d'un mauvais pantalon de toile bleue et d'une chemise bleue. Ses vêtements avaient vaguement l'air de vêtements d'uniforme, sans qu'on pût dire de quelle sorte d'uniforme. Près de LUI, sous les ronces, il y avait un paquet et quelque chose qui ressemblait à la poignée d'un outil. LE VISAGE DE L'HOMME était à demi tourné vers eux, yeux baissés, et son teint fortement bronzé laissait supposer que C'ETAIT UN GITAN. Ses cheveux emmêlés étaient noirs.

Mor arrêta involontairement la voiture. Ils n'étaient qu'à quelques pieds de L'HOMME. Un moment passa. L'HOMME à demi couché ne leva pas les yeux. IL continua à examiner attentivement la rangée de cartes retournées devant LUI et n'accorda pas la moindre attention aux occupants de la voiture en train de l'observer. Mor sentit Miss Carter lui toucher le bras. Il remit le moteur en marche et ils s'éloignèrent. L'HOMME fut bientôt hors de vue.

Mor regarda sa compagne. Elle était pâle et se couvrait la bouche avec la main. «N'ayez pas peur, dit Mor.

— J'ai peur, répondit-elle. Je ne sais pas pourquoi.»

La voiture cahotait tranquillement. Le chemin semblait n'avoir pas de fin. Mor était un peu effrayé sans savoir pourquoi. Il dit : «C'ETAIT PROBABLEMENT L'UN DE CES

BUCHERONS NOMADES qui travaillent pour la campagne forestière. ILS vivent dans des huttes ou sous des tentes, dans les bois.
— IL m'a fait l'effet d'être UN GITAN, dit Miss Carter, et je suis sûre qu'IL ne travaille jamais pour personne. [...]
(Gallimard 1984 : 95-96. pour la traduction française).

On peut parler ici d'un coup de force référentiel initial qui consiste à poser «LE FORESTIER», par l'utilisation d'un défini spécifique (LE), comme un terme connu alors qu'il ne réfère pas à une entité déjà présente dans la mémoire textuelle. En effet, deux pages plus haut, on trouve seulement cette allusion :

(43') On aurait dit que, depuis qu'ils avaient franchi la barrière blanche, ils étaient entrés dans un autre monde. L'esprit des bois les hantait et Mor se surprit à regarder de droite et de gauche pour découvrir quelque chose d'étrange. Le chemin était bien tenu, partout recouvert d'herbe fine et QUELQU'UN avait taillé les broussailles de chaque côté (pages 93-94, je souligne).

On peut dire, à la lumière de (43), que les anaphores pronominales (IL, LUI) et définies (L'HOMME) constituent assurément un type de liage non marqué, dominé par une cohésion qui est avant tout reprise-répétition alors que les reformulations[3] (UN GITAN et UN DE CES BUCHERONS NOMADES) soulignent les changements de point de vue et la progression des deux paragraphes. C'est aussi évident en (44) :

(44) Souvenirs. En moi maintenant, l'apaisement total. Je me laisse aller vers les sources chaudes de mon être, tout empreint d'une émotion tranquille, pour ainsi dire sensuelle. Je refais couple avec l'Anne Marie de mes années de jeunesse quand elle m'embrasait l'imagination. Temps de l'érotisme doux et délicat, d'une certaine charnalité, temps du BOY-CHINOIS que mon père le consul nous avait envoyé à Paris. C'est LUI qui m'a enseigné les premières émotions du corps, les effrois du plaisir, frissonnements et inquiétudes à l'ombre de ma mère. LE BOY CHINOIS : quand j'Y repense ! Quelle n'avait pas été notre surprise à Anne Marie et moi lorsque nous avions été LE chercher à la gare ! Tout guidé en gentlemen, jaune dans les attifements du blanc, avec son costume bleu rayé, son nœud papillon et ses chaussures en daim, on aurait dit UN DEFILEUR DE CARNAVAL. Pourtant, grand et mince, visage sculpté dans le bois dur des jungles, des yeux de tigre et de hautes pommettes, c'était UN VERITABLE SEIGNEUR DE LA GUERRE. En LE voyant, j'avais été tout excité, le cœur comme un tambour : avoir L'UN DE CES HOMMES redoutables pour serviteur à la fois m'attirait et me terrifiait. Mais dès qu'IL eut endossé la vêture du valet, je fus plus charmé qu'effrayé. IL s'était transformé en UNE CREATURE SERAPHIQUE qui se déplaçait dans l'appartement TEL UN ELFE, sans bruit, sans poids, sans cesse occupé à mille petites choses.

(Lucien Bodard, *La Chasse à l'ours*, Grasset, p. 39, je souligne)

La chaîne pronominale : «(LE BOY CHINOIS) + LUI + Y + LE + IL» est très différente des reformulations de la suite «(LE BOY CHINOIS) + UN DEFILEUR DE CARNAVAL + UN SEIGNEUR DE LA GUERRE + UNE CREATURE SERAPHIQUE». Seule cette dernière forme d'enchaînement assure, au-delà de la simple reprise coréférentielle, une progression sur laquelle je reviendrai plus loin[4].

2.2. PRISE EN CHARGE ET POLYPHONIE : LES ESPACES SEMANTIQUES

M. Charolles définit ainsi ce qu'il appelle les «portées» : «portion de texte dont l'interprétation est indexée comme devant s'effectuer dans un certain cadre (ou espace) de véridiction» (1988 : 9). Les exemples (43) et (44) sont, sur ce point aussi, très intéressants. En (43), la prise en charge de la reformulation «un gitan» apparaît dans deux espaces (sous deux portées, en quelque sorte) : celui du narrateur, à la fin du premier paragraphe, et celui d'un personnage (Miss Carter) ensuite. Avant d'examiner (44) sous cet angle, rappelons que les cas de figure suivants sont généralement répertoriés pour cerner les phénomènes de prise en charge de la validité des propositions :

A. Marques d'attribution des propositions

A.1. Formules attribuant des propos à quelqu'un : ainsi ces débuts d'articles qui rendent compte du même moment d'une conférence de presse :

(45) Selon le professeur Jean-Paul Bronckart [...].

(46) Pour J.-P. Bronckart [...].

(47) [...] Les raisons de la controverse ne sont pas A SON AVIS au premier chef linguistiques, mais psycho-pédagogiques.

Il faut ajouter ici toutes les formes du discours relaté (direct, indirect et même indirect libre) et les marques d'hétérogénéité explicite (guillemets surtout). Ainsi dans cet exemple qui en accumule plusieurs :

(48) [...] SELON ce responsable, qui préfère garder l'anonymat et celui de sa secrétaire (il veut conserver sa «PERLE»!) rien ne vaut le dialogue pour motiver les employés[...].

En dépit de l'absence de guillemets dans l'énoncé rapporté régi par SELON[5], «rien ne vaut...» est attribuable au responsable. En revanche la parenthèse est ambiguë : commentaire du journaliste ou citation? Les guillemets de «perle» permettent d'attribuer le substantif (métaphore usée exemplaire) au discours rapporté ou à l'usage collectif.

A.2. Formules avec verbes d'opinion

(49) L'initiative PRETEND protéger les exploitations paysannes, notamment les petites. [...] L'initiative PRETEND offrir une alimentation à meilleur compte. [...] L'initiative PRETEND supprimer les «fabriques d'animaux». [...] L'initiative PRETEND

libérer le contribuable et le consommateur des coûts inutiles provoqués par la mise en valeur de prétendus excédents. [...] L'initiative PRETEND améliorer la position de la Suisse au sein du GATT. [...] L'initiative prétend libéraliser l'importation des produits agricoles. [...]
(50) Les spécialistes S'IMAGINENT que...

B. Marqueurs d'univers de discours

Il est nécessaire de poser une gradation entre les marqueurs d'univers de discours proprement dits et les prédicats créateurs d'univers (ou «mondes»).

(51) EN FRANCE...AU DEBUT DE CE SIECLE...

(52) Est-il bien raisonnable qu'un homme politique qui aspire à la magistrature suprême de la première puissance du monde apprécie la compagnie de personnes du sexe féminin au point de leur ouvrir sa porte sans précaution? La question ne fait pas du tout sourire à Washington, d'autant, ajoute-t-on, que M. Hart n'en était pas à sa première affaire d'alcôve.

(A. Fontaine, *Le Monde*, ex. étudié in Perrin 1989)

Ou, plus subtile, cette publicité pour une chaîne de grands magasins français (Auchan) qui accompagnait, en juin 1988, sur les mur de Paris, la photo d'une bouteille de champagne :

(53) Ailleurs, c'est souvent ça ou rien.
AUCHAN.

On le voit, il s'agit d'opposer deux univers bien au-delà de leur seule valeur spatiale proprement dite. «Ailleurs» et «Auchan» sont distingués et signalés comme deux univers («mondes») différents.

Parmi les prédicats créateurs de «mondes» signalons :

(54) SOIT un triangle ABC...

(55) IL ETAIT UNE FOIS...

(56) SI les poissons POUVAIENT parler...

(57) IMAGINEZ un monde
où des postes auxquels vous n'aviez encore
jamais pensé, vous sont proposés

[PUB du *Monde* : service télématique expert de l'emploi des cadres]

Ces prédicats jouent un rôle extrêmement intéressant, mais quand même légèrement différent des formules et marqueurs précédents dans la mesure où ils posent des univers (espaces sémantiques) sans les attribuer énonciativement (seul «J'ai rêvé...»[6] rentrerait dans cette catégorie tout en attribuant l'univers créé à une part du moi de l'énonciateur lui-même).

En passant des chaînes de liage aux espaces sémantiques ou univers, on a changé manifestement de plan d'analyse. Avec les «chaînes», c'est la connexité textuelle qui est en cause, un aspect de la continuité et de la progression cotextuelle. Avec les espaces sémantiques, nous entrons dans la structure sémantique et énonciative du discours dont il a été question plus haut. Ainsi, pour revenir sur (44), le premier mot de la séquence («SOUVENIRS»), soigneusement isolé en tête de paragraphe, marque la distance entre des espaces : MAINTENANT et ALORS. Le premier correspond à l'espace que nous désignerons par la lettre R, espace de «réalité» du locuteur dans la terminologie adopté par G. Fauconnier (1984). Dans l'ensemble découpé par ALORS, deux premiers espaces apparaissent : un espace M1 (proche d'un espace hypothétique H) du «ON AURAIT DIT» de la première reformulation («UN DEFILEUR DE CARNAVAL») et un espace M2 de la deuxième reformulation : «C'ETAIT UN VERITABLE SEIGNEUR DE LA GUERRE», espace dans lequel la coréférence «L'UN DE CES HOMMES REDOUTABLES» devient possible. Cette deuxième reformulation ne saurait, en revanche, s'appliquer dans l'espace M1. La dernière reformulation s'inscrit, elle, dans un nouvel espace M3. Le connecteur POURTANT prend en charge la séparation des espaces M1 et M2, tandis que MAIS et le marqueur temporel DES QUE assurent le passage de M2 à M3.

L'étude de l'ironie peut entièrement se dérouler dans le cadre qui vient d'être défini. Reprenons l'analyse cette fois énonciative de la partie de la tirade de Sganarelle (2) qui consiste — à partir de «Sachez Monsieur...» — en une énumération étrange de propositions non liées. Une lecture générique des syntagmes nominaux est induite par l'usage des déterminants (singuliers ou pluriels). La description porte sur des propriétés et des états de choses généraux, habituels ou constants. L'usage du présent entraîne, lui aussi, une telle lecture des syntagmes verbaux. On a, de ce fait, affaire à des prédicats gnomiques et le manque de continuité-cohésion textuelle, apparent dès la première lecture, se double d'un processus de dés-énonciation ou plutôt de dégagement du locuteur. Une absence de prise en charge énonciative, caractéristique du proverbe et de la maxime, permet au valet de présenter chacun de ses énoncés comme asserté, au-delà de sa personne, par la *doxa*. Le recours à un énonciateur générique de ce type confère aux propositions une validité singulières : elles sont ON-VRAIES, pour reprendre une expression d'A. Berrendonner qui définit ainsi ON : «On, que j'appelle, faute de mieux l'«opinion publique», parce que son rôle est le plus souvent de dénoter une *doxa* anonyme» (1981 : 59). A. Grésillon et D. Maingueneau, à propos du proverbe, ajoutent quant à eux : «Le ON du prédicat ‹ON-vrai› qui le fonde, au lieu de varier numériquement et qualitativement à l'infini, au gré des contextes énonciatifs, tend à coïncider avec l'ensemble des locuteurs de la langue, dont la compétence inclut un stock de proverbes. Enonçant un proverbe, le locuteur maximise la validité de son dire, la place au-delà de la diversité et de la relativité des ‹autorités›» (1984 : 114).

A l'exception de celles qui précèdent le passage considéré et de la dernière proposition qui réfère directement à l'interlocuteur Dom Juan («vous»), les 27 propositions (P) assertées par Sganarelle ont toutes[7] le même statut énonciatif. En l'absence d'une prise en charge directe (de type «à mon avis», «selon moi», etc. qui marquerait l'assertion comme simplement valide du point de vue du locuteur : JE-VALIDE), les 27 propositions sont présentées comme une suite de propositions suffisamment fortes (valides) pour convaincre Dom Juan et surtout pour permettre l'acte de parole annoncé depuis le début.

Le signal d'argument ET PAR CONSEQUENT, qui introduit l'assertion finale (Q), ne peut pas être interprété comme portant sur la consistance argumentative séquentielle (la connexité) du raisonnement précédent, mais seulement sur sa valeur énonciative (c'est-à-dire, en fait, sa validité endoxale). La première partie de la tirade annonce le risque encouru par le valet. Ensuite, les 27 propositions P suspendent et surtout préparent l'assertion de Q. La seule présence du connecteur ET PAR CONSEQUENT signale que le but du locuteur est de convaincre son interlocuteur de Q («vous serez damné...»). La proposition Q est bien le but de sa prise de parole; elle est amenée par l'intermédiaire de 27 propositions P qui apparaissent, dès lors, comme autant de raisons et de justifications pour énoncer Q et oser accomplir l'acte illocutoire sous-jacent de prédiction menaçante. En d'autres termes, Sganarelle cherche 27 fois le courage d'accomplir l'acte de discours qu'il ose enfin en Q. Le rapport de force institutionnel entre le maître et le valet est, bien sûr, à l'origine de la recherche d'un tel nombre de justifications.

Ce texte permet de mettre l'accent sur le fait qu'ici la pertinence argumentative de la tirade ne réside pas dans la grammaticalité de ses enchaînements, pas dans sa connexité séquentielle argumentative (de type prémisses-conclusion), mais plutôt dans l'énonciation et la valeur de ON-VALIDITE des 27 propositions. Une macro-structure sémantique, résumé de ces 27 propositions, peut être construite sur la base de la proposition Q («vous serez damné »), conséquence d'une série de propositions qui implicitent toutes que Dom Juan contrevient, par sa conduite, à toutes ces manifestations de l'ordre du monde et de l'opinion commune. La valeur illocutoire de promesse menaçante (futur et deuxième personne) en découle directement. Toutefois, le jugement antiphrastique ironique de Dom Juan et l'effet humoristique produit sur le lecteur/spectateur prouvent que le manque de connexité séquentielle induit un jugement immédiat d'incohérence — et donc de disqualification — d'un texte dont le locuteur semble avoir perdu le contrôle. Au comique lié au déséquilibre hiérarchique qui rend difficile le discours de Sganarelle à son maître, s'ajoute l'hétérogénéité polyphonique et surtout le comique de répétition des 27 propositions successives. L'incohérence relative de cette tirade est, bien sûr, récupérable par le lecteur-auditeur, au niveau contextuel de la pièce où elle apparaît comme conforme à l'idéologie du gros bon sens de Sganarelle et où elle annonce surtout le dénouement en portant en avant les rapports de Dom Juan et de la loi commune.

La réplique de Dom Juan est aussi complexe énonciativement que le discours de Sganarelle : l'antiphrase apparaît comme un travail énonciatif sur la proposition énoncée «O beau raisonnement!». L'exclamation admirative donne à lire/entendre une énonciation sérieuse où «O!» et «beau» argumentent en faveur d'une conclusion C tandis que l'acte d'énonciation (ton et/ou geste lors de la représentation théâtrale) donne à entendre :

a) que l'énonciation sérieuse ne peut être que le fait d'un énonciateur E1 différent du locuteur (E1 ≠ L);

b) une argumentation totalement inverse, non-C, prise en charge, elle, par le locuteur (E2 = L).

Aux coups attendus et redoutés par Sganarelle, Dom Juan oppose une fin de non-recevoir ironique. La réplique suivante de Sganarelle, en enchaînant sur l'énonciation sérieuse accentue encore le comique de la situation : la réplique ironique de Dom Juan permet à Sganarelle d'aller au bout de son raisonnement et de surenchérir («après cela») en évaluant positivement la complétude de son monologue. En ne disqualifiant pas le discours de son valet et en ne réagissant pas comme prévu, le maître feint d'être convaincu et d'adhérer au propos tenu. Je suis tenté de considérer cette attitude de Dom Juan comme révélatrice de tout son comportement. En effet, l'ironie lui permet de feindre l'adhésion aux normes de l'espace de réalité endoxal dans lequel Sganarelle vient de raisonner (la norme de l'espace de «réalité» du monde R). Comme le note A. Berrendonner : «L'ironie est [...] le moyen d'échapper à une règle de cohérence, tout en l'assumant. Elle n'est pas dépourvue de valeur argumentative, elle les a toutes» (1981 : 237). Il poursuit en soulignant deux conséquences intéressantes : «L'ironie est une manœuvre qui déjoue une norme, et, à un point du discours où l'énonciateur est mis par les institutions dans l'obligation de restreindre explicitement ses possibilités de continuation, elle lui permet en réalité de ne se fermer aucune issue. [...] Elle laisse donc ouverte l'alternative, et ménage la liberté du locuteur» (: 237-238). A cette première manœuvre fort dom juanesque s'ajoute l'autre conséquence : «elle lui permet d'échapper à toute sanction éventuelle». Il me semble que ceci décrit bien la puissance discursive de Dom Juan, très au-delà de cette simple réplique-symptôme. En fait, le maître et le valet apparaissent ici comme des experts en matière de gestion des phénomènes énonciatifs que nous venons de ranger dans la catégorie générique de polyphonie.

Dans un tout autre registre, ce propos de V. Giscard d'Estaing, à la télévision, à propos de l'affaire des «avions renifleurs» :

(58) Ce rapport détruit, le voici.

ne peut être considéré comme cohérent que si l'on parvient à attribuer le qualificatif («rapport DETRUIT») à un énonciateur dont le locuteur se distancie. Avec le présentatif-déictique, le réel vient dénoncer la fausseté du syntagme nominal. Cette incohérence apparente est donc résolue par la polyphonie énonciative, par le fait que le thème ne s'inscrit pas dans le même espace sémantique que le propos, n'est pas sous la responsabilité du même «personnage» énonciatif : «Ce rapport détruit» n'est pas pris en charge par le locuteur (E1 ≠ L), tandis que «le voici» est assumé par le locuteur (E2 = L).

Un connecteur comme DONC peut permettre les mêmes effets polyphoniques, si l'on en juge par cet exemple de *Little Dorrit* de Dickens qu'examine rapidement Bakhtine (1981 : 305) dans le cadre de sa théorie énonciative du discours :

(59) Mais M. Tite Barnacle était collet monté, et donc c'était un homme de poids.

Si Bakhtine peut identifier ici le phénomène polyphonique qu'il a été le premier à décrire avec une certaine précision, c'est que DONC signale un enchaînement : proposition à valeur d'argument + proposition à valeur de conclusion. Sans me préoccuper ici de ce qui précède MAIS, je dirai que les connecteurs MAIS et DONC se chargent eux-mêmes de donner des instructions nécessaires au traitement des propositions p et q, l'une comme argument, l'autre comme conclusion.

MAIS proposition P = ceci est un argument
ET DONC proposition Q = ceci est une conclusion

Cependant, l'orientation argumentative de cet énoncé ne peut être déterminée seulement à ce niveau séquentiel. Un enchaînement de ce type n'est en effet possible que dans un contexte de normes correspondant à des espaces sémantiques.

L'ambiguïté de l'imparfait (temps de la description aussi bien que du discours indirect libre) introduit un flottement dans l'attribution de (59) : Qui dit «(MAIS) P et DONC Q»? C'est la question que pose Bakhtine lorsqu'il se demande s'il s'agit de la voix de l'auteur ou de celle de quelqu'un d'autre. En d'autres termes : est-ce l'auteur qui prend en charge l'enchaînement argumentatif? Est-ce l'auteur qui autorise d'inférer qu'«être collet monté» est une marque d'importance. Ceci n'est possible que dans un espace sémantique que DONC signale.

Comprendre le sens de (59), c'est, avec l'aide des marqueurs-connecteurs, identifier un mouvement argumentatif, une orientation argumentative, mais ceci n'est possible qu'en postulant un contexte normatif lié à une prise en charge des contenus des propositions P et Q. Un énoncé comme (59) est probablement aussi indécidable qu'un énoncé au style indirect libre, même si Bakhtine tranche dans des termes qui semblent aller dans le sens d'une interprétation ironique :

> Si l'on en juge par les marques formelles, la logique qui motive la phrase semble appartenir à l'auteur, c'est-à-dire qu'il y adhère; mais en fait, la motivation réside dans le système de croyances subjectives de ses personnages ou de l'opinion générale (1981 : 305).

Même si formellement (grammaticalement), en l'absence de guillemets, de citation explicite, de changement de temps signalant le passage du récit racontant à des paroles en discours direct ou indirect, l'énoncé est marqué comme appartenant à la seule voix de l'auteur, l'ensemble de l'enchaînement reflète simultanément — ironie ou parodie — plus d'une perspective idéologique, c'est-à-dire plus d'une norme. Une autre perspective idéologique se reflète dans un énoncé qui devient ambivalent : l'enchaînement [P (argument) ET DONC Q (conclusion)] n'est pas assumé par le locuteur (L) narrateur, mais par un autre énonciateur (personnage(s) ou doxa) : E ≠ L.

Dans la citation de Bakhtine, il faut retenir les termes «logique qui motive la phrase» (une telle «logique» présuppose en effet l'existence de normes), «adhérer» (terme qui implique la prise en charge énonciative) et «système de croyances subjectives» (pour nous univers ou espaces sémantiques).

Commentant les thèses de Bakhtine, Julia Kristeva a fort justement insisté sur la «polémique intérieure cachée» de ces sortes d'énoncés ambivalents :

> Elle se caractérise par l'influence active (c'est-à-dire modifiante) du mot d'autrui sur le mot de l'auteur. C'est l'écrivain qui «parle», mais un discours étranger est constamment présent dans cette parole qu'il déforme. Dans ce type *actif* de mot ambivalent, le mot d'autrui est représenté par le mot du narrateur (1969 : 94).

C'est ce dialogisme qu'illustre l'ironie et qui nous place devant l'obligation de décrire linguistiquement la complexité des phénomènes de prise en charge énonciative des énoncés.

2.3. LA SEGMENTATION

M. Charolles appelle «séquences» les blocs textuels (vi-lisibles) résultant «du découpage du matériau discursif» (1988 : 9). Il cite le découpage en paragraphes ainsi que le cas du titre qui «constitue à lui seul une séquence détachée qui indexe l'ensemble du texte» (1988 :10). De façon plus large et plus vague, il fait aussi allusion aux marqueurs «corrélatifs» de type D'UNE PART/D'AUTRE PART, D'UN COTE/DE L'AUTRE, aux conclusifs aussi, c'est-à-dire, en fait, aux marqueurs d'intégration linéaire et plus largement d'énumération dont nous parlerons plus loin (2e partie, chapitre 1). Si le point de départ de la réflexion de M. Charolles me paraît pragmatiquement juste et intéressant :

> Les marques de séquentialité sont l'indice d'une activité *métadiscursive* chez celui qui les utilise. Elles dénotent un travail explicite d'organisation de l'énonciation visant en particulier à faciliter la tâche de l'interprétation (1988 : 9).

Je propose, pour ma part, de parler plutôt ici de SEGMENTATION et d'appeler SEGMENT toute unité vi-lisible chargée, en fait, de souligner un PLAN DE TEXTE. Je réserve la notion de «séquence» à un autre aspect de la textualité, un cinquième plan d'organisation textuelle, qui va me permettre de revenir sur les questions posées plus haut dans la première partie.

La notion vi-lisible de segment permet de ranger dans cette catégorie non seulement un changement de chapitre ou de paragraphe, mais les titres, sous-titres et mise en vers, ainsi que la mise en page qui recourt à différents corps de caractères et/ou à une distribution spatiale particulière du texte. Les signaux de démarcation graphique[8] en général doivent être rangés dans cette catégorie.

On a verra plus bas ce qu'il en est de la phrase graphique et du rôle singulier d'une marque de ponctuation (le tiret) dans le feuillet 11 du texte intitulé «Phrases» des *Illuminations* de Rimbaud[9], mais il est préférable d'insister d'abord, à titre d'exemple, sur les raffinements de la fragmentation des feuillets 11 (60) et 12 (60′) parfois considérés comme formant un seul texte, parfois deux textes différents, voire plus encore.

(60) Quand le monde sera réduit en un seul bois noir pour nos quatre yeux étonnés, — en une plage pour deux enfants fidèles, — en une maison musicale pour notre claire sympathie, — je vous trouverai.

Qu'il n'y ait ici-bas qu'un vieillard seul, calme et beau, entouré d'un «luxe inouï», — et je suis à vos genoux.

Que j'aie réalisé tous vos souvenirs, — que je sois celle qui sait vous garrotter, — je vous étoufferai.

~~~~~

Quand nous sommes très forts, — qui recule? très gais, — qui tombe de ridicule? Quand nous sommes très méchants[10], — que ferait-on de nous.

Parez-vous, dansez, riez. — Je ne pourrai jamais envoyer l'Amour par la fenêtre.

~~~~~

— Ma camarade, mendiante, enfant monstre! comme ça t'est égal, ces malheureuses et ces manœuvres, et mes embarras. Attache-toi à nous avec ta voix impossible, ta voix! unique flatteur de ce vil désespoir.

Le feuillet 12 du manuscrit 14123 de la Bibliothèque Nationale est le suivant :

(60′) Une matinée couverte, en Juillet. Un goût de cendres vole dans l'air; — une odeur de bois suant dans l'âtre, — les fleurs rouies, — le saccage des promenades, — la bruine des canaux par les champs — pourquoi pas déjà les joujoux et l'encens?

*
* *

J'ai tendu des cordes de clocher à clocher; des guirlandes de fenêtre à fenêtre; des chaînes d'or d'étoile à étoile, et je danse.

*
* *

Le haut étang fume continuellement. Quelle sorcière va se dresser sur le couchant blanc? Quelles violettes frondaisons vont descendre?

*
* *

Pendant que les fonds publics s'écoulent en fêtes de fraternité, il sonne une cloche de feu rose dans les nuages.

*
* *

Avivant un agréable goût d'encre de Chine, une poudre noire pleut doucement sur ma veillée. — Je baisse les feux du lustre, je me jette sur le lit, et, tourné du côté de l'ombre, je vous vois, mes filles! mes reines!

La critique littéraire a disserté longuement sur ces feuillets manuscrits. Trois solutions sont généralement adoptées, solutions qui illustrent fort bien la délicate question de la segmentation textuelle :

• Première solution : considérer le feuillet 11 isolément et donc (60) comme un texte complet, possédant un titre («Phrases») et dont la structure hiérarchique serait alors donnée à lire comme étant la suivante (chaque fragment étant, sur le manuscrit, séparé par un trait ondulé de plusieurs centimètres /~~~~~~/) :

TEXTE intitulé «Phrases» =

(Fragment I (§1 (P1) + §2 (P2) + §3 (P3))) + (Fragment II (§4 (P4 + P5) + §5 (P6 + P7))) + (Fragment III (§6 (P8 + P9)))

• Autre solution, souvent adopté par la critique littéraire (à la suite d'A. Adam dans le *Bulletin des Amis de Rimbaud* de mars 1951) : considérer que les feuillets 11 (60) et 12 (60′) du manuscrit constituent un seul et même poème. Soit, cette fois, la structure hiérarchique suivante :

TEXTE toujours intitulé «Phrases» =

((Feuillet 11 (Fragment I (§1 (P1) + §2 (P2) + §3 (P3))) + (Fragment II (§4 (P4 + P5) + §5 (P6 + P7))) + (Fragment III (§6 (P8 + P9)))) + (Feuillet 12 (Fragment IV (§7 (P10 + P11))) + (Fragment V (§8 (P12))) + (Fragment VI (§9 (P13 + P14 + P15))) + (Fragment VII (§10 (P16))) + (Fragment VIII (§11 (P17 + P18)))))

• Enfin dernière solution, adoptée par d'autres critiques, et qui consiste à considérer cette fois le feuillet 12 dont les fragments sont séparés par trois petites étoiles /***/, soit comme un seul texte dépourvu de titre, soit comme une suite de cinq petits textes autonomes que rien n'oblige, de toute façon, à rattacher au feuillet 11.

Ces quelques remarques sur une question un peu délicate d'établissement d'un texte littéraire concernent, en fait, très directement notre propos. En effet, les décisions prises modifient complètement la façon de lire le texte de Rimbaud. La segmentation du texte est donc bien un processus fondamental. Jean Peytard a proposé de parler à ce sujet d'entailles et, après avoir cité Giraud qui, en 1732, écrivait que «la ponctuation soulage et conduit le lecteur», il ajoute :

Le code de ponctuation est d'abord de l'ordre du scriptural. Ensemble de traces graphiques, d'entailles, d'incisions dans le continuum graphique. Séparation, scission, et cela dès l'origine, des tracés scripturaux. La mise en «mots graphiques», avec application des signaux de ponctuation, a pour fonction d'induire une lecture visuelle, avec toutes les conséquences aux différents niveaux, lexical, syntaxique, sémantique. Le «donner à voir» ici commande la production de la signification (1982 : 17-18).

Parmi les formes que la segmentation découpe de façon régulière, on peut aussi bien citer le sonnet (Adam 1984 : 45) que la structure de n'importe quel quotidien. Un journal se présente, en effet, avant tout comme un cadre invariant (très faiblement variant, du moins) à l'intérieur duquel des énoncés informatifs viennent s'inscrire. Des énoncés référentiels du type *Europe, Afrique, Amérique, Politique, Société, Economie, Défense, Spectacles, Idées*, etc., peuvent ensuite se découper verticalement : *Afrique : Algérie, Ouganda*, etc., *Asie : Chine, Japon*, etc. et instaurer une permanence, une mémoire, un découpage spécifique du réel qui pèse lourdement sur la lecture de l'information.

J'ai analysé ailleurs (Adam 1985a : 145-147) dans le détail ce «petit poème en prose» de Baudelaire dont la structuration en paragraphes souligne la découpe textuelle : à chaque paragraphe correspond un «moment» du récit : §1 = avant le début du procès (ce qu'on appellera plus loin macro-proposition narrative Orientation-Situation initiale du récit); §2 = début du procès (macro-proposition Déclencheur ou Complication); §3 = centre du procès (ou (Ré)action); §4 = fin du procès (Résolution); §5 jusqu'au point virgule = après le procès (Situation finale); §5 après le point virgule et jusqu'à la fin = Evaluation finale ou «morale».

(61) LE DESESPOIR DE LA VIEILLE

La petite vieille ratatinée se sentit toute réjouie en voyant ce joli enfant à qui chacun faisait fête, à qui tout le monde voulait plaire; ce joli être si fragile comme elle, la petite vieille, et, comme elle aussi, sans dents et sans cheveux.

Et elle s'approcha de lui, voulant lui faire des risettes et des mines agréables.

Mais l'enfant épouvanté se débattait sous les caresses de la bonne femme décrépite, et remplissait la maison de ses glapissements.

Alors la bonne vieille se retira dans sa solitude éternelle, et elle pleurait dans un coin, se disant :

— «Ah! pour nous, malheureuses vieilles femelles, l'âge est passé de plaire, même aux innocents; et nous faisons horreur aux petits enfants que nous voulons aimer!»

Comme la segmentation souligne ici les divisions propres à la structure séquentielle narrative (point 2.5. ci-après), la segmentation en phrase-paragraphes du plan de texte du placard publicitaire suivant souligne les unités d'une description :

(62)
Des récits, des événements,
des témoignages, des poèmes, des correspondances,
des bibliographies, des dates, des archives,
des analyses, des anecdotes, des légendes,
des contes, des critiques, des textes littéraires...

Des documents, des photos, des croquis,
des gravures, des cartes, des schémas, des pastels,

des calligraphies, des plans, des dessins,
des aquarelles, des œuvres d'art...
Des passions, des conflits, des réussites, des échecs,
des exploits, de l'histoire, du présent,
du passé, du futur, des explorations,
du rêve, de l'évasion, de la science, des aventures,
des héros et des inconnus. ,
Découvertes
Gallimard
[...]
**On n'a jamais vu autant de choses entre la première
et la dernière page d'un livre.**
Découvertes Gallimard : la première encyclopédie illustrée en couleurs au format de poche. 12 titres chez votre libraire.

Les trois premiers paragraphes permettent d'éviter l'entassement énumératif sans ordre. Ils donnent l'instruction d'interpréter chaque bloc typographique comme faisant partie d'un tout (la collection des encyclopédies «Découverte-Gallimard») : sortes de textes présentes dans l'ensemble de la collection pour le §1, illustrations (éléments non-verbaux) pour le §2, thèmes abordés pour le §3. L'abondance soulignée par la suite porte bien sur les éléments constitutifs de chacune des parties de l'encyclopédie considérée.

On le voit nettement, la segmentation, en soulignant le plan de texte, est un facilitateur de lecture. Notons, dès à présent, que le fait qu'un poème apparaisse généralement comme texte poétique en raison de sa disposition dans l'espace de la page relève très explicitement de ce plan d'analyse. Les genres de poèmes correspondent même à des types de segmentations (sortes de sonnets, odes, sortes médiévales de rondeaux, de virelais et de ballades, etc.) : la strophe et le vers sont des unités vi-lisibles par excellence.

2.4. DE LA PERIODE AUX PARENTHESAGES

Avec ce plan d'organisation textuelle, on considère un premier mode d'empaquetage des propositions, mode d'empaquetage général marqué ou non par des connecteurs ou des organisateurs. D'un point de vue terminologique, convenons de désigner par *période* et *parenthésage(s)* des modes d'empaquetage des propositions complémentaires et parfois distincts. La période désigne un empaquetage propositionnel essentiellement rythmique (souligné par la syntaxe et la ponctuation); les parenthésages un empaquetage des propositions marqué explicitement par des connecteurs et des organisateurs (morphèmes dont il sera question tout au long de la deuxième partie du présent ouvrage).

2.4.1. Définition classique de la période : unité phrastique ou textuelle ?

Avec la période, notion qui vient de la rhétorique classique (du grec *périodos*, littéralement *chemin autour*) via certaines propositions récentes du groupe de travail réuni à Aix-en-Provence autour de Claire Blanche-Benveniste (C. Blanche-Benveniste, J. Stefanini et K. Van Den Eynde 1987), nous touchons à des blocs d'unités entretenant des liens hiérarchiques de dépendance, liens marqués morpho-syntaxiquement.

Historiquement, le style périodique est généralement rattaché à l'art oratoire de Démostène à Bossuet en passant par Cicéron et Tite-Live. Littré cite quant à lui Isocrate (436 ans avant J.C). Si dès La Bruyère et plus encore au XVIIIe siècle, avec Montesquieu et Voltaire, la phrase courte semble l'emporter, il suffit de citer Rousseau, Chateaubriand et Proust pour voir que la période ne disparaît pas avec Bossuet (dont Condillac note dans son *Art d'écrire* (III, 3) que «quelquefois il va rapidement par une suite de phrases très courtes; d'autres fois ses périodes sont d'une grande page, et elles ne sont pas trop longues, parce que tous les membres en sont distincts et sans embarras»).

Dans le même passage Condillac distingue nettement style périodique et phrase complexe : «Il y a des écrivains qui, affectant le style périodique, confondent les longues phrases avec les périodes; leurs phrases sont d'une longueur insupportable; on croit qu'elles vont finir et elles recommencent sans permettre le plus léger repos». Les ouvrages de rhétorique définissent la période comme une phrase complexe dont l'ensemble seul forme ce qu'ils appellent «un sens complet» et dont chaque proposition constitue un membre, la dernière formant une chute ou clausule. A la différence de ce que Condillac dénonce comme un assemblage confus de plusieurs phrases, tous les membres d'une période doivent être distincts et liés les uns aux autres (*Art d'écrire* I, 9). D'où la définition de Littré : «Terme de grammaire. Assemblage de propositions liées entre elles par des conjonctions, et qui toutes ensemble font un sens fini, dit aussi sens complet». Dans le *Gradus*, B. Dupriez cite le célèbre exemple de Valéry qui, joignant l'exemple à la parole, décrit en ces termes la phrase périodique de Bossuet :

(63) Il part puissamment du silence, anime peu à peu, enfle, élève, organise sa phrase, qui parfois s'édifie en voûte, se soutient de propositions latérales distribuées à merveille autour de l'instant, se déclare et repousse ses incidentes qu'elle surmonte pour toucher

enfin à sa clé, et redescendre après des prodiges de subordination et d'équilibre jusqu'au terme certain et à la résolution complète de ses forces.

Soit une structure : *protase, apodose*[11] et même *clausule* interne à l'unité typographique phrase (complexe).

On parle généralement de périodes comportant deux, trois ou quatre membres, en dessous il s'agit de simple proposition et au-delà de «discours périodique». Les manuels de stylistiques abondent plus en exemples qu'en explications théoriques précises, je me contente de citer ceux que choisissent une grammaire du milieu du XIXe siècle (la *Grammaire des grammaires* chère à Flaubert) et le traité d'Albalat (*L'Art d'écrire*, 1900 : 141-142).

- Périodes à deux membres :

(64) [1] Puisque, pour diminuer les peines, il importe beaucoup de les avoir vues d'avance et de s'y attendre [2] il faut donc que les maux inséparables de l'humanité soient toujours présents à l'esprit de l'homme.

(65) [1] Quelle que soit l'indifférence de notre siècle pour les talents qui l'honorent, [2] — il rend du moins justice à ceux qui ne sont plus.

(Exemple, selon Albalat, de période sans incidentes)

(66) [1] Celui qui règne dans les cieux, et de qui relèvent tous les empires, à qui seul appartient la gloire, la majesté et l'indépendance, [2] — est aussi le seul qui se glorifie de faire la loi aux rois et de leur donner, quand il lui plaît, de grandes et de terribles leçons.

(Bossuet, exemple de période à deux membres avec incidentes)

- Périodes à trois membres :

(67) [1] Si l'équité régnait dans le cœur des hommes ; [2] si la vérité et la vertu leur étaient plus chères que les plaisirs, la fortune et les honneurs, [3] rien ne pourrait altérer leur bonheur. (Massillon)

C'est, selon Thibaudet, dans sa célèbre «Lettre à Marcel Proust sur le style de Flaubert» (1920), le moule de la «phrase-type de Flaubert, la phrase parfaite de «gueuloir». [...] Phrase à trois propositions de longueur variable, mais toujours équilibrées par le nombre. [...] C'est, dans sa construction générale, la vieille phrase oratoire française» (in Proust 1987 : 186-187). Thibaudet cite cet exemple :

(68) Cependant, sur l'immensité de cet avenir qu'elle se faisait apparaître, rien de particulier ne surgissait ; les jours tous magnifiques se ressemblaient comme des flots ; et cela se balançait à l'horizon, infini, harmonieux, bleuâtre et couvert de soleil.

Dans cette construction périodique, la conjonction ET joue un rôle particulier (Thibaudet parle d'un ET «de mouvement») que Proust identifiait en ces termes : «La conjonction ET n'a nullement dans Flaubert l'objet que la grammaire lui assigne. Elle marque une pause dans une mesure rythmique et divise un tableau» (1987 (1920) : 71-72).

• Périodes à quatre membres :

(69) [1] Si je possède quelques talents, dont toujours je reconnois l'insuffisance; [2] si j'ai acquis de la facilité dans l'art de parler, où je suis en effet médiocrement exercé; [3] si des avantages de ce genre sont dus en partie à l'étude et au goût des belles-lettres, auxquelles, il est vrai, je ne fus étranger à aucune époque de ma vie; [4] c'est surtout à Aulus Licinius, ici présent, qu'appartient en ce moment le droit d'en réclamer la jouissance et les fruits.

(Marmontel, *Encyclopédie méthodique*, au mot période)

(70) [1] Qu'un père vous ait aimé, [2] — c'est un sentiment que la nature inspire; [3] mais qu'un père si éclairé vous ait témoigné cette confiance jusqu'au dernier soupir, [4] — c'est le plus beau témoignage que votre vertu pouvait remporter. (Bossuet)

Les rhétoriciens distinguent encore parfois la période ronde «dont les membres sont étroitement joints» (Dictionnaire *Larousse du XXe siècle*, 1932), image même, selon Littré, de la «période bien faite», la période carrée, constituée de quatre membres à peu près égaux, la période croisée dont les membres sont opposés et forment une antithèse, la période rhopalique enfin «où les incises des membres de la période deviennent de plus en plus longues ou de plus en plus courtes, comme fait une massue» (Littré). A titre de contre-exemple, il suffit de citer cette période de Pascal que critique Condillac dans son *Art d'écrire* (livre II, chapitre 68) : «(1) Qu'est-ce que nous crie cette avidité (d'acquérir des connoissances), sinon qu'il y a eu autrefois en l'homme un véritable bonheur dont il ne lui reste que la trace toute vide; (2) qu'il essaie de remplir de tout ce qui l'environne; (3) en cherchant dans les choses absentes le secours qu'il n'obtient pas des présentes, et que les unes et les autres sont incapables de donner; (4) parce que ce gouffre infini ne peut être rempli que par un objet infini et immuable». Pour Condillac «Ce n'est certainement» pas là une période arrondie», en effet (2) modifie le dernier mot de (1), (3) modifie (2) et (4) la dernière partie de (3). F. Brunot, dans le tome VI de son *Histoire de la langue française*, a bien raison de souligner que Condillac est le maître de ce genre de correction : personne n'échappe à sa critique grammaticale, ni La Bruyère, ni Pascal, ni l'abbé Du Bos, ni même Bossuet.

Il ne suffit pas qu'une phrase soit longue pour qu'elle soit composée de périodes. Ainsi cette phrase énumérative de Bossuet, citée par Albalat :

(71) Vous verrez dans une seule vie toutes les extrémités des choses humaines : la félicité sans bornes aussi bien que les misères; une longue et paisible jouissance d'une des plus nobles couronnes de l'Univers; tout ce que peuvent donner de plus glorieux

la naissance et la grandeur accumulées sur une seule tête, qui ensuite est exposée à tous les outrages de la fortune, etc.

Albalat fixe à la période un double idéal d'équilibre et de rythme : «C'est la proportion des membres de phrases entre eux qui fait l'équilibre et l'harmonie d'une période. Il faut que les incidentes ou les propositions principales soient entre elles à peu près d'une longueur égale et que la phrase finisse en sonorité étendue» (1900 : 144). Pour lui, un période doit avoir du nombre : «Si, dans un premier membre, vous avez mis deux ou trois épithètes, il faut, dans le second membre, en mettre également deux ou trois» (: 149). Il cite cet exemple de phrase qui, selon lui, «a du nombre» :

(72) Impressionnable et vive dans la jeunesse, indifférente et lourde dans la vieillesse, l'imagination décroît et se perd à mesure que le corps s'use et s'affaiblit.

De l'harmonie à la cadence et au souffle il n'y a qu'un pas. Albalat parle ouvertement d'équilibre musical : «Qu'on ne dise pas que les livres sont destinés à être lus par les yeux et non entendus par l'oreille. Les yeux aussi entendent les sons. De même que le musicien entend l'orchestre en parcourant une partition, il suffit de lire une phrase pour en goûter la cadence» (: 154). De Flaubert à Claude Simon, en passant par Maïakovski, c'est la même idée qui se perpétue.

2.4.2. Du rythme de la période au texte

Conformément à la position d'Albalat, d'Hughes Blair [12] et de la plupart des grammairiens, B. Dupriez précise fort justement que, dans la période, le «groupement et l'ordonnance logique des idées ou des faits [...] sont mis en relief tant par la structure grammaticale que par le rythme» (1984 : 338). La définition de la période grammaticale est liée à celle de période musicale : «phrase musicale composée de plusieurs membres», écrit Littré qui ajoute, citant Marmontel : «Le mot de période en fait de musique est aussi usité qu'en parlant d'éloquence : les bons écrivains et les hommes instruits n'appellent pas autrement le cercle que décrit un chant dont les parties se développent et se renferment dans un dessein régulier et fini».

Dans la mesure où, comme le suggèrent bien ces définitions, la notion de période implique une attention égale aux marques morpho-syntaxiques et au rythme, il semble nécessaire, ici aussi, de dépasser les limites de l'acception rhétorique et grammaticale classique : à savoir les marques de dépendance à l'intérieur du seul cadre de la phrase [13].

Si l'on peut, avec les grammairiens du XVIIIe siècle et à la lumière des exemples (65) à (70), dire que la ponctuation souligne le dessin de la période, il est, en revanche, difficile de suivre leur théorie de la ponctuation : «Le point désigne que la période est complète et que le sens est entièrement achevé. Les deux points servent souvent à marquer le milieu de la période, ou un sens moins achevé que ne marque le point : le point avec la virgule marque un sens moins complet que les deux points, et plus complet que la virgule» (Buffier, cité par Brunot 1966 : 1992). Le même Buffier s'efforce quand même de répondre par une description syntaxique aux questions qu'on ne peut manquer de se poser à la lecture de telles définitions des indices de ponctuation : Qu'est-ce que distinguer des noms, des parties d'une période qui ne sont pas jointes nécessairement ? Qu'est-ce qu'une période complète et un sens entièrement achevé ? Qu'est-ce qu'un sens moins complet ou plus achevé ?

Afin de quitter le champ littéraire, examinons deux petites annonces de vente, qui me paraissent confirmer la nécessité de dépasser les limites phrastiques de la notion de période. On constatera ainsi, de plus, que l'écrit comporte des marques typographiques chargées de suppléer celles que C. Blanche-Benveniste et ses collaborateurs identifient à l'oral (différences de pause, d'intonation, insertion du phatique aussi) :

(73) STAR DE L'HIVER...

Star de l'hiver, la collection Benjamin Fourrures. Séduisante, infiniment, par la beauté et l'originalité des créations. Attrayante par l'extrême variété des modèles. Convaincante par la haute qualité des peaux et la perfection des finitions. Et très, très tentante par la douceur des prix...

> Nos magasins seront ouverts le samedi après-midi jusqu'à fin février.

Le recours à la notion de rythme[14] permet, avec la notion poétique de parallélisme, de dépasser le cadre de la phrase typographique [Majuscule-point final]. Soit ici un mode d'expansion de la première phrase typographique [P1] en quatre temps rigoureusement parallèles, le dernier terme de cette énumération de propriétés euphoriques étant souligné par le marqueur de fin d'énumération ET :

... la collection...
[P2] Séduisante [...] par [...]
[P3] Attrayante par [...]
[P4] Convaincante par [...]
[P5] Et [...] tentante par [...]

Récidive, une année plus tard, toujours dans les petites annonces de ventes, sous une forme moins nominale et moins marqué par les parallélismes phoniques, mais adoptant également une structure en parallèles en quatre temps :

> (74) DES MODELES INCOMPARABLES,
> DES PRIX IRRESISTIBLES!
> Incomparables, les nouvelles collections Benjamin! Elles vous offrent l'avant-première des tendances de cet hiver! Des créations à la pointe de la mode ou plus classiques... Des fourrures superbes... Une incroyable gamme de coloris, du naturel à l'inédit... Et des prix irrésistibles, spécialement étudiés pour mettre ce rêve à votre portée!

Après deux phrases exclamatives [P1] et [P2], on retrouve une structure rythmique composée de quatre phrases typographiques ponctuées cette fois par des points de suspension et par l'exclamation finale, la fin de l'énumération étant encorè soulignée par ET :

> [P3] Des créations [...]...
> [P4] Des fourrures [..]...
> [P5] Une [...] gamme de coloris [...]...
> [P6] Et des prix [...]!

Au lieu de développer l'analyse de ces deux exemples, je préfère revenir sur le cas intéressant du premier feuillet manuscrit du poème de Rimbaud cité plus haut (60). Le choix de ce poème un peu difficile permet de sortir des exemples littéraires classiques et d'ouvrir le propos à l'examen de la question de l'ellipse. Question qu'Irène Tamba-Mecz résume, à mon sens, fort bien en lui conférant un statut textuel et non pas exclusivement syntaxique :

> L'ellipse comme bien d'autres concepts grammaticaux (paraphrase, concession, etc.) appartient aussi au *domaine rhétorique*, où elle est répertoriée parmi les *figures de construction*. A ce titre, l'ellipse a pour cadre d'analyse le macro-énoncé constitué par un enchaînement de phrases. L'ellipse correspond à l'énoncé, remarquable par son incomplétude, plutôt qu'à l'opération d'omission-suppression qui produit un tel énoncé (1983 : 156).

C'était également la position de L. Cherchi : «La forme elliptique constitue, en tant que forme, un véritable opérateur de dépendance entre des énoncés distincts» (1978 : 123).

Comme en (73) et (74), mais de façon plus spectaculaire encore, la ponctuation est, en (60), au service direct d'un rythme que l'on dira périodique, au sens large. Considérons seulement le cas des tirets /—/ successifs. Ce texte présente assurément un exemple parfait de recatégorisation d'une unité linguistique de démarcation graphique. La fonction du tiret est, en effet, habituellement bien définie. Il s'agit soit d'un indice de changement de locuteur dans un dialogue aux répliques alternées, soit, avec un alinéa aussi, de la marque d'une suite énumérative, soit enfin du signal d'une insertion et, dans ce cas, le tiret n'apparaît pas isolément, mais sous forme de couple de tirets (comme les deux parenthèses et, à un degré moindre, le couple de virgules).

Dans le texte de Rimbaud, on assiste à une sorte de déviation du second cas de figure : le tiret vient fragmenter la linéarité de l'énoncé linguistique pour mettre en évidence des parallélismes et permettre l'émergence d'un rythme. L'examen des quatre premiers paragraphes ou cinq premières phrases typographiques permet de mettre en évidence une étonnante structure rythmique :

```
P1 :  [a] Quand...   [c] en un... pour...,
                     [c] — en une... pour...,
                     [c] — en une... pour...,    [f] — je vous... .
P2 :       [b] Qu'il n'y ait...                  [f] — et je... à vos... .
P3 :       [b] Que j'aie...,
           [b] — que je sois...                  [f] — je vous... .
P4 : [a] Quand...    [d] très...,    [e] — qui... ?
                     [d] très...,    [e] — qui... ?
P5 : [a] Quand...    [d] très...,    [e] — que... .
```

Visiblement, les tirets viennent souligner les six parallélismes réglés par un rythme rigoureusement ternaire et signalés par des reprises. Ils ont plusieurs fonctions locales :

• Suppléer l'absence de majuscule démarcative dans le parallélisme de la série [b]. Alors que le parallélisme [a] est entièrement constitué par la reprise à l'initiale des phrases [P1]-[P4]-[P5] du même marqueur temporel QUAND, le parallélisme [b] ne comporte que deux débuts de phrases ([P2] et [P3]). Le tiret souligne alors le parallélisme de construction interne à [P3] et la série dans laquelle il est pris.

• Marquer la fin (clausule) des trois premières phrases-paragraphes [f].

• Signaler l'ellipse sur laquelle se fonde le parallélisme de la série [c].

• Souligner — série [e] — le parallélisme des trois interrogations finales (internes à [P4] et fin de [P5]) dans le premier paragraphe du second fragment.

On voit que la structure périodique interne au premier fragment (séries [b], [c] et [f]) passe par dessus la fragmentation par l'alinéa de paragraphe comme le parallélisme [a] passe par dessus la coupure des deux premiers fragments.

Cet exemple montre assez bien l'intérêt d'une définition de la période comme unité de composition textuelle, c'est-à-dire comme unité qui structure l'énoncé par-delà les limites de la syntaxe. L'incomplétude elliptique est ici à la source de la structure rythmique. Soulignons que rétablir les ellipses comme le préconisait une certaine forme d'analyse de discours n'aboutirait, en (60), (73) comme (74), qu'à rendre illisible le rythme qui structure le discours et la fragmentation qui détruit l'équilibre de la prose oratoire classique.

2.4.3. Regroupements de propositions marqués par des connecteurs : les parenthésages

Après ces aspects rythmiques d'une conception élargie de la «période», aspects négligés généralement, j'en viens au point que M. Charolles aborde le mieux : celui des «parenthésages». Une pause historique n'est toutefois pas inutile ici encore. On sait que depuis Dumarsais, comme le rappelle F. Brunot, «La période n'est elle-même, au point de vue logique, «qu'un assemblage de propositions liées entre elles par des conjonctions» (*Encyclopédie*, article construction). Cette absorption de la période par la proposition marque une date dans l'histoire de la grammaire» (1966 : 1939). Contentons-nous de repérer, dans quelques textes du XVIIIe siècle, les origines du point de vue textuel que nous adopterons.

L'article «Mot» de l'*Encyclopédie Méthodique* du XVIIIe siècle, article de Nicolas Beauzée, présente certainement une des plus justes et des plus anciennes prises en compte de ce qu'on appelle aujourd'hui les connecteurs ou les organisateurs :

> Les Conjonctions sont des Mots qui désignent entre les propositions une liaison fondée sur les rapports qu'elles ont entre elles (: 580, éd. Swiggers 1986).

Beauzée cite l'abbé Girard — qu'il critique souvent par ailleurs — en soulignant la «vérité» de cette remarque :

> [...] Les Conjonctions sont proprement la partie systématique du discours, puisque c'est par leur moyen qu'on assemble les phrases, qu'on lie les sens, et que l'on compose un Tout de plusieurs portions, qui, sans cette espèce, ne paraîtraient que comme des énumérations ou des listes de phrases, et non comme un ouvrage suivi et affermi par les liens de l'analogie (: 580).

Beauzée range les conjonctions dans la catégorie de ce qu'il appelle les «Mots discursifs», unités qui «font les liens des propositions, en quoi consiste la force, l'âme et la vie du discours» (*id.*).

A la même époque, dans ses conférences sur la rhétorique et les Belles Lettre, Hugh Blair (1788) place quant à lui les conjonctions (AS, BE-

CAUSE, ALTHOUGH, etc.) dans une catégorie qu'il appelle «Connectives» et qu'il est bien difficile de ne pas traduire par Connecteurs même si cette classe de mots comprend aussi les prépositions en excluant les adverbes avec moins de nuances que Beauzée. La définition de ces unités par Blair mérite d'être citée :

> [...] elles servent à exprimer les relations que les choses dites entretiennent, relations d'influence, de dépendance et de cohérence [...]. Les conjonctions sont généralement utilisées pour connecter des phrases ou des membres de phrases (1788 : 190, je traduis).

Il ajoute un peu plus loin :

> Il est tout à fait évident que toutes ces particules de connexion doivent être considérées comme de la plus grande utilité dans la parole puisqu'elles mettent en évidence les relations et les transitions par lesquelles l'esprit passe d'une idée à une autre. Elles sont à la base de tout raisonnement qui n'est pas autre chose que la connexion de pensées. [...] Une grande partie de la beauté et de la force de tout langage dépend de l'utilisation correcte des conjonctions, des prépositions et des pronoms relatifs qui ont aussi pour but de relier les différentes parties du discours. C'est le bon ou mauvais emploi de ces particules de connexion qui confère au discours un air ferme et structuré ou au contraire incohérent et relâché, c'est cela qui le fait progresser d'un mouvement sans heurts et régulier, ou d'un pas podagre et boiteux (: 191, je traduis).

Il est certain que nous avons aujourd'hui les moyens de décrire avec une certaine précision le mouvement du discours dont parle Blair. Aux structure rythmiques dont il a été question, il convient d'ajouter les blocs de propositions reliées par des connecteurs et surtout la hiérarchie et le mouvement introduit par les divers connecteurs. L'étude détaillée des connecteurs que la deuxième partie propose et l'étude qui conclura cette partie permettront de mieux comprendre l'exemple d'analyse que je développe dès maintenant de façon surtout à relier les premiers points étudiés plus haut (définition de la proposition, polyphonie et portées, structure périodique comme forme de liage des propositions).

J'ai analysé de cette manière (Adam 1984), la complexité de ce passage d'un célèbre discours de V. Giscard d'Estaing — lors des élections législatives de 1974 — que l'analyse des connecteurs dont il sera question dans la deuxième partie du présent ouvrage permettra de justifier dans le détail :

> (75) [...] Chacune de ces questions comporte une réponse claire. Je n'ai pas à vous la dicter car nous sommes un pays de liberté, mais je ne veux pas non plus que personne, je dis bien personne, ne puisse dire un jour qu'il aura été trompé.

Du point de vue qui nous intéresse, il s'agit de voir comment cet ensemble de propositions constitue un tout (Le «Tout de plusieurs portions» de l'abbé Girard), sinon isolable du reste du discours, du moins cohérent en lui-même. Le premier connecteur (CAR) introduit une explication, c'est-à-dire une remontée d'une proposition — (prop. non-N) à considérer comme une conclusion (conclusion C) — à un argument (prop. P), tandis que la première négation — ou dénégation d'un acte directif — laisse entendre une proposition implicite N.

Le fait qu'une négation (non-P) donne à entendre la proposition déclarative P est révélé clairement par cet enchaînement relevé lors d'une interview de François Léotard. Au «Il faudra qu'on n'empêche pas le gouvernement de gouverner [...]» du ministre succède immédiatement cette question du journaliste : «Vous pensez qu'on empêche le gouvernement de gouverner?...». Wittgenstein écrit très clairement à ce propos, dans les *Investigations philosophiques* : «On a le sentiment qu'une proposition négative, pour nier une proposition, doit d'abord la rendre vraie en un certain sens. (L'affirmation de la proposition négative contient bien la proposition niée mais non pas l'affirmation de celle-ci)» (n° 447). Il développe encore cette idée dans le fragment suivant : «Lorsque je dis que je n'ai pas rêvé cette nuit, il faut pourtant que je sache où il y aurait à rechercher ce rêve; c'est-à-dire : la proposition «j'ai rêvé» appliquée à la situation concrète, peut être fausse, mais non pas dépourvue de sens. [...] Ou : quand je dis «je n'ai pas de douleurs dans le bras», cela signifie-t-il que j'ai un soupçon de douleurs qui indique pour ainsi dire l'endroit où la douleur pourrait se produire? Dans quelle mesure l'état présent sans douleur contient-il la possibilité de douleurs?».

Comme le note D. Maingueneau (1986 : 151), à la suite de Barbaut et al. (1975), le seul fait d'employer CAR pour justifier l'énonciation signale que non-N pourrait faire l'objet de quelque contestation (N). C'est la vérité de P qui rend légitime l'énonciation de non-N (conclusion C). La relation P $\Rightarrow$ Conclusion C (non-N) est donnée, dans un premier temps, comme allant de soi, comme une évidence. L'argument (prop. Q) introduit par le second connecteur (MAIS) permet tout simplement de justifier une conclusion à déduire : non-C qui équivaut, justement, à la proposition N implicite que le discours semblait dénier d'entrée.

Si nous réexaminons les différents niveaux de textualité dont il a été question plus haut, disons que, d'un point de vue séquentiel, nous pouvons décrire ce fragment textuel comme une unité argumentative et situer le rôle des connecteurs au niveau de la séquentialité locale : ils permettent de créer une structure complète dont la complexité des enchaînements apparaît dans le carré argumentatif qui peut être construit autour d'un MAIS dont nous étudierons plus loin le fonctionnement exact :

```
              ⎛  Prop P ——— MAIS ——————  Prop Q  ⎞
              ⎜     ↑                       |     ⎟
   El ≠ L    ⎨    CAR                       |     ⎬    E2 = L
              ⎜     |                       ↓     ⎟
              ⎜  Concl. C  ← — — — — →  Concl non-C ⎟
              ⎝  (non-N)                 (prop N implicitée) ⎠
```

Du point de vue de la portée ou construction d'un espace sémantique pris en charge énonciativement, cet exemple est particulièrement intéressant. Le locuteur (L) n'asserte pas directement l'enchaînement [prop. non-N CAR prop P] et le fait de ne pas asserter [non-C (prop. N)] permet de garder au discours tenu l'apparence démocratique indispensable dans le contexte politique de la France de 1974.

Ce passage est préparé par un récit autobiographique que j'ai étudié ailleurs (Adam 1985 : 186-200) et où le narrateur réussit à fonder une nouvelle légitimité : celle du serment fait à la nation par V.G.E. enfant, un jour de débâcle de l'armée française :

> [...] La réponse nous venait, toujours la même : «Nous avons été trompés, on nous a trompés». J'entends encore à quarante ans d'intervalle cette réponse et je me suis dit que, si j'exerçais un jour des responsabilités, je ne permettrais jamais que les Français puissent dire : «On nous a trompés».

Dès lors, le jeu de dénégation identifié plus haut s'explique par un dédoublement de l'énonciateur en E1-Président de la République française, Président d'un pays libre qui *ne peut pas* accomplir l'acte directif comme l'explique l'argument introduit par CAR, et E2-Citoyen ancien enfant de 13 ans qui, en 1940, a accompli un autre serment.

Il faut bien voir ce dédoublement énonciatif (polyphonique par excellence) comme la marque de l'assujettissement à deux sortes de règles, deux sortes de normes : les normes fixées par la Constitution française, que le Président Giscard d'Estaing a juré de respecter et qui lui interdisent d'intervenir dans le débat législatif, et les normes, la loi d'un autre serment prêté à l'âge de 13 ans. MAIS introduit ce second espace normé en le posant comme plus fort que le précédent, ceci en raison de ce qui a été légitimé par le récit autobiographique.

Du point de vue, enfin, de l'orientation argumentative, MAIS indique que le discours va dans le sens de la prop N. Effectivement, V.G.E. s'autorise dans ce discours à indiquer aux français quel doit être leur vote : le «bon choix pour la France».

2.5. LA STRUCTURE SEQUENTIELLE : POUR UNE DESCRIPTION UNIFIEE

> A la démarche de nature centrifuge qui cherche à reconnaître dans n'importe quel texte une même organisation abstraite sous-jacente, il convient de préférer le cheminement inverse qui vise à restituer la richesse et le foisonnement d'un ensemble signifiant à partir de la hiérarchisation ou de l'hétérogénéité, de l'articulation ou de la discontinuité, de l'itération ou de la successivité de ses composantes. Le pari est bien celui de la complexité observable.
>
> (Ali Bouacha 1986 : 19)

Pour passer de la PROPOSITION (unité constituante de la séquence) au TEXTE (unité constituée de séquences), on a examiné un premier mode de regroupement des unités en paquets de propositions (périodes et parenthésages) soulignés ou non par des connecteurs ou des organisateurs textuels. A cette première forme d'empaquetage des propositions, je propose d'ajouter les types de mise en séquence que l'on désigne classiquement par les termes de «récit», de «description», d'«argumentation», etc. La «syntaxe des grandes masses verbales» chère à Bakhtine peut être approchée à la fois par les modes locaux de textualisation dont il vient d'être question — *modes généraux* des chaînes, périodes et parenthésages — et par les empaquetages qui relèvent des types de structures séquentielles — *modes spécifiques* de structuration textuelle.

L'unité textuelle que je propose de désigner par la notion de SEQUENCE peut être définie comme une STRUCTURE, c'est-à-dire comme :

• un réseau relationnel hiérarchique : grandeur décomposable en parties reliées entre elles et reliées au tout qu'elles constituent.

• une entité relativement autonome, dotée d'une organisation interne qui lui est propre et donc en relation de dépendance/indépendance avec l'ensemble plus vaste dont elle fait partie.

En tant que grandeur décomposable en parties, le texte (T) se compose de n séquence(s) [complète(s) ou elliptique(s)]. En d'autres termes, en tant que structure séquentielle, un texte comporte un nombre n de séquences complètes ou incomplètes, n étant compris entre 1 et un nombre théoriquement illimité. *Les Mille et une nuits*, le *Conte du Graal*, un poème de Queneau, une brève conversation ou un discours fleuve d'un homme politique sont tous, et au même titre, des structures séquentielles. C'est bien ce que note Bakhtine :

> L'une des raisons qui fait que la linguistique ignore les formes d'énoncés tient à l'extrême hétérogénéité de leur structure compositionnelle et aux particularités de leur volume (la longueur du discours) — qui va de la réplique monolexématique au roman

en plusieurs tomes. La forte variabilité du volume est valable aussi pour les genres discursifs oraux (1984 : 288).

Définir le texte comme une structure séquentielle permet d'aborder l'hétérogénéité compositionnelle en termes hiérarchiques assez généraux. La SEQUENCE est une unité constituante du texte que je définis comme constituée de paquets de propositions, les macro-propositions, à leur tour constituées de n (micro)propositions. Cette définition est en accord avec un principe structural de base : «En même temps qu'elles s'enchaînent, les unités élémentaires s'emboîtent dans des unités plus vastes» (Ricœur 1986 : 150). Soit une structure hiérarchique élémentaire qui vaut pour tous les textes et qui permet de dépasser la définition trop empirique d'Harald Weinrich : « Un texte [...] peut être défini comme une suite signifiante de signes entre deux interruptions manifestes de la communication» (1974 : 198). Je note ici par /#/ la délimitation du texte par des marques de début et de fin :

[# T # [Séquence(s) [macro-proposition(s) [proposition(s)]]]]

Ce qui se lit ainsi : un *texte* est constitué de *séquences* elles-mêmes constituées de *macro-propositions* elles-mêmes constituées de n. (micro) *propositions*, autrement dit : les (micro-) *propositions* sont les composantes d'une unité supérieure, la *macro-proposition*, elle-même unité constituante de la *séquence*, elle-même unité constituante du *texte*. Pouvoir ainsi définir chaque unité comme constituante d'une unité de rang hiérarchique supérieur et constituée d'unités de rang inférieur me paraît être la première condition d'une approche unifiée de la séquentialité textuelle.

Mon hypothèse de travail est la suivante : les régularités compositionnelles dont parle Bakhtine sont, en fait, des régularités séquentielles. Les séquences de base semblent se réduire à quelques types[15] d'articulation des propositions : *narratif, descriptif, argumentatif, instructionnel-injonctif*, auxquels il faut probablement ajouter un type *explicatif-expositif* et un type *dialogal-conversationnel*. Il m'apparaît aujourd'hui plus difficile de considérer le type «*poétique*» comme un type de mise en séquence comparable aux six autres dans la mesure où il ne correspond pas à la structure hiérarchique que je viens de définir. Sa spécificité réside probablement dans le fait qu'il est réglé en «surface» par un processus de composition qui a le principe d'équivalence pour loi. Aux relations habituelles, fondées sur la contiguïté, le poème ajoute des relations fondées sur l'équivalence (Jakobson 1963 : 220) : «Les textes poétiques se caractérisent par l'établissement, codifié ou non, de rapports d'équivalence entre différents points de la séquence du discours, rapports qui sont définis aux niveaux de représentation «superficiels» de la séquence» (Ruwet 1975 : 316). Aux niveaux phonétique, syllabique (le mètre fait de la syllabe une unité de mesure métrique) s'ajoutent les principes dégagés plus haut à propos de la période (rythme structurant) et de la segmentation.

Si les discours, produits empiriques, semblent bien différents les uns des autres, si donc la créativité et l'hétérogénéité peuvent apparaître avant les régularités, c'est avant tout parce qu'au niveau textuel la combinaison des séquences est généralement complexe. L'homogénéité est, tout comme le texte élémentaire d'une seule séquence, un cas relativement exceptionnel. Généralement, un texte combine des séquences différentes : description dans un récit, récit dans une argumentation ou une conversation, etc.

Sans entrer dans ces différents cas de figure, retenons surtout que l'autonomie du plan local-phrastique est probablement relative. On peut parler d'une surdétermination partielle du local par la dimension séquentielle globale. Ce fait est très simplement pressenti par Michel Foucault :

> Ce ne sont pas la même syntaxe, ni le même vocabulaire qui sont mis en œuvre dans un texte écrit et dans une conversation, sur un journal et dans un livre, dans une lettre et sur une affiche; bien plus, il y a des suites de mots qui forment des phrases bien individualisées et parfaitement acceptables, si elles figurent dans les gros titres d'un journal, et qui pourtant, au fil d'une conversation, ne pourraient jamais valoir comme une phrase ayant un sens (1969 : 133).

Si nous considérons l'exemple du texte dialogal-conversationnel — sans nous préoccuper pour le moment des différences entre domaine de l'oral et de l'écrit —, il est surprenant de constater qu'Atkinson et Heritage définissent ainsi leur unité d'analyse :

> Pour l'analyse de conversation, ce sont les séquences et les tours de parole dans une séquence, plutôt que les phrases et les énoncés isolés, qui deviennent l'unité d'analyse (1984 : 5).

Les travaux récents manifestent un accord assez évident dans leur définition de la conversation comme TEXTE : E. Roulet parlait, dès 1981, d'un échange ou d'une succession d'échanges, ce que Sylvianne Remi-Giraud précise par la notion de «structure hiérarchique d'échanges». Soit une première définition :

> *Un texte conversationnel est une suite hiérarchisée de séquences appelées échanges.*

La séquence-échange peut donc être considérée comme l'unité constituante du texte conversationnel au même titre que les séquences d'un conte sont les unités constituantes de ce genre narratif particulier. A mon avis, il importe peu que cette forme de mise en texte soit polygérée (interventions de plusieurs sujets) : les intervenants successifs sont engagés dans la co-construction d'un texte unique, qu'ils le veuillent ou non.

Dès ce niveau d'analyse, il me semble que se posent deux types de problèmes :

a) Le rapport entre l'unité TEXTE et l'unité SEQUENCE quand un texte comporte plus d'une séquence de même type et même des séquences de types différents.

b) La question de la définition précise des unités constitutives de la séquence.

Bien que la théorie générale des structures séquentielles n'en soit qu'à ses débuts, il est possible de prendre appui sur les diverses théories partielles du récit, de la description, de l'argumentation, de l'explication, etc. Je propose de retenir six types de structures séquentielles de base :

I. NARRATIVE : concentrée sur des déroulements chronologiques finalisés, ce type est probablement celui qui a été le plus et le mieux étudié par la tradition rhétorique, poétique et sémiotique. Les recherches sur la narration orale ont permis de dépasser les limites des descriptions structurales. Pour qu'il y ait récit, j'ai montré ailleurs qu'il fallait les six composantes suivantes : a) au moins un acteur anthropomorphe (A) constant, individuel ou collectif; b) au moins des prédicats X et X' définissant A (prédicats qualificatifs ou fonctionnels) respectivement avant et après le début et la fin d'un procès; c) une succession temporelle minimale : avant (t n) + après (t n+1); d) une transformation des prédicats X et X' par et au cours d'un procès (début, déroulement, fin); e) une logique singulière où ce qui vient après apparaît comme ayant été causé par (c'est le *Post hoc, ergo propter hoc* classique); f) une fin-finalité sous forme d'évaluation finale («morale») explicite ou à dériver. Le modèle de la structure séquentielle du récit sera rapidement envisagé avec les exemples (76) et (77). Derrière la notion générale de récit, il faut, bien sûr, envisager de multiples formes d'actualisations ou genres narratifs qui vont de la parabole à l'histoire drôle en passant par le fait divers, le récit théâtral (d'exposition et de dénouement, par exemple), la fable, etc.

II. INJONCTIVE-INSTRUCTIONNELLE (dite parfois PROCEDURALE). Entrent dans ce type de structure séquentielle : la recette de cuisine, la notice de montage, les consignes et règlements, les règles du jeu, etc. Le degré zéro de ce type est représenté par l'injonction simple : «STOP» ou «Défense de fumer». L'exemple biblique des dix commandements constituant un cas exemplaire de consigne. Il faut distinguer soigneusement l'agencement temporel d'événements narratifs de l'instruction-injonction qui porte sur le comportement espéré du destinataire, voire du locuteur lui-même. Pour E. Werlich, le processus cognitif sousjacent à ce type est notre capacité de faire des plans. Il ajoute que si les propositions narratives rapportent des actions, l'instruction en comporte qui incitent directement à l'action. Longacre, de son côté, identifie un «discours procédural» caractérisé par la succession logique ou chronologique d'unités de base désignant les phases ou étapes successives (souvent au futur) d'un processus à exécuter et comportant généralement une proposition exhortative dans laquelle il est recommandé au destinataire de suivre scrupuleusement les indications données.

III. DESCRIPTIVE : qui représente des arrangements non plus selon un ordre linéaire causal, mais essentiellement tabulaire, hiérarchique, réglé par la structure d'un lexique disponible (voir Adam et Petitjean 1989). L'énumération est certainement le degré zéro de ce type de structure que l'analyse textuelle d'une publicité consacrée au Grand Duché du Luxembourg permettra de cerner (ci-dessous 4.2. et pages 146-151). Audelà de l'héritage scolaire qui a figé la description dans le morceau descriptif destiné à l'exercice de rédaction, il est évident que des structures séquentielles de type descriptif sont produites dans le cadre de multiples activités discursives ordinaires (presse, publicité, etc.).

IV. ARGUMENTATIVE : Il ne faut pas confondre le fait que tous les textes comportent une orientation argumentative avec ce type de mise en séquence dont le degré zéro est certainement constitué par le syllogisme et l'enthymème (il en sera question plus loin — en 4.1. — lors de l'analyse textuelle d'une publicité sur le miel). Dans un contexte théorique différent, à propos de textes littéraires du XVIIe et du XVIIIe siècles, O. Ducrot me paraît donner une excellente définition de ce que j'entendrai par séquence argumentative : «[...] Leur objet est soit de démontrer, soit de réfuter une thèse. Pour ce faire, ils partent de prémisses, pas toujours explicites d'ailleurs, censées incontestables, et ils essaient de montrer qu'on ne saurait admettre ces prémisses sans admettre aussi telle ou telle conclusion — la conclusion étant soit la thèse à démontrer, soit la négation de la thèse de leurs adversaires —. Et, pour passer des prémisses aux conclusions, ils utilisent diverses démarches argumentatives dont ils pensent qu'aucun homme sensé ne peut refuser de les accomplir» (*Echelles argumentatives* : 81).

V. EXPLICATIF : associé généralement à l'analyse et à la synthèse de représentations conceptuelles, ce type vise à expliquer quelque chose ou à donner des informations à son propos. Il recoupe à la fois l'explication avec sa variante justificative et l'exposition avec le cas particulier du compte rendu d'expérience (Kintsch et van Dijk 1978). Pour une description de son fonctionnement proche du type suivant, voir Coltier 1986. Pour ma part, je considère l'explicatif et le conversationnel-dialogal comme deux formes d'actualisation des mêmes séquences de macropropositions (question + réponse + évaluation), mode d'actualisation monologal dans le cas de l'explication et dialogal dans l'autre.

VI. CONVERSATIONNEL-DIALOGAL : les travaux récents mettent tous l'accent sur le fait qu'une conversation se présente comme une succession d'échanges, une suite hiérarchisée de séquences appelées «échanges» (Remi-Giraud 1987, Roulet 1981, Adam 1987 : 73-77). Je range dans ce type la conversation téléphonique, l'interaction quotidienne orale, le débat et l'interview, le dialogue romanesque et théâtral, la lettre, etc.

J'ai déjà signalé plus haut que le «Poétique» est très différent des six types de base précédents. Il regroupe aussi bien le poème et la prose poétique que la chanson (voir l'analyse textuelle qui clôt le présent ouvrage), la prière, le slogan publicitaire ou politique, le proverbe, le dicton, la maxime, le graffiti, c'est-à-dire des formes de mise en texte qui privilégient le rythme, l'inscription typographique, une corrélation très étroite entre plan de l'expression et plan du contenu. F. Jacques résume bien le point de vue qu'on peut aujourd'hui adopter sur ce type de mise en texte : «L'écriture dans le poème a cet autre pouvoir d'être vue, et pas seulement entendue. Un texte peut faire entrer en lui l'arrangement sensible du livre, la disposition et l'écartement des mots» (1987 : 53). Il parle un peu plus loin de «distribution sur la page de ces traces que sont au demeurant les mots, par tout un travail sur la typographie, ou simplement pour communiquer un rythme» (*id.*). Ce que Claudel formule à sa manière dans la préface de *Cent phrases pour éventails* : «Et voici, de quelques mots, débarrassés du harnais de la syntaxe et rejoints à travers le blanc par leur seule simultanéité, une phrase faite de rapports ! [...] Laissons à chaque mot, qu'il soit fait d'un seul ou de plusieurs vocables, à chaque proposition verbale, l'espace — le temps — nécessaire à sa pleine sonorité, à sa dilatation dans le blanc. Que chaque groupe ou individu graphique prenne librement sur l'aire attribuée l'habile position qui lui convient par rapport aux autres groupes. Substituons à la ligne uniforme un libre ébat au sein de la deuxième dimension!». Réactivant les effets en surface de l'énoncé (lettres/sons, rythmes, figures), cette forme de mise en texte joue sur la brièveté, sur un autre ordre de la mémoire, sur un type particulier de lecture. Dans *Rhétorique de la poésie*, les chercheurs liégeois du groupe MU notaient déjà en 1977 que le poème dilate la contenance de la mémoire à court terme, qu'un bouclage remplace le temps linéaire par un temps cyclique comme dans ces proverbes et dictons qui usent d'une structuration binaire (parallélismes), de formules archaïsantes et surtout d'un présent an-historique, gnomique, qui fige tout écoulement temporel. Ainsi s'explique la célèbre formule de Saussure : «Hors de l'ordre dans le temps qu'ont les éléments», citée par Roman Jakobson. L'activation des niveaux périodique (rythme et parallélismes de construction) et de la segmentation prend tellement le pas sur la structure hiérarchique qu'on se demande si le poétique n'est pas, avant tout, un mode de planification qui vient se superposer à une séquentialité d'un des six types précédents. Plutôt qu'à une superposition, il semble qu'on ait affaire, la plupart du temps, à un double travail : travail de la séquentialité «d'origine» par la mise en texte poétique et travail de la syntaxe par la prosodie. Dans la poésie descriptive, la poésie didactique (explicative-expositive), la poésie argumentative et surtout les poèmes narratifs (de la fable aux grands récits épiques), un type de base se laisse identifier. Dans les formes dialogales que constituent la tragédie et le drame classiques en vers, des moments narratifs, argumentatifs, expositifs et purement dialogaux sont tous mis en texte selon les lois du poétique.

L'extrême hétérogénéité des «genres de discours», déjà relevée par Bakhtine comme une caractéristique du langage humain, est un constat empirique préalable à toute définition des différences. On sait qu'il n'existe pas de récit sans description, tous les narratologues l'ont noté avant d'essayer de définir la description avec autant de précision que le récit. La présence de scènes dialoguées dans le récit est aussi un fait stylistique connu de tous. Inversement, la présence de morceaux narratifs dans une pièce de théâtre par essence dialogale a fait l'objet de nombreuses réflexions à l'époque classique : il s'agissait explicitement de se demander comment gérer une telle hétérogénéité (B. et J.-M. Adam 1988).

L'hétérogénéité est un phénomène tellement évident pour les scripteurs que lorsque l'insertion d'une séquence hétérogène intervient, elle suit généralement des procédures de marquage ou de démarcation très strictes. Le marquage des zones frontières, des lieux initial et final d'insertion, est codifié aussi bien dans le récit oral (*Entrée-préface* et *Résumé*, à l'ouverture, *Chute* ou *Morale-évaluation* qui ramènent l'auditeur au contexte de l'interaction en cours, à la fermeture) que dans la dramaturgie de l'époque classique. Pour ce qui est de l'insertion de séquences descriptives dans les récits du XIXe siècle, Philippe Hamon (1981) a montré l'existence de syntagmes introducteurs types et de clausules tout aussi stéréotypées (Adam et Petitjean 1989 pour une analyse détaillée).

L'hétérogénéité est une donnée que le linguiste ne peut pas ignorer et il me paraît impossible de développer une théorie un peu conséquente du TEXTE sans rendre compte de façon aussi économique et générale que possible de ce qui est, après tout, l'expérience commune des sujets parlants. Je pose donc, à titre d'hypothèse de travail, la définition suivante :

Définition 2 :

Un TEXTE est une structure hiérarchique complexe comprenant n séquences — elliptiques ou complètes — de même type ou de types différents.

Cette hypothèse peut raisonnablement précéder la définition des sortes (types) de séquences si — et c'est à ce niveau que, pour ma part je parle de description unifiée —, quelles qu'elles soient, les unités que nous désignerons par la notion de séquence possèdent la propriété d'obéir toutes au même principe hiérarchique de combinaison.

Lorsque j'énumère, à titre d'hypothèse de travail fondée sur les jugements empiriques des sujets parlants, les six types de mise en séquence dont il a déjà été question plus haut, ceci n'a de sens que dans la perspective de la recherche d'une description unifiée de la mise en texte. Les découpages typologiques trop globaux, qui parlent de «texte narratif», de «texte descriptif», de «texte argumentatif», etc. ne permettent pas de tenir compte de l'hétérogénéité propre à la mise en texte. C'est évidemment la position — et, de ce fait, la limite — des typologies textuelles existantes. Comme le souligne le schéma 1 (page 21), l'interférence des dimensions séquentielle et pragmatique-configurationnelle est responsable de l'effet de texte. Or, la façon dont le pragmatique-configurationnel, dans ses dimensions argumentative, énonciative et sémantique-référentielle, traverse et travaille le séquentiel aboutit à la production de sous-types ou genres textuels. Ainsi, pour le récit, il convient de distinguer le récit écrit du récit oral, le conte merveilleux de la fable ou de l'histoire policière, l'histoire drôle du récit fantastique ou du conte philosophique, etc. ; pour la conversation, on distinguerait utilement l'interview écrite et orale, le dialogue de théâtre et de roman, le débat télévisé, la conversation de salon, la lettre, etc.

Les opérations qui amènent un lecteur/auditeur (interprétant) à identifier une structure séquentielle comme complète (Texte = 1 Séquence) ou une séquence dans une structure plus vaste sont des schémas de reconnaissance de structures plus ou moins conventionnelles avec leurs règles propres d'enchaînement, c'est-à-dire de continuité et de progression en distinguant ici une cohésion-progression locale (ci-dessus chap. 1, 1.3.) et une cohésion-progression globale (séquentielle). La première dynamique est théorisable hors de toute question typologique, la seconde ne peut échapper à une typologisation minimale (séquentielle et non textuelle).

La reconnaissance d'une structure séquentielle repose certes sur le sentiment d'une complétude configurationnelle, mais également sur l'identification de regroupements (plus ou moins conventionnels) de propositions. Pour définir cette structure séquentielle globale, il est nécessaire de distinguer les schémas narratif, descriptif, argumentatif, etc. des simples plans de textes (effets de la segmentation). Comprendre une structure séquentielle et décider qu'on a ou non affaire à un texte ou encore à une simple partie de texte, c'est reconnaître une structure séquentielle plus ou moins homogène et hiérarchiser l'information pour retenir ou effacer, en fonction de la tâche liée à l'interaction en cours, certaines propositions.

A titre d'exemple, considérons rapidement comment s'opère une telle hiérarchisation-mise en séquence des propositions dans deux textes différents. J'ai proposé ailleurs (1987a) de décomposer ainsi les (micro) propositions du récit oral suivant :

(76) [a] C'était pendant les vacances d'été euh
[b] c'était un j'm' rappelle plus quelle date
[c] c'était quand j'étais avec deux copains
[d] on avait été dans un chantier
[e] on s'avait amusé à cache-cache
[f] puis on a vu un grand tas de petits cailloux
[g] alors on s'est mis en chaussettes
[h] et on est monté dessus
[i] et on s'poussait
[j] on s'faisait des crochepattes sur les cailloux
[k] et après euh y a un bonhomme qui nous a euh du moins engueulés
[l] alors on s'est vite taillés
[m] c'est tout.

Les connecteurs PUIS, ALORS, ET APRES et ALORS ponctuent les regroupements de propositions en unités hiérarchiques de rang supérieur : les macro-propositions de ce texte narratif élémentaire. Conformément au modèle que j'ai développé ailleurs (Adam 1984 et 1985), on peut dire que les propositions [a], [b], [c], [d] et [e] constituent la macro-proposition narrative ORIENTATION [Pn1]; le connecteur temporel

PUIS introduit la macro-proposition COMPLICATION (déclencheur de l'histoire) [Pn2], constituée d'une seule proposition [f]; le noyau du récit, composé des propositions [g], [h], [i] et [j], est introduit par le connecteur temporel ALORS et constitue la macro-proposition (RE-)ACTION [Pn3]; les deux propositions suivantes, introduites par les connecteurs temporels ET APRES et ALORS, correspondent chacune à une macro-proposition : [k] = [Pn4] RESOLUTION (ou élément déclencheur de la fin du récit), [l] = [Pn5] SITUATION FINALE. La dernière proposition [m] constitue, quant à elle, une CHUTE caractéristique de ce genre de récit oral.

Le paragraphe introductif du conte d'Andersen intitulé *la Princesse sur un pois* peut être abordé d'une manière semblable (je numérote les propositions et souligne les connecteurs afin de faciliter la description) :

(77) [a] Il y avait une fois un prince [b] qui voulait épouser une princesse, [c] MAIS une princesse véritable. [d] Il fit DONC le tour du monde pour en trouver une, [e] et, à la vérité, les princesses ne manquaient pas; [f] MAIS il ne pouvait jamais s'assurer si c'étaient de véritables princesses; [g] toujours quelque chose en elles lui paraissait suspect. [h] EN CONSEQUENCE, il revint bien affligé de n'avoir pas trouvé [i] ce qu'il désirait.

La présence de connecteurs et la ponctuation donnent au lecteur des instructions de découpage-empaquetage des propositions :

[a] qui [b] MAIS [c]. DONC [d] et [e]; MAIS [f]; [g]. EN CONSEQUENCE [h] ce que [i].

La présence de connecteurs argumentatifs permet de décrire la cohésion-cohérence de ce paragraphe sur la base des parenthésages suivants :

[a] + [b] —— MAIS → [c]
               |
             DONC
               ↓
[d] ET [e]   MAIS → [f] + [g]
                      |
                EN CONSEQUENCE
                      ↓
                    [h] [i]

La symétrie est intéressante : avant MAIS apparaît chaque fois la classe générale de l'objet de la quête du prince («une princesse, les princesses») tandis qu'après MAIS c'est le caractère «véritable» de la (des) princesse(s) recherchée(s) qui est en cause; enfin, si la première chaîne se termine (conclusion) par le départ du prince, la seconde s'achève (conclusion) sur son retour. Cette structure marquée argumentativement peut-elle être, pour autant, définie comme une séquence argumentative? En d'autres termes, peut-on simplement considérer les propositions qui précèdent et qui suivent les deux MAIS comme des arguments et [d], [h]-[i] comme des conclusions?

Ce serait, bien sûr, négliger la nature narrative de la séquence amorcée par une variante traditionnelle du «Il était une fois...» et soutenue ensuite par l'alternance verbo-temporelle classique de passés simples et d'imparfaits. «Il y avait une fois» n'introduit pas seulement une fictionalité, il signale, en même temps, le texte à venir comme étant un genre du récit : un conte. Ceci donne à lire les regroupements de propositions selon un ordre avant tout narratif : [a] pose le sujet-héros de l'histoire et la relative [b] précise la teneur de son vouloir («voulait») : un Objet valorisé («une princesse»); soit une première macro-proposition narrative : l'Orientation-[Pn1]. La proposition [c] introduit une propriété de l'objet de valeur : la vérité («véritable») qui fait ici figure de Complication-déclencheur du récit [Pn2]. Les propositions [d] et [e] sont, elles, le lieu d'une confrontation : rechercher «une» princesse et être confronté au pluriel; soit une macro-proposition (ré)-Action [Pn3]. La proposition [f] définit le non-pouvoir du héros comme une impossibilité de réunir l'être et le paraître en révélant ainsi la vérité («véritables princesses»); [g] insiste symétriquement sur la difficulté de repérer le non-être mensonger sous le paraître («paraissait suspect»). Soit la macro-proposition Résolution [Pn4] qui déclenche la fin de la séquence narrative. La situation finale [Pn5] souligne, avec le retour, l'échec de la quête du héros.

Pour conclure cette section sur la structuration séquentielle des textes, il faut bien localiser l'originalité des propositions du présent ouvrage en l'opposant à deux grandes tentatives : celle de la sémiotique narrative d'A. J. Greimas et de l'Ecole de Paris, d'une part, celle de l'analyse conversationnelle d'E. Roulet, d'autre part.

Le modèle genevois d'analyse conversationnel mis au point par Eddy Roulet et ses collaborateurs — et confirmé par nombre de descriptions conversationalistes — ne me paraît pas plus généralisable à l'ensemble des phénomènes séquentiels que le modèle narratif d'A. J. Greimas. L'échec profond de la sémiotique narrative réside, selon moi, dans le fait suivant : la volonté de rendre compte de toutes les sortes de discours à partir d'une même syntaxe narrative, beaucoup trop générale («profonde»), aboutit à un gommage des différence et des spécificités; gommage dont Greimas lui-même a bien conscience lorsqu'il écrit : «Tout discours est donc «narratif». La narrativité se trouve dès lors vidée de son contenu conceptuel» (1983 : 18). Selon moi, la description de la conversation proposée par l'école genevoise correspond, en fait, à la procédure de base du modèle général que je viens de proposer : qu'est-ce, en effet, qu'une INTERVENTION sinon une unité constituante de la Séquence-ECHANGE et une unité constituée de propositions élémentaires appelées ACTES? De plus, en insistant sur la relation linéaire entre les interventions (i1-i2-(i3)), il me semble que l'on met en évidence les liens entre des unités de même niveau (macro-propositions), unités constitutives de la séquence appelée Echange. Je constate, de plus, que ce modèle, qui ne permet pas de décrire nombre de textes, admet quand même la complexification de la structure par INSERTION et/ou par ARTICULATION LINEAIRE de séquences conversationnelles-Echanges. Soit exactement ce que j'ai mis ailleurs en évidence aussi bien pour la description que pour le récit : des séquences peuvent se suivre ou être insérées dans une première séquence[16].

Un même principe structural élémentaire, confirmé depuis par nombre de travaux de psychologie cognitive, préside donc à cette modélisation de la dimension séquentielle de la textualité. L'objection d'E. Roulet (1989) sur le fait que des passages narratifs, descriptifs et conversationnels d'un même texte hétérogène puissent être décrits de façon «différente» me paraît tomber pour deux raisons : d'abord le fait que le même principe hiérarchique préside à ces diverses mises en séquences, ensuite le fait que les différences signalées par Roulet correspondent seulement aux types et au nombre de macro-propositions constitutives des diverses sortes de séquentialités. La théorie que ce chapitre vient de proposer présente donc l'avantage de rendre compte, d'une part, de l'unité du phénomène général de structuration séquentielle des textes et, d'autre part, de la spécificité des diverses sortes de structures séquentielles.

A ce stade de notre réflexion et pour bien souligner la spécificité de l'approche proposée ici, je pense utile de distinguer trois niveaux d'analyse. Leur prise en compte me permet d'abord de situer les cinq plans d'organisation textuelle dont il vient d'être question, elle me permet ensuite de bien localiser le niveau de pertinence de la typologie séquentielle que je préconise, elle me permet enfin de cerner les raisons de certains malentendus actuels concernant les typologies.

En passant du niveau pré-linguistique A au niveau très local de la textualisation (C1 et C4 surtout), l'analyse porte sur des faits de plus en plus classiquement considérés comme linguistiques. Convenons de distinguer les termes de «superstructures» et de structures séquentielles (je propose, plus bas, de réserver la notion de macro-structure (sémantique) au thème ou topic global du discours). Le terme de «superstructure» est en passe de devenir trop vague et générateur de confusions. T. A van Dijk l'utilise aussi bien à propos du sonnet que du récit (1984) et ailleurs de l'argumentation (1981). Je suis pleinement d'accord avec sa première définition : «Ce sont des structures globales qui ressemblent à un schéma. A la différence des macrostructures, elles ne déterminent pas un «contenu» global, mais plutôt la «forme» globale d'un discours. [...] Les macropropositions, au moins celles d'un niveau assez élevé, seront organisées par les catégories schématiques de la superstructure, par exemple le schéma narratif» (1981 : 26 et 37). On le voit, la notion de schéma tend à se substituer ici à celle de superstructure. Si je peux suivre la première partie de la définition plus récente des superstructures comme des «structures textuelles «superposées» aux structures — grammaticales — du texte» (1984 : 2285), je ne peux pas vraiment en accepter les implications : «Il existe aussi des superstructures phoniques, graphiques, syntaxiques et sémantiques. Théoriquement, une sémantique des superstructures peut s'articuler comme une série de ‹grammaires› spécifiques» (1984 : 2285-2286). En découle, en effet, la définition du sonnet comme l'exemple d'une «superstructure prosodique» et du récit comme d'une «superstructure sémantique». Il faut probablement envisager les choses autrement, en se débarrassant, à ce niveau de description, de la notion même de superstructure. Le sonnet ne peut être considéré que comme un exemple de plan de texte (2 quatrains + 2 tercets, regroupements de vers réglés par le jeu des rimes, etc.; voir Adam 1985b : 41-49), c'est-à-dire comme le résultat d'une segmentation d'un texte dont la nature descriptive ou argumentative ou narrative reste encore à examiner. Le récit est, en revanche, une structure séquentielle hiérarchique dont la mise en circulation dans un univers culturel particulier donne lieu à des genres : le type narratif s'actualisant sous les formes génériques de la fable, de la parabole, de l'histoire drôle, du fait divers, du récit policier, du conte merveilleux, etc.

	NIVEAU A (PRE-LINGUISTIQUE, PLAN COGNITIF) : **SUPERSTRUCTURES SCHEMATIQUES**
	Arrangements d'événements, d'états, de concepts
NIVEAU B : STRUCTURES SEQUENTIELLES	**B1** : Organisation linguistique hiérarchique commune à toutes les formes de mise en Texte : (Prop (macro-prop (Séq (Texte)))) **B2** : Organisations linguistiques spécifiques (les types de séquences)
	NIVEAU C **TEXTUALISATION**
C1 : Prise en charge (espaces sémantiques)	**C2** : Segmentation (du plan de texte à la ponctuation) **C3** : Périodes et parenthésages **C4** : Liages en chaînes

Je propose de réserver la notion de «superstructure» à la description d'un niveau cognitif, pré-linguistique (mais déjà intuitivement support de typologie), des arrangements d'événements (dits «récit» dans une acception pré-linguistique), d'états-propriétés (dits «description») et de concepts (dits «exposition», «explication»). Où ranger l'argumentation, l'instruction-injonction et la conversation à un tel niveau d'abstraction? Les typologies existantes sont loin d'apporter des réponses satisfaisantes. Retenons seulement que nombreux sont les chercheurs qui situent les typologies à un tel niveau cognitif de découpage d'un référent encore très abstrait (événements VS états-propriétés VS concepts). De nombreuses typologies sautent directement de ce niveau A au niveau C que je divise en aspects énonciatifs (C1, abordé plus haut en 2.2.) et aspects plus proprement textuels des enchaînements d'unités linguistiques : liages en chaînes C4 (examinées en 2.1.), segmentation C2 (étudiée en 2.3.), périodes et parenthésages C3 (étudiés en 2.4.).

La réflexion sur les structures séquentielles comporte deux aspects (B1 et B2). L'organisation hiérarchique (B1) générale, qui considère les propositions comme des unités constituantes des macro-propositions, elles-mêmes constituantes des séquences, elles-mêmes constituantes des textes, est un plan d'organisation hiérarchique supérieur aux précédents et que l'on peut, en partie, décrire hors de toute préoccupation typologique. Le nombre de macro-propositions constitutives de la séquence est, lui, déterminé typologiquement : c'est-à-dire, par la séquentialisation (B2) du niveau A. La distinction des aspects complémentaires B1 et B2 de la structuration séquentielle, me permettent d'articuler le découpage pré-linguistique du référent et la linéarisation propositionnelle qui donne le texte. Le fait de définir un niveau de structuration séquentielle B1 permet de répondre à l'exigence de description unifiée des faits de textualité (hors typologies), mais le fait de prévoir la possibilité B2 de différenciations permet de penser l'effet du découpage pré-linguistique du référent sur les principales grandes formes de mise en texte (récit, description, argumentation, explication, etc.).

Il ne s'agit, bien sûr, que d'une hypothèse sur la mise en texte d'un réel connu à travers des catégories dotées de traits universels-cognitifs et de traits historiques-culturels. A titre d'exemple, au niveau A, je pose que le récit correspond au découpages des moments de tout procès-événement : m1 (avant) + m2 (début) + m3 (déroulement) + m4 (fin) + m5 (après). Au niveau B, cette superstructure se spécifie sous forme de macro-propositions assurant l'empaquetage des propositions élémentaires : PnO (Entrée-préface) + Pn1 (Situation initiale) + Pn2 (Complication) +

Pn3 (Ré-action ou Evaluation intra-diégétique) + Pn4 (Résolution) + Pn5 (Situation finale) + PnΩ (Evaluation finale ou Morale et/ou Chute).

Au niveau A, je comprends qu'on ne distingue pas *chronologie, recette, description d'actions* et *récit*. A ce niveau, il s'agit, dans ces quatre cas, de chaînes événementielles. Au niveau B2, en revanche, interviennent des différences dans la mise en mots dont le linguiste doit être capable de rendre compte. De même, entre les images mentales (non-linéaires par définition) qui sous-tendent les procédures descriptives et la mise en texte (linéaire) appelée description, il y a tout un écart que le modèle hiérarchique de la structure séquentielle descriptive tente de cerner. Sur ce point, la collaboration entre linguistes et psycho-linguistes cognitivistes est tout à fait stimulante et elle devrait nous aider à clarifier des questions encore bien délicates.

2.6. L'ORIENTATION PRAGMATIQUE-CONFIGURATIONNELLE

> Même quand tous les faits sont établis, il reste toujours le problème de leur compréhension dans un acte de jugement qui arrive à les tenir ensemble au lieu de les voir en série.
>
> (Louis O. Mink)

> Comprendre, c'est non seulement avoir devant soi une structure qui s'organise dans l'unité du sens intelligible. Comprendre nous met en présence d'une totalité signifiante qui intègre toutes les parties et tous les moments qui la composent.
>
> (Jean Starobinski)

Considérer l'énoncé comme un tout de sens (Bakhtine 1979 : 332), théoriser la notion de *thème* ou de *topic du discours*, c'est passer de la relation linéaire de connexité intra et inter-phrastique à la relation non linéaire de cohésion-cohérence, élaborée par l'interprétant à partir d'éléments discontinus du texte.

Pour désigner ce qui fait l'unité signifiante d'un TEXTE, je propose de parler de DIMENSION PRAGMATIQUE OU CONFIGURATIONNELLE. Par la notion de «configuration», Paul Ricœur a rendu essentiellement compte du fait qu'un récit possède, à la base de son intelligibilité, non seulement un caractère épisodique (venir après), mais également un caractère configuré (former un tout). Etendue à la textualité en général, cette notion peut nous aider à théoriser linguistiquement le «tout de l'énoncé fini» (Bakhtine).

Tout lecteur/auditeur est généralement, en cours et surtout au terme de sa lecture/audition, amené à une activité de réinterprétation globale du texte. Par exemple, un récit est reconsidéré comme une simple réponse à une question ou comme un argument pour une conclusion (c'est le cas de l'exemplum narratif bien décrit par la tradition rhétorique).

Etant donné le schéma de la proposition donné plus haut, il me paraît nécessaire, en passant du niveau propositionnel (local) au niveau global du texte, de distinguer linguistiquement trois aspects de cette dimension pragmatique-configurationnelle : la composante sémantique-référentielle, la composante énonciative et enfin l'orientation argumentative. Cette tripartition est assez communément admise aujourd'hui. Je n'en citerai qu'un exemple, celui de F. Jacques qui parle des «constituants du contenu propositionnel», des «instances du dispositif énonciatif» et des «composants de la force illocutoire» (1987 : 50).

2.6.1. De la macro-structure sémantique aux isotopies

> Relier les propositions d'une manière locale n'est pas suffisant. Il doit exister une contrainte globale qui établit un tout significatif, caractérisé en termes de topique du discours.
>
> T.A. van Dijk et W. Kintsch 1978 : 89

Avec la dimension sémantique-référentielle, il s'agit simplement de souligner qu'un texte construit progressivement une représentation discursive et que, de plus, il peut globalement être résumé — quelle que soit sa longueur — par un titre (sous forme donc d'une ou de plusieurs propositions de synthèse). Que l'on parle à ce niveau de macro-structure sémantique ou de thème[17]-topic du discours, ce qu'il s'agit de désigner, c'est un phénomène pragmatique de construction élaborée en réunissant des éléments discontinus prélevés dans le texte, un travail d'assemblage-reconstruction (conscient ou non) que je désigne par l'idée de dimension configurationnelle du discours :

> Le topic est une hypothèse dépendant de l'initiative du lecteur qui la formule d'une façon quelque peu rudimentaire, sous forme de question («Mais de quoi diable parle-t-on?») qui se traduit par la proposition d'un titre provisoire («On est probablement en train de parler de telle chose»). Il est donc un instrument métatextuel que le texte peut tout aussi bien présupposer que contenir explicitement sous forme de marqueur de topic, de titres, de sous-titres, de mots clés. (Eco 1985 : 119)

Il est utile de distinguer nettement entre le phénomène pragmatique de construction d'une macro-structure sémantique (ou topic du discours) et le phénomène plus large et plus local de construction d'une (ou de plusieurs) isotopie(s). C'est probablement à partir de la dimension ou plutôt de l'orientation[18] configurationnelle identifiée que le lecteur décide de privilégier ou, comme le dit Umberto Eco, de narcotiser les propriétés sémantiques des lexèmes, établissant ainsi un (ou des) niveau(x) de cohésion interprétative que la notion d'isotopie permet assez bien de décrire.

Le mouvement critique déconstructionniste a certes rendu suspect l'hypothèse même d'une unification sémantico-pragmatique du texte. Mais le fait que la lecture postule toujours une cohérence (même provisoire et complexe), que la conversation elle-même, pourtant hétérogène et fluide par excellence, soit une «élaboration interactionnelle de lignes de force thématiques (constitution, déplacement, modification, changement)» (Dittmar 1988 : 88), nous incite à récuser le reproche de logocentrisme qu'un déconstructionniste ne manquerait pas d'avancer. L'impossibilité (fréquente même dans les situations «ordinaires» de communication) de dégager une signification absolument transparente n'implique aucunement l'absence de noyaux (éventuellement momentanés) stables. La structure poly-isotopique des textes (surtout littéraires, mais pas exclusivement) ne s'édifie pas sur le désordre sémantique le plus complet. Réintroduire l'idée même d'un noyau de sens (thème, topic, macro-structure) ne revient à privilégier ni l'autorité de l'auteur ni celle du lecteur/auditeur :

> L'auteur a pu, par le jeu des indices sémiologiques, proposer un déchiffrement thématique de son texte, ou laisser au lecteur la bride sur le cou, ou le ballotter entre des suggestions contradictoires : il ne peut faire que ce lecteur ne soit, en dernier ressort, libre d'accepter, de subvertir, de récuser les interprétations thématiques qui lui sont proposées. Le lecteur, auditeur, spectateur, de son côté, peut contester les indications sémiologiques qu'il perçoit, récuser les thèmes que l'auteur lui propose et y substituer tel autre qui lui convient mieux. [...]
>
> Le débat ainsi ouvert entre l'auteur qui, éventuellement, propose son thème et le lecteur qui, éventuellement, le récuse n'aurait pas lieu d'être si le thème était une unité factuelle, objectivement présente dans le texte et, comme telle, imposée au consensus des observateurs. Mais il n'en est rien. (Bremond 1985 : 421)

Claude Bremond parle nettement, un peu plus loin, d'une «structuration très faible et d'ailleurs subjective», d'un «principe de liaison» qui assure l'unité de l'ensemble textuel (1985 : 419), mais il le fait en soulignant toujours que sans orientation ferme de la conceptualisation du thème-topic par un jeu d'indices textuels, «la mise en jeu des catégories intellectuelles, affectives, perceptives, esthétiques du lecteur moderne» entraîne «un découpage et une valorisation différente des données du texte, et donc une élaboration thématique différente» (1989 : 421). Nous sommes un peu loin des tentatives de théorisation linguistique de T. A. van Dijk et, à sa suite, M. Charolles (1978) avec l'hypothèse de macrorègles de réduction de l'information par *généralisation, suppression* (il dit parfois effacement ou sélection), *intégration* et *construction*. Retenons que, si de telles règles existent bien, elles sont toujours appliquées de façon plus ou moins régulière par les interprétants, la sélection de l'information (jugée) importante dépendant autant des savoirs encyclopédiques de chacun que de la situation discursive.

2.6.2. Ancrages énonciatifs

Pour être perçu comme un tout cohésif et cohérent, un texte doit également comporter un ancrage énonciatif. La théorie des plans d'énonciation développée par Benveniste et ses successeurs (énonciation de discours et énonciation historique) repose sur un principe fondamental : localement, ces plans ne cessent d'alterner dans un texte. En d'autres termes, l'homogénéité énonciative est extrêmement rare. Toutefois, cette hétérogénéité énonciative constitutive n'empêche pas que les textes soient, à l'origine et de façon globale cette fois, repérés soit dans le cadre d'un ancrage énonciatif contextuel (ancrage qu'on désignera comme «actuel» et, chez Benveniste, «discours»), soit dans le cadre d'un ancrage énonciatif cotextuel (ancrage qu'on dira «non-actuel» et, chez Benveniste, «histoire»).

L'ancrage cotextuel («non-actuel») impose une rupture globale par rapport au [je-tu-ici-maintenant] de l'énonciation. Les événements sont, dans ce cadre, avant tout repérés les uns par rapport aux autres. L'ancrage qu'on dira contextuel («actuel») est, lui, entièrement embrayé sur la situation d'énonciation qui devient, dès lors, le repère des événements. A ces deux grand types de repérages, J. Simonin Grumbach (1975) a proposé d'ajouter divers autres cas de figure. Elle distingue les types d'ancrages énonciatifs suivants : discours oral, discours écrit, discours relaté (le «troisième type d'énonciation» de Benveniste), énonciation historique, énonciation théorique et énonciation poétique. Les hypothèses plus récentes de J.-P. Bronckart et de son équipe (1985) tendent à réduire ces catégories à quatre discours polaires : discours en situation (DS), récit conversationnel (RC), discours théorique (DT) et narration (N).

Ces dernières propositions ont le mérite d'articuler une analyse des unités locales (pronoms, temps des verbes, organisateurs et connecteurs, adverbes, etc.) avec une caractérisation globale du type discursif. Les unités linguistiques sont considérées comme autant de traces des opérations discursives, les types de discours étant, quant à eux, pensés à partir des configurations des unités linguistiques qui les composent et à partir des paramètres de l'interaction. Ainsi, la présence de nombreux organisateurs textuels, par exemple, caractérise le DT tandis que passé simple, imparfait et organisateurs temporels dominent très nettement la narration (N). De même, pronoms et adjectifs de deuxième personne du singulier et du pluriel et de première personne du singulier, modalités d'énonciation (interrogatives, impératives, exclamatives) définissent le DS. Dans le cadre de la question théorique qui nous retient ici, soulignons surtout que les repérages énonciatifs — et donc l'interprétation des unités — changent complètement d'un type discursif à l'autre : dans le DS, les événements auxquels l'énoncé se réfère sont repérés par rapport à la situation d'énonciation; on peut parler dans ce cas de détermination situationnelle ou déictique des unités. A l'opposé, le discours purement narratif (N) correspond aux définitions extrêmes données par Benveniste de l'énonciation historique (ou «monde raconté» de Weinrich) : absence d'embrayeurs et présence d'une alternance imparfait/passé simple s'expliquent par l'effacement des repérages situationnels caractéristiques du DS. Les repérages se déplacent de la situation d'énonciation (contexte) vers le cotexte lui-même. En revanche, être confronté à un discours théorique, c'est être amené à repérer les marques de façon toute différente. La référence cesse d'être une référence à la situation d'énonciation pour se porter vers l'interdiscours au sens étroit (le présent ouvrage, par exemple, comme situation commune à l'auteur et au(x) lecteur(s)) ou sur l'interdiscours au sens large : les autres textes et auteurs cités en appui ou pour réfutation. Ainsi, si j'utilise le NOUS, cet indice de personne sera pris soit dans l'interdiscours commun au lecteur et à l'auteur de cet ouvrage, soit dans une référence à la communauté des linguistes dans laquelle se glisse — et derrière laquelle peut se retrancher — l'auteur, si j'utilise JE, cet indice n'a que la signification «auteur du présent ouvrage» et pas du tout «sujet biographique actif pris dans le moment même de l'écriture de cet ouvrage». Toutes les références spatiales et temporelles (du type : ci-après, ci-dessous/dessus, plus haut, avant, etc.) renvoient elles aussi au texte qu'on est en train de lire. La référence cesse ainsi d'être situationnelle (DS) pour devenir une référence discursive.

Je ne développe pas, car les typologies auxquelles je renvoie n'abordent en fait, me semble-t-il, que la couche énonciative de la textualité, c'est-à-dire un aspect seulement de la dimension pragmatique[19]. Pour cerner exactement quel statut il faut donner, dans l'analyse textuelle, à cette question de l'ancrage énonciatif initial d'un texte, je renvoie surtout, ci-après, à l'analyse de la publicité sur le Grand Duché du Luxembourg (chapitre 4 - 4.2.).

2.6.3. Actes de discours et orientation argumentative

> Toute communication est orientée, vise une certaine fin ; un acte d'énonciation ne prend son sens et sa fonction que du processus global dont il n'est qu'un moment. (Caron 1983 : 149)

Tout texte comporte enfin une orientation argumentative globale : un acte de discours, explicite ou non, qui résume l'orientation pragmatique du texte. Si, dans la tradition d'Austin et de Searle, les actes sont considérés isolément, chez Wunderlich comme chez F. Jacques chaque acte est pris dans le déroulement de séquences d'actes[20]. Léo Apostel (1980) va encore plus loin en définissant un texte comme une séquence d'actes de discours qui peut être considérée en elle-même comme un acte de discours unifié. Cette dernière position présente l'avantage de tenir compte de la dimension textuelle, mais l'inconvénient de ne considérer la textualité que du point de vue des actes de langage.

F. Nef (1980) met en œuvre cette conception pragmatique et textuelle. Il prend l'exemple d'un discours politique giscardien que j'ai examiné partiellement plus haut (p. 81) et également étudié ailleurs (Adam 1985a) et il montre qu'il est facile de résumer l'intervention de Giscard en disant : «Il a demandé (au pays/à tous les français) de voter pour la droite». Cette opération implique que l'auditeur/lecteur identifie, d'une part, la suite des actes : représentatif (raconter par deux fois), commissifs (promettre), érotatifs (questionner) et surtout l'acte final prédictif («... comme vous l'avez toujours fait, vous ferez le bon choix pour la France»), et, d'autre part, qu'il dérive de ces actes un acte global indirect directif (nulle part Giscard ne demande explicitement de voter pour la majorité de l'époque). En suivant F. Nef, retenons que la dérivation du macro-acte à partir d'une série peut s'effectuer soit de manière progressive (au fur et à mesure du déroulement et de l'enchaînement des actes de discours), soit de manière rétrospective : à partir du dernier acte. C'est exactement le cas de l'exemple giscardien où le prédictif masque le directif qui livre, lui, la clé de toute l'intervention. De la même façon, d'un point de vue séquentiel cette fois, les deux séquences narratives que j'ai étudiées donnent lieu à une dérivation, à partir des assertions-représentations narratives, de deux actes commissifs indirects de menace.

Ceci vaut aussi pour les textes fictionnels. Bien qu'on parle parfois, à propos du discours des personnages[21], d'actes de discours «non sérieux» (Searle 1982) qui font seulement semblant d'être des assertions, un texte fictionnel comporte souvent d'autres assertions, explicites ou non : «Des actes linguistiques sérieux (c'est-à-dire non fictifs) peuvent être véhiculés par des textes d'imagination, même si l'acte linguistique véhiculé n'est pas représenté dans le texte» (Eco 1985 : 60).

EN RÉSUMÉ

A ce niveau de notre réflexion sur les plans d'organisation textuelle, il faut insister sur les points suivants :
• La nécessité de considérer les «CHAINES», ou PHENOMENES DE LIAGE, dans leur double dimension textuelle : assurer la reprise-répétition (la continuité textuelle) et garantir la progression.

• Les phénomènes de PRISE EN CHARGE des propositions, qui constituent un élément essentiel de l'analyse pragmatique et textuelle, doivent être envisagés en rapport avec la construction des espaces sémantiques, cadre économique pour l'analyse de la polyphonie et de l'ancrage énonciatif des énoncés.

• La SEGMENTATION vi-lisible ou, plus largement, le marquage du plan de texte est un aspect de la spatialisation de la chaîne verbale, un premier lieu d'instruction pour l'empaquetage — c'est-à-dire le traitement — des unités linguistiques.

• La notion classique de «PERIODE» doit être étendue au-delà des limites de la phrase complexe et examinée dans le double cadre de la dimension rythmique des énoncés, d'une part, et des phénomènes de parenthésages marqués argumentativement ou non, d'autre part.

• La STRUCTURATION SEQUENTIELLE. Fondée sur l'hypothèse d'un nombre réduit de types de regroupements (macro-propositions dans des séquences) des propositions élémentaires, la description séquentielle de la textualité essaie de rendre compte de l'empaquetage hiérarchique des unités constitutives du texte. Il faut probablement considérer cette structuration hiérarchique comme préalable à la textualisation-linéarisation des énoncés (oraux comme écrits).

• La DIMENSION PRAGMATIQUE-CONFIGURATIONNELLE permet de considérer tout texte comme visant un but (explicite ou non) : agir sur des croyances et/ou des comportements. Comme le note R. de Beaugrande, on peut, à ce niveau de description du moins, considérer que l'intentionalité est «actualisée dans le texte sous la forme d'une configuration qui impose des contraintes particulières aux tâches de lecture en vue d'aboutir à certains résultats» (1984 : 357). Tout texte est soumis à un traitement, la lecture-compréhension cherchant à identifier une intention du texte sinon de son auteur : «La cohérence du discours — telle qu'elle est construite en commun par les énonciateurs — (...) c'est celle d'un acte, qui vise, à travers une série de transformations réglées, à atteindre un but» (Caron 1983 : 117). Comprendre un texte, c'est saisir l'intention qui s'y exprime, ce que M. Meyer reformule en termes très bakhtiniens :

> Donner une signification revient toujours à énoncer ce qui est en question, à rapporter le discours considéré à ce à quoi il répond, donc à le considérer comme réponse, concept qui implique l'articulation problématologique. (...) Quant au texte, il est pris comme un tout, et le comprendre exige du lecteur qu'il dégage une problématique dans une interaction où il repose la question des questions du texte (1986 : 253).

Hypothèse sur la «coopération interprétative» (Eco 1985) et reformulation intéressante de la «compréhension responsive» de Bakhtine, cette réflexion nous ramène à la limite de tout ce que nous avons situé hors du champ de la linguistique textuelle. Retenons surtout qu'en définissant le texte comme une structure qui combine deux dimensions, l'une séquentielle et l'autre pragmatique-configurationnelle, il s'agit de mettre l'accent autant sur la nécessaire compréhension d'un tout signifiant que sur l'appréhension d'une succession de propositions.

Reste la question des rapports entre ces différents plans d'organisation, question que certaines analyses ont déjà permis d'esquisser et que les analyses textuelles du chapitre 4 auront pour fonction de démontrer plus concrètement.

NOTES

[1] Pour une synthèse sur la question de la cataphore, voir Marek Kesik 1989. Si la notion de cataphore apparaît en 1934 chez K. Bühler, celle d'anaphore date du IIe siècle où Appolonius Dyscole, à propos des pronoms, oppose les *déictiques* (pronoms qui renvoient à des objets) et les *anaphoriques* (pronoms qui renvoient à des *segments du discours*),

«montrant ainsi que la référence d'un pronom peut n'être pas une chose du monde, mais un dire» (Sériot 1988 : 147).
[2] C'est Jean-Luc Seylaz qui m'a mis sur la piste de ces étonnantes anaphores.
[3] Sur cette question, voir plus loin : 2e partie chapitre 1 (1.3.).
[4] A. Berrendonner et M.-J. Reichler-Béguelin redéfinissent la notion de chaînes de coréférence en évitant la confusion entre formes de rappel et formes liées. Ils préfèrent parler de «(micro-) chaînes de liage», internes à ce qu'ils proposent d'appeler une «clause», et de (macro-) chaînes de rappel, «manifestant au rang de la période des stratégies de réemploi de l'information partagée» (1989).
[5] Sur la spécificité des prises en charge en SELON, voir Charolles 1987.
[6] Voir, à ce sujet, Gollut 1988.
[7] La seule qui soit nettement différente des autres : «... l'auteur que je ne connais pas» insiste en fait, elle aussi, sur l'effacement de l'énonciateur individuel, mis en quelque sorte à distance du locuteur Sganarelle.
[8] Sur la démarcation graphique voir le n° 81 de *Langue Française*, J.-M. Adam et M. Fayol éds. (Larousse 1989). Sur la question du paragraphe : *La notion de paragraphe*, éditions du C.N.R.S., Paris, 1985.
[9] Pour une étude plus complète, voir Adam 1986a.
[10] Certains éditeurs suppriment le tiret qui suit : ainsi S. Bernard et A. Guyaux (Garnier 1983).
[11] Pour Littré, protase et apodose sont des termes de grammaire désignant respectivement la première et la seconde partie d'une période.
[12] Dans ses *Leçons de rhétorique et de belles-lettres* (1797) traduites dès 1808 à Genève et 1830 à Paris, Blair passe tout naturellement de la période à l'harmonie et aux sons.
[13] Un article récent de Laurent Jenny : «La phrase et l'expérience du temps» (*Poétique* 79, 1989) reste étrangement dépendant des limites grammairiennes et rhétoriques.
[14] Un seul exemple très récent : dans la préface de son livre *Médée* (Grasset), Marie Cardinal explique sa traduction d'Euripide : «[...] la métrique, que j'exclurai, apporte au texte un appui, une noblesse, que je devrai faire passer. Je me suis proposé de chercher une écriture qui ne s'articulerait pas sur les sonorités des mots mais des rythmes des répliques et des séquences». Même si les termes employés restent ici un peu vagues, on voit que la notion même de rythme dépasse le cadre strict du vers pour s'étendre à des unités bien plus vastes que la phrase complexe.
[15] Sur cette question, voir Werlich 1979, Longacre 1982, Dimter 1985, Enkvist 1986, Adam 1987a et 1987b. Je ne développe pas le débat sur les typologies qui fait l'objet d'un livre en préparation avec J.-L. Chiss et A. Petitjean (à paraître en 1991, Nathan Université).
[16] Pour l'analyse d'un exemple conversationnel, voir (Adam 1987a : 73-77); pour une étude des insertions narratives dans des textes de théâtre, voir B. et J.-M. Adam 1988.
[17] «Le thème — ou tout au moins le thème dominant — est le signifié global homologue du dénominateur structural commun qui émerge sinon du tout, du moins de la plupart des aspects formels de l'œuvre littéraire» (Rimmon-Kenan 1986 : 404).
[18] Il est certain que la construction du sens configurationnel est toujours orientée en fonction des buts que l'interprétant envisage comme étant ceux du texte, de la «visée d'effet» (Guillaume 1973 : 157) qu'il présuppose.
[19] Je discute cette question dans Adam 1987a.
[20] D. Welke (1980) analyse bien la nécessité de considérer les enchaînements question-réponse, objection-explication/réfutation, proposition-assentiment/dissentiment, etc.
[21] Il faut dépasser ce faux débat : les assertions des personnages d'un roman ou d'une pièce de théâtre font certes partie de la fiction, mais, à ce niveau diégétique, ils fonctionnent exactement sur le même modèle que les actes de discours dits «sérieux» de la vie ordinaire.

Chapitre 3
Hypothèses de base
pour une pragmatique textuelle

L'ensemble des observations précédentes débouche sur les quatre HYPOTHESES PRINCIPALES suivantes :
1. caractère textuel des pratiques discursives;
2. connexité-cohésion-cohérence de la textualité;
3. nécessité de distinguer textualité locale et textualité globale;
4. structuration séquentielle fondamentalement hétérogène de la textualité.

auxquelles il faut ajouter quelques HYPOTHESES DERIVEES qui définissent, selon moi, le domaine de la pragmatique textuelle.

HYPOTHESE 1
«Tout comportement humain dans l'élément du symbolique, et en particulier dans l'élément du symbolique linguistique, a le caractère de la texticité». (Galay 1974 : 43)

Les échanges verbaux n'ayant pas la phrase pour unité, la linguistique a pour objet cette unité de communication-interaction langagière, ce signe global qu'on appelle TEXTE. A ce niveau de l'acte de communication textuelle, il est possible de poser un principe de pertinence (proche du principe de coopération de Grice et de la théorie de la pertinence de D. Sperber et D. Wilson 1989) qui veut qu'un texte ait toujours une cohérence-pertinence assurée dans et par l'interaction.

> **HYPOTHESE DERIVEE 1.1.**
>
> Pour que les textes circulent dans une société, il faut admettre l'existence d'une compétence textuelle des sujets parlants et écrivants qui les rende aptes à produire et à comprendre des objets verbaux qui ont le caractère de la texticité.

L'extension de la compétence linguistique (connaissance intériorisée de la langue par le sujet parlant) doit se faire certes dans le sens d'une compétence de communication (activité sémiotique générale des sujets, objet d'une pragmatique étendue) et d'une compétence discursive (nous postulons «chez les énonciateurs d'un discours donné la maîtrise tacite de règles permettant de produire et d'interpréter des énoncés relevant de leur propre formation discursive, et, corrélativement, d'identifier comme incompatible avec elle les énoncés des formations discursives antagonistes», Maingueneau 1984 : 13). Cette double compétence permet de juger de l'appropriété contextuelle (acceptabilité-recevabilité ou pertinence) d'un discours. Mais également dans le sens d'une compétence textuelle générale (permettant de produire des énoncés connexes et cohésifs) et particulière (permettant de reconnaître et de produire des séquences spécifiques : descriptives, narratives, explicatives, argumentatives, etc.). C'est cette compétence qui permet à Barthes d'affirmer que «Nous ne lisons pas tout avec la même intensité de lecture; un rythme s'établit, désinvolte, peu respectueux à l'égard de l'intégrité du texte; [...] nous sautons impunément (personne ne nous voit) les descriptions, les explications, les considérations, les conversations» (1973 : 20-21).

> **HYPOTHESE DERIVEE 1.2.**
>
> Les compétences des co-énonciateurs ne coïncident pas nécessairement.

La production textuelle, comme production langagière réelle est un produit «dont le sort interprétatif doit faire partie de son propre mécanisme génératif» (Eco 1985 : 68-70). Produit d'une véritable co-énonciation, «un texte postule son destinataire comme condition *sine qua non* de sa propre capacité communicative concrète mais aussi de sa propre potentialité significatrice. En d'autres mots, un texte est émis pour quelqu'un capable de l'actualiser — même si on n'espère pas (ou ne veut pas) que ce quelqu'un existe concrètement ou empiriquement» (Eco 1985 : 67). On retrouve la même idée dans les thèses pragmatiques de l'Ecole de Constance : le texte est un «ensemble structuré d'instructions de lecture, produit d'après des conventions plus ou moins bien connues d'une communauté de lecteurs et d'auteurs» (Rutten 1980 : 73).

Ce principe de coopération — dont Umberto Eco souligne bien qu'il est ouvert et «assez libre» — part du fait que lorsque nous parlons/écrivons nous nous efforçons de fournir les indices que nous jugeons nécessaires à la transmission satisfaisante de ce que nous voulons dire. Comme le note, par exemple, H. G. Widdowson : «Nous nous appuyons forcément sur un savoir commun : nous faisons des hypothèses quant à ce que notre interlocuteur peut induire de notre discours. [...] Evidemment, cela n'implique pas nécessairement que ce que l'émetteur crée et ce que le récepteur re-crée sont la même chose. Mis à part le fait que ce dernier peut ne pas relever ou mal interpréter certains indices, ce qu'il cherche en analysant le discours ne l'oblige pas forcément à retrouver tout le sens que l'émetteur y a mis» (1978). Débordant la question de la compétence textuelle, ceci débouche sur le fait que la sélection et le classement hiérarchique de l'information propositionnelle dépend largement des capacités (savoirs encyclopédiques, degré de familiarité avec le type de texte ou de discours) mais aussi des buts du lecteur. Comme le dit encore U. Eco : «On construit la fabula au niveau d'abstraction que l'on juge interprétativement le plus fructueux. *Ivanhoé*, c'est soit l'histoire de ce qui arrive à Cedric, Rowena, Rebecca, etc., soit l'histoire du conflit de classes (et d'ethnies) entre Normands et Anglo-saxons. Cela dépend de ce que l'on veut en faire» (1985 : 135).

HYPOTHESE 2

Le texte est un produit connexe, cohésif, cohérent (et non pas une juxtaposition aléatoire de mots, phrases, propositions ou actes d'énonciation).

Au couple classique cohésion-cohérence, il convient de substituer un ensemble plus complexe de notions séparées pour les seuls besoins de la description linguistique : connexité, cohésion-progression et cohérence-pertinence.

• La CONNEXITE, qui correspond aux rapports grammaticaux des formants linguistiques d'une expression, opère non seulement à l'intérieur de la proposition, mais aussi en exerçant des contraintes textuelles sur les reprises d'unités : nominalisation, ellipse, co-référence, anaphores, articulation des propositions par des chaînes d'organisateurs ou de connecteurs, enchaînement des temps verbaux (imparfait dans les relatives par exemple).

• La COHESION est une notion essentiellement sémantique — je ne reviens pas sur la question des rapports entre cohésion et progression abordée plus haut au chapitre 1 (1.3.2.) — qui a pour but de répondre à des questions naïves du type : comment expliquer le fait que, quand on lit et comprend un énoncé, on éprouve (ou non) un sentiment d'unité? La cohésion sémantique est un fait de cotextualité que la notion d'isotopie permet de théoriser. Pour Greimas (1966) et Rastier (1987), l'isotopie est l'effet de la récurrence d'un même sème. A. J. Greimas parle explicitement d'un ensemble redondant de catégories sémantiques qui rend possible la lecture uniforme d'un énoncé. Ainsi, une suite textuelle comme :

(78) Mon ordinateur est très triste depuis que son cheval n'a plus de roue de secours

ne présente pas les redondances isotopiques nécessaires à la formulation d'un jugement de cohésion (et, partant, de cohérence). Entre l'individu «ordinateur» et la propriété «tristesse», il y a une incompatibilité sémique (/+ animé/ et /- animé/); de même, «roue de secours» qui se situerait dans un champ compatible avec «voiture», est impossible à conjoindre à «cheval», animal qui, de plus, ne peut appartenir en propre à un ordinateur (à moins d'imaginer un univers de science-fiction où seraient redéfinis les rapports entre les éléments du monde représenté). La seule isotopie identifiable se trouve dans «tristesse» et la dépossession impliquée par «n'a plus de». Le concept d'isotopie permet de rendre compte de phénomènes d'hétérotopie et de poly-isotopie si fréquents dans les textes : de l'histoire drôle — qui joue sur une rupture isotopique — à la parabole — lisible sur deux isotopies au moins —, en passant par ces deux vers des *Illuminations* de Rimbaud («Marine») :

(79) Les courants de la lande,
Et les ornières immenses du reflux [...]

Ici se croisent (c'est toute la logique de l'ensemble du poème) une isotopie aquatique : «les courants du reflux» et une isotopie terrestre : «les ornières de la lande». Il en va de même avec la moindre métaphore :

(80) La charrue écorche la plaine

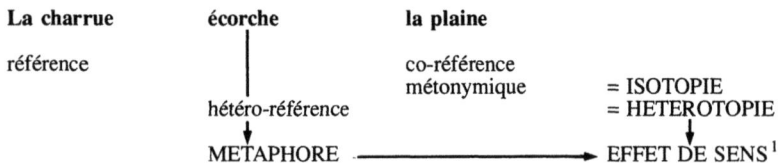

La moindre métaphore introduit dans la continuité isotopique du discours un trou hétérotopique toujours problématique pour la lecture. D'un point de vue terminologique, je propose de réserver la notion d'hétérotopie à la perception de la figure et celle de poly-isotopie à la saisie d'un développement d'isotopies parallèles. On affirme que le discours littéraire, en général, se caractérise par une telle pratique poly-isotopique, mais le discours publicitaire joue aussi systématiquement sur la disponibilité polysémique de certains signes qui, articulés entre eux, peuvent constituer plusieurs niveaux de cohésion.

Cette conception de la cohésion isotopique, introduite dans une sémantique interprétative résolument textuelle, gagnerait à être plus systématiquement utilisée et surtout située dans le cadre d'une rhétorique cognitive du type de celle que Dan Sperber préconisait en 1975. Dans cette perspective, insistons sur le fait que les isotopies peuvent être lues-construites selon le principe d'organisation rationnelle de la mémoire encyclopédique («classement relativement stable des informations en fonction des multiples hiérarchies de concepts» Sperber 1975 : 404) ou selon le principe d'organisation symbolique («réseau d'associations toujours renouvelées en fonction d'analogies et de rapprochements occasionnels, effectués en dehors des classifications»). Le processus de lecture-construction des isotopies, dont certains sémioticiens ont fort justement noté que l'intertexte fournit le principe organisateur, peut être localisé dans la mémoire à long terme du sujet, dans son savoir sur le(s) monde(s), un savoir rationnellement et symboliquement organisé : «Tandis que l'organisation rationnelle de l'encyclopédie permet de *convoquer* directement une information à partir du concept dont elle relève, l'organisation symbolique permet d'*évoquer* une information à partir d'autres informations auxquelles elle est associée» (*id.*).

Ainsi, élaborer (postuler tout simplement pour pouvoir avancer dans un texte) une macro-structure sémantique implique une suite d'opérations de synthèse portant sur les instructions données par les (micro) propositions et les indices locaux comme globaux. Il me semble que c'est à ce niveau qu'interviennent aussi les «cadres» stéréotypés stockés dans la mémoire à long terme. Le duel ou le tournoi médiéval, le repas mondain ou l'interview d'un sportif après sa victoire, l'achat d'un billet de train, etc. sont autant de bases pour la construction d'une isotopie reliant des séries d'actes, un décor, des acteurs, des paroles stéréotypées. Bien sûr, ces cadres prototypiques se modifient et se diversifient de façon dynamique en permanence (à l'occasion des lectures et des échanges).

• La COHERENCE, enfin, n'est pas une propriété linguistique des énoncés, mais le produit d'une activité interprétative. L'interprétant prête a priori sens et signification aux textes et ne formule de jugement d'incohérence qu'en tout dernier ressort. Le jugement de cohérence est rendu possible par la découverte d'(au moins) une orientation argumentative globale de la séquence qui rend possible l'établissement de liens entre des énoncés manquant éventuellement de connexité et/ou de cohésion et/ou de progression et/ou de pertinence situationnelle (contextuelle).

HYPOTHESE DERIVEE 2.1.

Toute production langagière est déterminée par une double structuration : par le système de la langue (structuration primaire) et par la mise en texte (structuration secondaire).

La structuration primaire par le système de la langue relève du plan «sémiotique» de la signifiance dont Benveniste dit qu'il correspond au domaine linguistique classique de la langue comme système virtuel. La structuration secondaire par la mise en texte correspond au plan «sémantique» de la signifiance que Benveniste met en rapport avec l'activité énonciative et la production du discours. Avec ce plan de la signifiance, nous sortons du *système virtuel* (celui des règles, dont la syntaxe, qui énonce des options disponibles, est le modèle par excellence) pour entrer dans la textualité comme *système réel*. Tandis que la grammaire de texte a l'ambition (certainement démesurée) d'aborder la textualité en termes de système virtuel[2], la démarche pragmatique et textuelle, sans exclure la structuration primaire par le système (virtuel) de la langue, met l'accent sur le texte comme : «système de travail dans lequel des décisions ont été prises et des sélections opérées de façon telle que les diverses occurrences remplissent certaines fonctions qui contribuent au fonctionnement de la totalité» et R. de Beaugrande ajoute : «Dans un système réel, des occurrences se contraignent mutuellement les unes les autres et contraignent ainsi ce que les utilisateurs d'un texte peuvent faire» (1984 : 356).

En d'autres termes, comme fait de langue, la mise en texte n'est pas un phénomène purement aléatoire, des règles régissent l'ordre des mots aux niveau intra-phrastique et inter-phrastique. Suivant une belle formule de F. Gadet, on refusera autant le «mirage d'une langue sans règles» que le «fantasme d'une langue réglée de façon stable et catégorique» (1981 : 124). Pour la pragmatique textuelle, décrire le texte comme une séquence «réelle», c'est l'envisager dans ce qu'il a de répétable, mais aussi, constitutivement, d'unique et de non répétable. On retrouve ici une dialectique du même et de l'autre, de la stabilité et de la différence qu'il est indispensable d'essayer de théoriser.

HYPOTHESE DERIVEE 2.2.

L'effet de texte est le produit d'une double complétude : pragmatique (configurationnelle) et séquentielle.

De la complétude pragmatique-configurationnelle, et de ses dimensions sémantique-référentielle, énonciative et argumentative, il a déjà été question plus haut en 2.6.; quant à la complétude séquentielle, elle a été largement décrite également en 2.5. Soulignons seulement que, dans cette structure finalisée qu'est un texte, ces deux complétudes sont absolument complémentaires.

HYPOTHESE DERIVEE 2.3.

Tout texte est soumis à une tension constitutive entre continuité-répétition et/vs progression.

Cette tension constitutive apparaît aussi bien dans les réflexions pragoises sur la structure thème-rhème de la dynamique communicative et de la perspective fonctionnelle de la phrase (Combettes 1983) que dans celles qui portent sur les contenus présupposés et posés (Ducrot 1972). Ce point a largement été abordé au chapitre 1 (1.3.2.), mais les travaux contemporains sur ce qu'on appelle la mémoire textuelle ou discursive permettent d'affiner certaines observations. La notion de mémoire textuelle (que l'on peut dire cotextuelle) permet de considérer le fait suivant : une fois inscrite dans un texte, une unité linguistique devient le support d'éventuelles anaphores (référentialisation) : en d'autres termes, les entités textuelles sont autant de potentiels antécédents d'anaphores. La notion de mémoire discursive permet d'ajouter le fait que les propositions énoncées dans un énoncé antérieur (autre texte, donc) font aussi partie de la mémoire. A. Berrendonner définit la mémoire discursive comme l'«ensemble des savoirs consciemment partagés par les interlocuteurs» (1983 : 230). Ce qui lui permet, d'une part, de définir toute interaction comme opérant sur cette mémoire pour y provoquer des modifications : la mémoire discursive est, à la fois, ce qui permet et ce que vise une interaction.

Il faut ajouter qu'un énoncé, en fonction du principe de pertinence, est informatif s'il véhicule plus de croyances que son interprétant n'en possédait auparavant; soit un nouvel aspect de la progression textuelle et de la dialectique stabilité (même)/différence (autre). Le texte apparaît bien comme un dispositif à la fois mobile (progression) et relativement stable (continuité-répétition). Dire que la mémoire discursive est alimentée en permanence par les événements co(n)textuels, c'est également insister sur le caractère progressif et partiel de la construction, par le texte, des représentations discursives. Les organisateurs et les connecteurs argumentatifs, dont il sera question dans la seconde partie et dont on a déjà entrevu la fonction dans quelques exemples, constituent autant de signaux de révision ou de conservation des représentations établies.

HYPOTHESE DERIVEE 2.4.
La lecture-compréhension du texte peut être pensée en termes de résolution de problèmes.

De l'ensemble des hypothèses précédentes découle une réalité textuelle souvent négligée : l'opposition entre textes «transparents» (c'est-à-dire présentant des problèmes triviaux de compréhension) et textes opaques (présentant des problèmes sérieux). R. de Beaugrande définit ainsi la résolution de problèmes — et cette définition est pour nous suffisante — : «Etat à partir duquel l'atteinte de l'état suivant n'est ni certaine ni obligatoire» (1984 : 358). Une nouvelle tension apparaît ici : entre textes plus ou moins transparents et textes plus ou moins opaques.

Ce principe de base est utilisé à des fins d'effet humoristique par le billet suivant, de B. Frappat, dans le journal *Le Monde* (4.8.83) :

> (81) INTERVENTION : La France souhaitait cette intervention. Il n'était plus possible, en effet, de tolérer ces coups incessants portés à son crédit, l'incertitude qui planait à chaque étape de la rude compétition internationale où nous sommes engagés. Nous allions finir à genoux, dévalués. L'intervention était non seulement souhaitable mais urgente. Chaque jour aggravait le danger, démoralisait les Français, hypothéquait l'avenir, les réformes. Bref, il fallait opérer le genou de Bernard Hinault.

Le démonstratif du début du texte («cette intervention») pose le concept d'intervention comme faisant partie de la mémoire. Toute l'ambiguïté du texte joue précisément sur cette mise en mémoire incertaine. En l'absence de topic donné d'entrée (le titre est polysémique : intervention chirurgicale, militaire ou bancaire), la poly-isotopie est maintenue jusqu'au conclusif : «Bref [...] Bernard Hinault» qui renvoie à l'isotopie du /Tour de France cycliste/. Le fait qu'une unité comme «chaque étape de la rude compétition internationale» puisse fonctionner sur plusieurs isotopies maintient l'opacité.

Bien évidemment, un système totalement stable (texte transparent, sans problèmes) n'est ni souhaitable ni même probablement possible dans les langues naturelles : «Aucun texte ne peut rendre explicite toutes les liaisons et chaque texte est d'une certaine manière unique. Un texte qui ne comporterait que des problèmes triviaux et des occurrences fortement probables serait de peu de valeur et les lecteurs y accorderaient très vite peu d'intérêt» écrit R. de Beaugrande (1984 : 358), conformément au principe de pertinence. Mais, comme le soulignent aussi bien de Beaugrande qu'Umberto Eco, un texte présentant, en revanche, de nombreux problèmes sérieux et des occurrences peu prédictibles dépasserait les capacités de traitement de la plupart des lecteurs. La mise en texte, c'est un aspect fondamental de la co-énonciation, repose donc sur la recherche d'un degré pertinent de non-prédictibilité et de difficulté, sur une anticipation des résultats possibles.

Soulignons que cette dernière hypothèse permet d'affiner les précédentes en définissant la communication textuelle comme une «succession de phases de perte et de rétablissement d'une stabilité satisfaisante», mais, comme le précise R. de Beaugrande, «non totale».

HYPOTHESE 3.
Des niveaux de textualité locale et globale doivent être distingués.

Comme ce point a été largement examiné en introduction (chapitre 2), je souligne simplement qu'il s'agit de penser le fait noté aussi bien par Ewald Lang que T.A. van Dijk, Halliday et Hasan ou P. Ricœur : la signification d'un texte — l'information qu'il apporte — est un tout qui est plus que la somme (ou la liste) des significations des unités qui le constituent. Dans cette perspective, il est indispensable de distinguer :

• Au niveau micro-textuel : une connexité locale (morpho-syntaxique surtout); une cohésion-progression locale (progression thématique, assignation de valeurs de vérité-validité aux propositions dans les univers sous-jacents aux représentations discursives); une cohérence-pertinence locale (entre actes de discours et plans d'énonciation).

• Au niveau macro-textuel : une connexité globale de la séquence et/ou du texte; une cohésion globale (celle de l'isotopie ou des isotopies et de la macro-structure sémantique de la séquence ou du texte dans son ensemble); une cohérence-pertinence globale (orientation argumentative de la séquence ou du texte).

HYPOTHESE DERIVEE 3.1.
Il existe une asymétrie entre plan local et plan global.

Cette asymétrie tient à l'autonomie relative du micro-niveau (local), partiellement surdéterminé par le macro-niveau (global) dans ses dimensions séquentielle comme pragmatique-configurationnelle. C'est certainement ce que veut dire R. de Beaugrande quand il note que «chaque sous-système d'un texte (par exemple le lexique, la grammaire, les concepts, les étapes d'un plan, les actes de parole, et ainsi de suite) fonctionne en partie d'après ses propres principes internes et en partie selon des demandes ou des rétroactions des autres sous-systèmes» (1984 : 356). La recherche linguistique actuelle a pour tâche essentielle de continuer l'étude des règles propres à chaque sous-système — en ce sens, la pragmatique textuelle ne nie absolument pas l'utilité des recherches de linguistique classique —, mais, dans le même temps, la linguistique textuelle doit également tenter de décrire les effets de la mise en texte. L'étude du fonctionnement des organisateurs énumératifs et reformulatifs dans les séquences descriptives que propose la seconde partie du présent ouvrage illustrera ce dernier type de démarche.

HYPOTHESE DERIVEE 3.2.

Le texte est soumis, à la fois, à un traitement «vertical» et à un traitement «horizontal».

Le traitement de l'information textuelle se développe dans toutes les dimensions précédemment décrites (*connexité* >/< *connexion* >/< *cohérence*) et selon la procédure *base (local)* > *sommet (global)* et *sommet* > *base* classiquement décrite en psychologie cognitive. Soulignons encore que l'interaction entre tous les sous-systèmes considérés est, le plus souvent, asymétrique et surtout — c'est un des points qui désespèrent le plus les linguistes — qu'il n'existe probablement pas de «correspondance terme à terme fixe entre opérations, fonctions ou éléments» (de Beaugrande 1984 : 356). A titre d'exemple, le passé simple employé isolément ne constitue pas une marque locale (*base* > *sommet*) suffisante pour signifier que la séquence à laquelle on a affaire est un récit. En revanche, une suite d'imparfaits, dans un contexte narratif d'alternance imparfait/passé simple, peut être l'indice (*base* > *sommet*) d'une séquence descriptive. Des signaux comme : «Il était une fois...» ou «En ce temps-là...» peuvent être considérés comme des marques d'une séquentialité globale narrative (on en verra un exemple plus loin avec l'analyse textuelle d'une publicité sur le Grand Duché du Luxembourg). L'existence d'instructions explicites d'ouverture et de clôture de séquences descriptive ou narrative, dont on a déjà parlé plus haut, correspond clairement à la mise en œuvre d'un traitement *sommet* > *base* destiné à favoriser les opérations cognitives d'intégration des unités dans un tout connexe-cohésif-cohérent.

On peut donc dire que le texte suppose les marques locales comme lieu d'instruction des opérations d'anticipation et de contrôle des activités cognitives de l'interprétant; comme lieu d'inscription des instructions. Tout texte se présente comme un ensemble d'informations que l'interprétant aura à se représenter sur la base de marqueurs référentiels (qui renvoient à des individus avec leurs propriétés dans des univers ou espaces sémantiques), de marqueurs énonciatifs («appareil formel de l'énonciation» dont Benveniste n'a qu'ébauché la description), de marqueurs argumentatifs (Nef 1986) ou signaux d'arguments (Martin 1985a) qui visent à organiser/modifier les représentations de la mémoire discursive.

A la différence des travaux de linguistes comme O. Ducrot, qui portent uniquement sur les marques locales, j'insiste aussi, pour ma part, sur les instructions globales liées à la séquentialité : le traitement *base > sommet / sommet > base* est à la source de la mise en paquets des propositions, empaquetage qui permet de remonter, par les macro-propositions, à la structure séquentielle et de redescendre de la séquence aux propositions.

HYPOTHESE 4.
Le texte est une structure séquentielle fondamentalement hétérogène.

Ce point a été abordé aux chapitres 1 (1.3.) et 2 (2.5.). Les conséquences de cette dernière hypothèse sont les suivantes :

• La linguistique textuelle a pour tâche de décrire comment se produit un EFFET DE SEQUENCE : on a vu plus haut que des schémas de reconnaissance de structures plus ou moins conventionnelles, avec leurs règles propres d'enchaînement (de continuité-progression) amènent les lecteurs à formuler (ou non) un jugement de complétude séquentielle. La nature hiérarchique du modèle séquentiel général qui a été proposé permet de dépasser les différences entre les types de séquences.

• Même si la théorie générale des structures séquentielles n'en est encore qu'à ses débuts, on peut prendre appui sur différentes théories partielles — issues des traditions rhétorique, poétique, sémiotique, sociolinguistique, psycho-linguistique — du récit, de la description, de l'argumentation, de l'explication, de l'injonction-instruction, de la conversation. Je postule donc qu'il existe un petit nombre de (types) de séquences de base. Je rappelle qu'il s'agit de penser ainsi le passage de grandes catégories d'arrangements pré-linguistiques des événements, états et concepts aux sortes de mise en séquence de paquets de propositions (macro-propositions).

Si le texte se présente comme une STRUCTURE SEQUENTIELLE (QUASI) HOMOGENE, deux possibilités apparaissent :

• ou bien le texte ne comporte qu'une séquence (argumentative par exemple ; dans le cas d'un récit minimal, des propositions descriptives et évaluatives viendront certainement s'ajouter aux propositions narratives ;

si une description peut être plus pure, il n'est pas rare de trouver des propositions évaluatives, voire un plan de texte argumentatif comme dans l'exemple (44) page 60); une recette de cuisine comporte certes une part purement injonctive (verbes à l'infinitif ou à l'impératif) mais également une description-énumération initiales des ingrédients; etc.).

• ou bien le texte comporte n séquences de même type (toutes narratives, par exemple). Dans ce cas, deux nouvelles possibilités se présentent : ces séquences peuvent se suivre linéairement et être coordonnées entre elles (c'est le cas du conte merveilleux); ces séquences peuvent aussi être insérées les unes dans les autres en un point quelconque de la séquence principale. Les typologies textuelles globales dont on a vu plus haut qu'elles étaient trop ambitieuses, ne peuvent atteindre que ces cas simples de structures séquentielles (quasi)homogènes.

Confrontée à des corpus plus naturellement complexes, l'approche séquentielle permet d'envisager les cas de STRUCTURES SEQUENTIELLES HETEROGENES. Deux nouveaux cas de figure se présentent alors : l'INSERTION de séquences hétérogènes et la DOMINANTE séquentielle. Lorsqu'alternent des séquences de types différents, une relation entre séquence insérante et séquence insérée apparaît. Ainsi, ce qu'on appelle l'exemplum narratif correspond à la structure : [séq. argumentative [séq narrative] séq argumentative]; la présence d'une description dans un roman peut être ainsi décrite également : [séq narrative [séq descriptive] séq narrative]. L'insertion d'un dialogue dans un récit peut correspondre à la structure : [séq narrative [séq conversationnelle] séq narrative], et celle d'un récit dans un dialogue au schéma inverse : [séq conversationnelle [séq narrative] séq conversationnelle]. Dans ces cas de figure, on a déjà vu plus haut que des signaux démarcatifs apparaissent généralement, comme pour souligner la rupture de l'homogénéité et faciliter l'interprétation des différentes séquences.

L'autre type de structure séquentielle hétérogène ne correspond pas à l'insertion (plus ou moins marquée) d'une séquence (plus ou moins) complète, mais au mélange, cette fois, de séquences de types différents. La relation peut alors être dite de DOMINANTE, selon une formule [séq dominante [séq dominée]] qui donnera lieu, par exemple, à une description sous forme de recette. Ce phénomène de dominante est encore peu étudié par rapport à l'insertion et ses marques.

Cette dernière hypothèse typologique — qu'elle porte sur les types de structures séquentielles ou, plus largement sur les genres de discours — a des conséquences sur la conception que nous pouvons avoir de la lecture. Les savoirs engagés par les sujets sont autant des contenus référentiels portant sur le monde représenté que des savoirs portant sur les modalités de traitement de l'information. Savoir lire, c'est savoir développer des stratégies et des compétences diversifiées et adaptées. A. Bentolila note à ce propos que nombre de lecteurs restent monovalents : ils ne peuvent «faire acte de compréhension que dans un type unique de situation de lecture; en d'autres termes, il s'agit de lecteurs qui auront, quel que soit le texte proposé, quelle que soit la situation de lecture dans laquelle ils se trouvent impliqués, un seul et unique comportement de lecteur. Cette monovalence constitue un handicap grave puisqu'elle va les exclure d'un certain nombre d'univers fonctionnels de lecture» (1981). Certains lecteurs, pourtant très à l'aise dans le parcours d'un roman d'aventure, s'avèrent incapables de lire un article scientifique, un énoncé de mathématique, un poème ou une bande dessinée. Combien de lecteurs passionnés d'ouvrages scientifiques, mais totalement allergiques à toute littérature fantastique! C'est ce qu'observe, très simplement, dans un domaine particulier et en mettant le doigt sur un aspect fondamental de la lecture-compréhension, Samuel Delany : «Je suis tombé sur de plus en plus de gens qui ont vraiment essayé de lire de la Science Fiction et qui n'arrivent pas à y trouver le moindre sens... Quand on se mettait à lire phrase par phrase et qu'on travaillait avec eux comme avec un enfant qui apprend tout juste à lire, je m'apercevais que ce qu'ils n'arrivaient pas à faire, c'était mettre le monde debout. Ils étaient incapables de saisir les petites allusions, les insinuations voilées, les indices discrets auxquels tous les auteurs de S.F. ont recours pour construire un monde cohérent et qui font un univers»[3]. Pouvoir construire pas à pas une représentation discursive est, on l'a vu, une opération de base qui se combine avec les autres et exige une prise en compte plus ou moins poussée du monde de référence (R).

Savoir lire des textes historiques ou encyclopédiques ne rend pas obligatoirement apte à interpréter des énoncés fictionnels. Il en va de même avec la capacité de lecture des textes narratifs : cette dernière ne rend pas obligatoirement apte à lire des textes explicatifs ou argumentatifs; les difficultés de lecture d'une description et d'une séquence conversationnelle (dialogue romanesque ou théâtral) sont également assez grandes. Dans tous ces cas, il semble bien que le lecteur doive mettre en œuvre des stratégies adaptées, spécifiques, plus ou moins automatisées. Si l'apprentissage de la lecture se fait encore sur des textes peu diversifiés (narratifs et souvent d'une platitude et d'une mièvrerie extrêmes), c'est parce que l'on croit qu'une compétence de compréhension acquise dans une situation de lecture particulière est automatiquement transférable dans n'importe quelle autre situation. Ce qui revient à négliger presque totalement le développement d'une «maîtrise diversifiée de la lecture» (Bentolila 1981).

NOTES

[1] Je reprends ici mon analyse de la page 121 de *Pour lire le poème* (Adam 1984).
[2] Ce fut le but de la grammaire générative du texte dans les années 70 en Allemagne et aux Pays-Bas (van Dijk 1973a et 1973b, par exemple).
[3] *Univers 81*, collection «J'ai lu», 1981.

Chapitre 4
Analyses textuelles :
Deux exemples publicitaires

Afin de mettre à l'épreuve les principaux concepts présentés, j'ai choisi de proposer l'analyse textuelle de deux exemples publicitaires. Il est évident que je ne parle pas ici en spécialiste du discours publicitaire et que mon objectif n'est pas l'analyse de la publicité, mais celle de la textualité en langue naturelle. Ceci explique pourquoi je ne privilégie que la composante verbale. Le premier texte me permettra de mettre l'accent sur ce qu'est une structure argumentative élémentaire (simple passage des prémisses à la conclusion caractéristique du syllogisme) et le second sur ce que j'entends exactement par structure séquentielle descriptive. Ces deux exemples me fourniront l'occasion de revenir sur (presque) tous les points abordés dans cette première partie en insistant, cette fois, sur le lien entre les différents plans d'analyse.

4.1. COMPLETUDE ET INCOMPLETUDE DU TEXTE

> Le langage naturel, celui que nous parlons tous, n'est au service ni de la raison pure, ni de l'art; il ne vise ni un idéal logique, ni un idéal littéraire; sa fonction primordiale et constante n'est pas de construire des syllogismes, d'arrondir des périodes, de se plier aux lois de l'alexandrin. Il est simplement au service de la vie, non de la vie de quelques-uns, mais de tous, et dans toutes ses manifestations : sa fonction est biologique et sociale.
>
> (Bally (1925) 1965 : 14)

4.1.1. Deux cotextualisations d'une même proposition

On trouve généralement sur des pots de miel des formules comme «MIEL DE SAPIN», «MIEL D'ACCACIAS», plus souvent «MIEL DE TOUTES FLEURS», plus subtilement et métaphoriquement «LUNE DE MIEL», mais très rarement des énoncés plus longs. Je m'attarderai ici sur deux exemples intéressants en raison de leur longueur relative et surtout de leur actualisation d'une même proposition («TOUTES LES FLEURS SONT DANS LE MIEL») généralement condensée dans le plus classique «miel de toutes fleurs» déjà cité.

(82) Toutes les fleurs sont dans le miel, tous les miels sont dans les fleurs.
MIEL SUISSE.

(83) TOUTES LES VERTUS SONT DANS LES FLEURS
TOUTES LES FLEURS SONT DANS LE MIEL
LE MIEL
TRUBERT

Alors que (82) frappe par sa complétude (il semble, en effet, que rien ne doive ni ne puisse lui être ajouté), (83) paraît être, en revanche, incomplet et inachevé, fournissant un bel exemple d'enthymème (au sens de syllogisme incomplet).

La figure rhétorique du chiasme, renforcée par le parallélisme syntaxique des deux propositions, referme la présentation de (82) sur elle-même. La désignation du produit et de sa provenance (Miel suisse) semble accolée à un énoncé qui tend vers la tautologie ou, du moins, vers l'aphorisme. Alors que la première proposition «Toutes les fleurs sont dans le miel» prend l'allure d'un appel à la consommation d'un produit naturel, la seconde : «tous les miels sont dans les fleurs» apparaît comme un retour du produit vers son origine. La seule transformation sémantique réside dans l'interprétation référentielle des groupes nominaux : passage du singulier générique «LE miel», où le déterminant LE introduit une actualisation à valeur générique, au pluriel «miels», déterminé par le quantificateur universel TOUS LES, soit un renvoi à toute la classe sans que cette sorte d'aphorisme ne se stabilise sur un élément de la classe (un éventuel miel suisse en particulier).

Cet énoncé, centré sur la contiguïté sémantico-référentielle qui unit, «miel» et «fleurs» dans une même isotopie, apparaît comme très peu informatif. Je veux dire par là qu'il ne vise pas à modifier les savoirs de son lecteur-interprétant ni l'état de sa mémoire : il manipule une proposition admise sans viser la moindre conclusion, c'est-à-dire, en fait, sans orientation argumentative et, par là même, sans progression. Du TEXTE, (82) ne possède qu'un trait constitutif : celui de continuité-répétition. La cohésion l'emporte sur l'autre dimension de la textualité : la progression. On a vu plus haut que ces deux aspects de la textualité — cohésion et progression — sont à la fois contradictoires et également indispensables. Chaque texte instaure, en fait, une gestion spécifique de cette tension constitutive. Tout texte ayant été défini comme une séquence de propositions liées progressant vers une fin, l'absence d'une telle orientation dynamique produit, en (82), un effet d'aphorisme à la limite de la fermeture tautologique.

C'est ainsi que, pour ma part, j'expliquerai le fait que (82) apparaisse comme un système trop stable. Si l'on veut bien penser l'interprétation en termes de résolution de problème(s), comme nous l'avons vu plus haut, (82) apparaît comme un texte sans problèmes (ou texte transparent) et donc comme un système totalement stable. Dans cette perspective, on doit, bien sûr, se demander si un texte publicitaire peut se permettre de présenter des problèmes sérieux, s'il peut s'offrir le luxe d'une structure dans laquelle l'établissement d'une conclusion ou d'une inférence serait tout à fait incertain, s'il peut, enfin, prendre le risque de dépasser les capacités de traitement de son lecteur-interprétant ? Si l'on pose qu'il existe une tension entre texte trivial, d'une part, et texte présentant des problèmes sérieux, d'autre part, le discours publicitaire peut être considéré comme un bon exemple de textualité dans laquelle il s'agit toujours de garder un degré limité de non-prédictibilité et d'adapter les difficultés au public visé. Ces observations nous amènent, bien sûr, à nous demander si (82) ne sous-estime quand même pas les capacités de traitement du consommateur de miel suisse...

4.1.2. L'enchaînement des propositions dans le syllogisme : un texte quand même ?

Comparé à (82), avant d'entrer dans le détail de l'analyse linguistique, (83) semble autrement dynamique. La structure de ce texte est la suivante :

proposition 1 :   Toutes les A   sont dans les B
proposition 2 :   Toutes les B   sont dans le C
                      Le C
                      Trubert

A la différence de (82), ce texte introduit, de proposition en proposition, des éléments nouveaux et il appelle une proposition manquante, proposition en forme de conclusion, restituable sur la base de la structure d'un très classique syllogisme.

En postulant une complétude de (83), le syntagme nominal qui suit la proposition 2 pourrait être interprété grammaticalement comme un multi-remplissage de la même place syntaxique : «Toutes les fleurs sont dans le miel, le miel Trubert». Mais, dans ce cas, une partie de la dynamique serait perdue et ce serait oublier la force du moule de la structure du syllogisme sur l'interprétation d'un énoncé qui apparaît comme incomplet.

D'un point de vue référentiel, il faut souligner que la morphologie (quantificateur universel «toutes les» et déterminant générique : «le», «les», d'une part, usage du présent de vérité générale ou gnomique, d'autre part) instaure une lecture générique des deux énoncés. On a, selon la définition classique de la généricité, affaire à «un certain état de choses, général, habituel ou courant» (Kuroda 1973 : 88). Les deux premières propositions ont bien une valeur de prémisses que la généricité leur confère : un caractère non accidentel, non contingent, de «law-like» (Dahl 1985). Il est linguistiquement intéressant de relier la structure argumentative des prémisses et leur nature référentielle de phrases génériques : exprimant une relation indépendante des situations particulières, les propositions génériques «se traitent à un niveau supérieur, celui des types, et participent donc à une structuration conceptuelle du monde, à notre organisation de la réalité» (Kleiber 1989 : 241).

Il faut souligner que ce caractère générique de (83) correspond parfaitement à la définition aristotélicienne du syllogisme. Le syllogisme idéal ne saurait, en effet, porter sur le particulier et l'on peut même affirmer que la forme classique du type «Socrate est mortel...» n'est pas du tout conforme au modèle d'Aristote.

En appliquant successivement la *loi d'effacement* du moyen terme (B) et la *loi d'abaissement* des substantifs en position de sujet (A pour la prémisse majeure) et d'objet (C pour la prémisse mineure), nous pouvons restituer la proposition de conclusion avec sa structure de phrase aussi générique que les prémisses :

Toutes les vertus (A) sont dans le miel (C).

Ce texte paraît donc structuré par le syllogisme complet suivant :

Toutes les vertus sont dans les fleurs
(or) Toutes les fleurs sont dans le miel
(donc) Toutes les vertus sont dans le miel

En bonne logique et pour suivre la voie de la complétude de l'exemple (82), il faudrait que (83) soit ainsi libellé. Mais, précisément, ce qui est ici intéressant, c'est que le syllogisme est effacé et qu'un autre énoncé

(«Le miel Trubert») apparaît en lieu et place de la conclusion attendue. Le mouvement qui va de la généricité à une assertion conclusive portant sur un objet particulier du monde (le miel Trubert) et non plus sur la classe générique (miel) nous sort, en fait, du syllogisme.

Cette incomplétude ne doit pas être analysée comme un défaut de structure, mais comme une manifestation textuelle caractéristique des langues naturelles. Mon hypothèse est la suivante : (83) est un texte cohérent en lui-même, le déclarer incomplet reviendrait à porter un jugement de valeur qui serait surtout une grave erreur théorique et méthodologique. Cela reviendrait, en effet, à adopter comme norme la complétude de la déduction logique. Derrière cette hypothèse, il y a, bien sûr, une théorie du texte et de l'ellipse que l'analyse devra argumenter plus complètement. On verra que la restitution de la conclusion absente aboutirait, non seulement à une fermeture du texte sur lui-même, mais à la perte de son dynamisme sémantique et de sa pertinence pratique. L'application pure et simple du schéma du syllogisme ne donnerait qu'un texte redondant aux allures d'aussi mauvais rabâchage que (82) et interdirait d'introduire «le miel Trubert», objet visé par les assertions génériques.

Cette analyse nous permettra de formuler une hypothèse complémentaire de celles qui ont été développées plus haut : l'effacement et l'implicite, le travail sur et avec les inférences possibles, représentent, en fait, la règle des textes en langue naturelle. On peut même se demander si la complétude ne constitue pas une norme formaliste illusoire en ce domaine. Ceci a des conséquences sur l'interprétation : les propositions effacées peuvent jouer un rôle dans l'interprétation, mais ce qui devient pertinent — et qu'il va falloir expliquer — c'est l'opération d'effacement qui confère une importance encore plus grande au texte de «surface», à la matérialité de l'énoncé réalisé. Ce qui importe, c'est la façon dont le texte joue avec ce que l'interprétant peut reconstruire, le rapport entre l'implicite et la cohérence nouvelle que le texte manifeste à tous les niveaux de production de sens.

4.1.3. L'enthymème : un modèle de textualité?

Pour Aristote, les propositions de l'enthymème :

[...] sont peu nombreuses, souvent moins nombreuses que celles d'où se tire le syllogisme de la première figure; en effet, si l'une des prémisses est connue, il n'est même pas besoin de l'énoncer, l'auditeur la supplée; par exemple, pour conclure que Doriens a reçu une couronne comme prix de sa victoire, il suffit de dire : il a été vainqueur à

Olympie; inutile d'ajouter : à Olympie, le vainqueur reçoit une couronne; c'est un fait connu de tout le monde (*Rhétorique* I, 1357a).

Il ne faut ni prendre le raisonnement de loin ni passer par tous les échelons pour conclure; le premier procédé manque de clarté par suite de la longueur; l'autre est bavardage, parce qu'il énonce des choses évidentes (*Rhétorique* II 1395b 22).

Des exemples classiques d'enthymèmes sont faciles à trouver dans les ouvrages de référence et dans la publicité :

(84) Je pense, donc je suis.

(85) Socrate est mortel puisqu'il est homme.

(86) Il n'y a pas de bulles dans les fruits
Alors il n'y a pas de bulles dans Banga.

Ces énoncés constituent autant d'enthymèmes exemplaires. A propos du cogito cartésien (84), Littré souligne que le passage de l'antécédent au conséquent (argument et conclusion marqués par le connecteur DONC) se fait en sous-entendant l'une des deux prémisses, c'est-à-dire un des deux arguments constitutifs du syllogisme complet. Manque, bien sûr, ici la proposition qui permet de poser le lien entre la pensée et l'existence, prémisse mineure qui assure le passage de la première proposition à la conclusion.

En effaçant la prémisse majeure du plus célèbre de tous les syllogismes (85), O. Reboul souligne le fait qu'une telle ellipse «peut se justifier par des raisons d'économie : pourquoi dire ce qui va sans dire!» (1984 : 69), en l'occurrence pourquoi énoncer que «Tous les hommes sont mortels»? Ceci correspond au fait souligné par B. Dupriez dans le *Gradus* : «En pratique, même quand on veut argumenter, on ne développe jamais entièrement le syllogisme, de façon à éviter la lourdeur des répétitions. Une des prémisses (...) ou même la conclusion reste sous-entendue» (1984 : 374). Toutefois, comme il le rappelle un peu plus loin, à la suite d'Aristote, : «L'enthymème perd de son efficacité quand l'argument sous-entendu n'est pas immédiatement évident» (*id.*).

L'exemple (86) repose sur un schéma inférentiel argumentatif de type : [SI p, ALORS q]. Cet enchaînement n'est, en fait, acceptable que si l'on passe par une explication de type : «PARCE QUE/CAR il n'y a que des fruits dans Banga». Le passage de la prémisse majeure «Il n'y a pas de bulles (A) dans les fruits (B)» à la conclusion «Alors il n'y a pas de bulles (A) dans Banga (C)» est rendu possible par l'intermédiaire de la prémisse mineure effacée : «CAR il n'y a que des fruits (B) dans Banga (C)». Reste la question du pourquoi du choix de l'enthymème au détriment du syllogisme. Il me semble que l'explication de l'ellipse est double. On peut avancer un argument pragmatique : l'enthymème oblige l'interprétant-consommateur potentiel à suppléer lui-même l'ellipse en restituant la proposition (positive) la plus importante, celle qui constitue l'argument de vente de Banga en l'opposant aux autres boissons (gazeuses). On peut également avancer un argument juridique : énoncer la prémisse manquante reviendrait, en effet, à affirmer une proposition dont la vérité est loin d'être certaine; l'ellipse de la prémisse mineure rend ainsi le slogan juridiquement intouchable : cette publicité ne peut être dite mensongère. (86) constitue donc un exemple parfait d'enthymème certes elliptique, mais surtout seulement vraisemblable. Ceci me permet de rappeler, au passage, que la définition de l'enthymème comme syllogisme incomplet ne vient qu'après celle d'Aristote pour qui l'enthymème est, avant tout, un syllogisme aux prémisses seulement vraisemblables.

Face à l'enthymème, la définition aristotélicienne du syllogisme est connue :

> Le syllogisme est un raisonnement dans lequel, certaines prémisses étant posées, une proposition nouvelle en résulte nécessairement par le seul fait de ces données[1].

Cette définition permet de comprendre le caractère formel du syllogisme : rien, en dehors des prémisses et des termes mis en jeu par elles, n'est requis pour inférer la conclusion. Seule la relation qui lie des termes univoques, formalisables par des lettres A, B et C, suffit à produire une proposition de conclusion. Soit la formule logique classique : A = B, (OR) B = C où l'effacement du moyen terme (B) et l'application de la loi d'abaissement fournissent la conclusion du raisonnement formel : (DONC) A = C. Autrement dit, le prédicat de la majeure (B) étant le sujet de la mineure, la proposition qui forme la conclusion a pour sujet celui de la majeure (A) et pour prédicat celui de la mineure (C) : A est vrai de tout B, OR B est vrai de tout C, DONC A est vrai de tout C. Ce modèle du syllogisme de la première figure exclut, bien sûr, la conclusion : «Toutes les vertus sont dans le miel Trubert».

Par rapport à ce caractère formel de la logique du raisonnement syllogistique, on comprend qu'O. Reboul parle de l'enthymème comme d'un «syllogisme mou». L'argumentation rhétorique diffère de l'argumentation démonstrative propre aux sciences exactes en raison de sa nature de «quasi-logique», pour reprendre une expression de Perelman, ou de «logique molle», pour suivre O. Reboul.

Pour la rhétorique classique, l'enthymème n'est un syllogisme incomplet que dans la forme de l'énoncé. Dans l'esprit, demeure la proportion de l'idéal classique incarnée par le nombre 3. Le syllogisme est donc parfait «dans l'esprit». Comme le rappelle R. Barthes qui, à la suite de la tradition aristotélicienne, met l'accent sur un trait inhérent de la rhétorique publicitaire : «L'enthymème n'est pas un syllogisme tronqué par carence, dégradation, mais parce qu'il faut laisser à l'auditeur le plaisir de tout faire dans la construction de l'argument : c'est un peu le plaisir qu'il y a à compléter soi-même une grille donnée» (1970 : 203).

Abandonnant radicalement cet idéal de complétude de la déduction logique, je pose que (83) est un texte aussi «complet» que représentatif. La suppression de la conclusion «(donc) toutes les vertus sont dans le miel» confirme une caractéristique des pratiques discursives : l'effacement et l'implicite ne sont pas des déviances ou des manques, mais ils sont de règle dans les textes en langue naturelle qui se moquent des formes idéales et closes des logiciens. C'est aussi le point de vue d'A. Berrendonner : «Loin d'être la norme, la complétude est, dans le cas des raisonnements naturels, l'exception rarissime. Dans l'argumentation quotidienne, c'est l'enthymème qui est de règle» (1983 : 212).

4.1.4. Cohésion et progression : de la syntaxe au texte

Il serait peu productif de donner une description syntaxique de la textualité dans une modélisation de type générativiste. Un modèle purement phrastique mettrait l'accent sur la substitution des N (noms) en position de SN1 et de SN2 alors que, dans la perspective fonctionnelle de la phrase, ce n'est pas la substitution, mais la progression du texte (et de l'information) qui importe. Les deux premières propositions de (83), dont la généricité a été rapidement examinée plus haut, présentent une progression thématique et un dynamisme communicatif évident : la cohésion est assurée par la thématisation du rhème «les fleurs» apparu en fin de première phrase et la progression est liée à l'introduction, en position rhématique (fin de phrase), d'un élément nouveau : «le miel». Ce que l'on peut ainsi résumer :

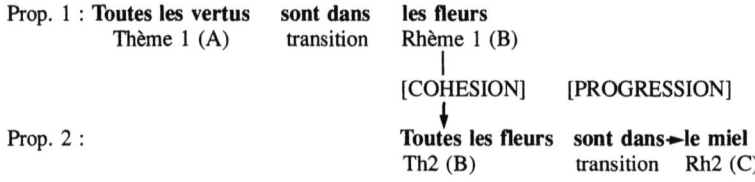

Le rétablissement de la conclusion du syllogisme ne ferait pas vraiment progresser l'information textuelle : la nouvelle proposition ne serait, en effet, qu'un agencement nouveau des termes mis en jeu dans les prémisses, conformément à la définition d'Aristote donnée plus haut, et elle exclurait l'introduction du nom propre. En substituant LE MIEL

TRUBERT à la conclusion attendue, ce texte conserve une structure progressive et dynamique qu'il nous faudra expliciter :

Conclusion P3 :

(toutes les vertus sont dans) → LE MIEL → TRUBERT
Th 1' (A)   transition   Rh 2' (C)   Rhème 3 propre

La présence du nom propre en fin de texte (rhème propre) vient modifier la référence du déterminant «le» de Rh2' et aboutit à une construction exemplaire : le texte progresse vers le nom propre comme fin de son processus de construction du sens. Au générique «le miel» de la conclusion d'un syllogisme, ce texte réel substitue un spécifique («le miel Trubert»). Le syllogisme est dépassé et effacé, le raisonnement logique emporté. Ce texte est informatif et «pertinent» dans la mesure où il véhicule plus d'information que son interprétant n'en possédait au terme de sa lecture des prémisses. L'énoncé final contient plus d'informations que la conclusion déductible et prédite à partir des prémisses.

Une question demeure : l'interprétant doit-il s'appuyer sur la structure argumentative de l'enthymème et nécessairement passer par le rétablissement de la conclusion implicite pour opérer ensuite le glissement du générique à l'actualisation particularisante ? En d'autres termes, ce texte est-il lisible sans le recouvrement de l'ellipse ? L'argumentation publicitaire emprunte-t-elle d'autres voies ?

4.1.5. De l'argumentation au «poème» : structure linguistique subliminale en publicité

C'est, selon moi, à ce niveau de la définition du type de séquentialité dont relève (83) que cet énoncé devient fort intéressant pour une réflexion linguistique et textuelle. En effet, ce texte comporte à la fois une structure séquentielle argumentative exemplaire (la structure minimale du syllogisme) et une structure d'un autre ordre qui déplace, précisément, le mouvement de lecture par l'enthymème. Cette structure qui vient s'appliquer sur la précédente pour la déplacer et instaurer un autre régime du sens peut être définie comme une structure «poétique». Elle peut, de plus, être considérée comme une structure «subliminale», pour reprendre une expression de Roman Jakobson qui, étudiant poèmes, devinettes populaires, proverbes, dictons et chansons populaires, arrive à cette conclusion :

> Le folklore nous fournit des exemples particulièrement éloquents de structures verbales lourdement chargées et hautement efficaces, en dépit de son indépendance habituelle de tout contrôle de la part du raisonnement abstrait (1973 : 284).

Rappelant cette formule célèbre de Saussure : «Que le critique d'une part, et que le versificateur d'autre part, le veuille ou non» (1973 : 280), Jakobson insiste sur le fait que la composition «implique un choix orienté du matériel verbal». Comme le souligne le linguiste, «qu'elle résulte de l'improvisation ou soit le fruit d'un long et pénible travail [...], la prise de conscience de la structure peut très bien surgir chez l'auteur après coup, ou ne jamais surgir du tout» (1973 : 281). Voyons rapidement si notre texte, qui n'a pas été choisi parmi des formes brèves du folklore mais dans le discours publicitaire contemporain, présente, lui aussi, «des figures phoniques et grammaticales serrées, étroitement unies à une méthode de structuration décidément subliminale» (1973 : 285).

L'attention aux seuls parallélismes superficiels engendrés par le principe d'équivalence suffira : les groupes grammaticaux (de deux syllabes) «toutes les» et «sont dans» sont repris en parallèles, «fleurs» et «le miel» aussi. Ce qui aboutit à un reste (également de deux syllabes) intéressant : /vertus/ + /Trubert/ qui réunit le thème initial (Th1) et le rhème propre final. Par delà la syntaxe, le parallélisme phonique produit une fusion des deux signes restants. En effet, si nous tenons compte des phonèmes virtuels[2], nous constatons de surprenants rapports paronomastiques :

    v ɛ R t y / / t R y b ɛ R

Les consonnes restantes /v/ et /b/ sont phonétiquement assez proches (labiales sonores toutes deux, labio-dentale fricative pour /v/ et bi-labiale occlusive pour /b/, c'est-à-dire distinguées par un seul trait) pour que l'on considère le nom propre «Trubert» comme le paragramme (sinon l'anagramme[3]) phonique de «VERTUS».

On a bien affaire ici à un type spécifique de segmentation textuelle : la segmentation «poétique» dont il a été rapidement question plus haut. L'ellipse de l'enthymème est la condition même de la réalisation de cette structure «poétique». Le rétablissement des éléments effacés rendrait impossible l'établissement des couplages et donc le mode singulier de «compréhension» subliminale de ce texte. Je suis tenté de transposer ici les remarques de Roman Jakobson à propos des traditions orales et de la poésie : «La capacité à saisir immédiatement et spontanément les effets sans dégager rationnellement les processus par lesquels ils sont produits n'est pas confinée à la tradition orale et à ceux qui la transmettent» (1973 : 292).

Il faut insister, à la faveur de l'analyse d'un tel exemple, sur ce que j'ai dit plus haut de la séquentialité. On peut dire qu'ici la séquentialité argumentative de l'enthymème est travaillée par ce que j'appelle — par fidélité aux propositions de Roman Jakobson sur la «fonction poétique (autotélique)» — une mise en mots de type «poétique». La segmentation «poétique» vient ici dérégler la séquentialité argumentative pour instaurer un autre régime de production du sens. Le régime des types de séquences est fondamentalement hiérarchique, sémantique avant tout. Avec la mise en mots «poétique», la syntaxe est souvent débordée par le jeu des phonèmes, paronomases, rythmes syllabiques; la période et la segmentation deviennent prioritaires. L'exemple (86) subit un traitement analogue : le parallélisme issu de la segmentation établit un rapport simple, en fin de ligne-«vers», entre «les fruits» et «(Alors) Banga».

Pour éviter qu'on ne me reproche d'identifier bien hâtivement (83) à un poème, je dois insister sur le fait qu'identifier une même forme de mise en texte ne débouche pas sur l'affirmation d'une identité totale de ces formes discursives. La différence entre slogans (politiques comme publicitaires), maximes, proverbes et dictons, poèmes, graffitis, titres de films ou de livres ne peut pas être localisée dans la mise en mots, mais dans la dimension que j'ai proposé d'appeler pragmatique-configurationnelle, c'est-à-dire au niveau des rapports du texte à ses interprétants. Examinons à présent les trois composantes de cette dernière dimension de la textualité : macro-structure sémantique, ancrage énonciatif et orientation argumentative.

4.1.6. De la macro-structure sémantique à l'orientation argumentative

A la première analyse, essentiellement séquentielle, il convient d'ajouter une prise en compte de la dimension sémantique non plus locale, mais globale du texte.

D'un point de vue textuel, les divers points étudiés confirment le fait que tous les plans de production de sens concourent à résoudre un problème majeur en publicité : le manque de sens connotatif du nom propre. La dynamique communicative qui, on l'a vu, oriente tout le texte vers le rhème propre «Trubert», de même que les parallélismes et paronomases qui rapprochent «vertus» et «Trubert», produisent co(n)textuellement le sens du nom propre.

Pour les sémanticiens, un nom propre dénote sans connoter[4]. Ce que Benveniste formule en ces termes : tout nom propre est une «marque conventionnelle d'identification sociale telle qu'elle puisse désigner constamment et de manière unique, un individu unique» (1974 : 200). Ces remarques ne touchent que l'aspect légal de la propriété de la marque du produit publicitaire, elles manquent la rhétorique pratique du discours, or, c'est précisément à ce niveau qu'intervient le processus de sémantisation par le (co)texte.

L'exemple (83) doit être considéré dans le cadre d'un espace de régularité pertinent : celui de l'interdiscours publicitaire. Dans ce cadre, la macro-structure est établie par application d'un mécanisme interprétatif fondé sur un schéma sémiologique constant. N. Everaert-Desmedt approche ce processus en ces termes : «la publicité ne nous demande pas d'admettre ou de réfuter des arguments, elle nous propose seulement de jouer le jeu... Un jeu de société très simple : il suffit de deviner à quoi va s'appliquer le *processus de positivation*, lequel est toujours le même, sous des variations de surface» (1984 : 139). Le mécanisme de construction de la macro-structure sémantique est le suivant : repérer un produit (objet-argument du discours) et une ou deux caractérisations valorisantes (prédicat(s) attribué(s) à l'argument-thème). Le processus de construction de cette prédication est extrêmement simple et toujours global. L'identification du produit est généralement facilitée par le nom propre de la marque (ici le miel Trubert) et par le caractère euphorique des propriétés à repérer dans l'énoncé (affiche, page de magazine, spot de la radio ou de la télévision). Soit l'établissement d'un rapport de qualification positive, d'une immuable structure prédicative qui permet de réduire l'information sémantique. Dans notre exemple, le fait que «Le miel Trubert» soit typographiquement donné en gros caractères rouges assure le repérage immédiat de l'objet du discours. Le reste du texte (en plus petits caractères noirs) assure l'apport d'au moins une propriété valorisante, renforcée par le quantificateur universel : «toutes les vertus».

Dans notre exemple, tous les niveaux textuels contribuent conjointement à l'établissement de la macro-structure. La fusion paragrammatique n'est que l'aboutissement subliminal du processus identifié dans la progression thématique.

Si nous considérons rapidement les autres aspects de la dimension que nous avons appelée configurationnelle, on peut dire qu'énonciativement, ce texte est ancré dans une généricité, une sorte d'absolu intemporel. L'absence de prise en charge énonciative garantit la validité absolue de ce qui est prédiqué. Ce texte peut être rapproché des dictons, proverbes et autres maximes non seulement en raison de sa structure séquentielle «poétique», mais également en raison de la nature gnomique de son fonctionnement référentiel.

La valeur descriptive de la (macro) proposition «Toutes les vertus sont dans le miel Trubert» amène l'interprétant, à partir du contexte discursif publicitaire, à calculer les raisons présumées de la prédication. Faire croire à l'excellence du produit (énoncé explicitement constatif-descriptif) a pour but de faire acheter (énoncé implicitement directif) le pot de miel en question. Sur ce point, nous sommes assurément fort loin de la «poésie» proprement dite et le processus de positivation dont nous avons parlé est bien fonctionnel.

Pour conclure, je dirai que la description de la rhétorique pratique d'un texte n'est accessible qu'en prenant en considération les différents plans d'organisation et les dimensions de la textualité. Le fonctionnement de (83) n'est accessible qu'à partir d'inférences textuelles de différents niveaux que la pragmatique textuelle permet de décrire[5].

4.2. STRUCTURE SEQUENTIELLE DESCRIPTIVE ET ORIENTATION ARGUMENTATIVE

(84) [§ 1] IL ETAIT UNE FOIS...
... un charmant petit pays.
[§ 2] Avec beaucoup de châteaux. Des collines verdoyantes, des forêts millénaires, des ruisseaux enchanteurs. Avec des habitants accueillants, joyeux et gourmets.
[§ 3] Ils sont là, au cœur de l'Europe; si près de chez vous. Car le plus beau de l'histoire, ce pays existe vraiment!

LE GRAND DUCHE DE LUXEMBOURG

OFFICE NATIONAL DU TOURISME LUXEMBOURGEOIS
B.P. 1001 L 1010 LUXEMBOURG
En complément d'une documentation générale, je désire recevoir des informations sur : *hôtels* *camping* *appartements*
Nom : .... Adresse : ....

Ce texte publicitaire — dont l'importante part iconique est constituée par une métonymie du pouvoir : la représentation d'une chaise ducale — comporte trois paragraphes et une suite de phrases typographiquement marquées. Le premier d'une seule phrase (P1), le second de trois phrases (P2, P3, P4) et le dernier de deux phrases (P5 et P6). Je tiendrai compte ensuite du reste du texte, mais j'insiste tout d'abord sur le mouvement dynamique de la construction progressive de la représentation discursive.

4.2.1. Le premier paragraphe, en dépit des points de suspension et de l'alinéa qui le scinde en deux, ancre énonciativement, référentiellement et séquentiellement le discours :

- ENONCIATIVEMENT, le «Il était une fois...» des contes met en place un repérage «non-actuel» des événements (l'«histoire» de Benveniste) : les événements à venir devront être repérés — à partir du point origine fictif — les uns par rapport aux autres et non en référence à l'ici-maintenant de l'énonciation.

- REFERENTIELLEMENT, «Il était une fois...» est un opérateur de construction de monde. Il agit comme un marqueur de fictionalité qui suspend les conditions habituelles de validité des propositions et ouvre un espace sémantique M.

- SEQUENTIELLEMENT, «Il était une fois...» signale, à la fois, une suite narrative et un genre : le conte.

Ces diverses instructions, fournies par un seul marqueur, agissent comme autant d'opérateurs de contrôle de l'interprétation du texte à venir. Dans cette dynamique textuelle, les premières instructions, en gros caractères, apparaissent comme des déclencheurs de procédures sur la base desquelles une représentation pourra être progressivement construite. Le seul opérateur de la première ligne fournit des instructions locales d'orientation sémantico-référentielle, énonciative et séquentielle (ceci est un récit) à partir desquelles des anticipations concernant la cohérence globale du texte deviennent possibles. De façon plus générale, les instructions initiales aident le lecteur à prédire l'orientation des séquences ultérieures et, dès lors, elles en facilitent tout simplement le traitement. Par exemple, elles permettent ici de calculer qu'ayant affaire au début d'un conte, il va être question des circonstances (temps et lieu) et des acteurs du récit (avec leurs qualifications propres). Le lecteur prévoit que la séquence répondra aux questions initiales classiques (qui?, où?, quand? et quoi?), qu'elle sera avant tout descriptive, posant les éléments de base pour le récit à venir.

4.2.2. Le second paragraphe est constitué de propositions descriptives qui énumèrent, après ses propriétés («charmant» et «petit»), les composantes du pays. Sa structure parataxique met le lecteur dans l'obligation de lier cette suite de phrases nominales sur d'autres bases que les rapports syntaxiques habituels. Une structure périodique (rythmique) apparaît d'entrée :

(1) AVEC beaucoup de *châteaux*. P2
(2) (1) Des *collines* verdoyantes,
    (2) des *forêts* millénaires, P3
    (3) des *ruisseaux* enchanteurs.
(3) AVEC des *habitants* (1) accueillants,
                          (2) joyeux et P4
                          (3) gourmets.

Deux choses doivent être soulignées : d'une part le fait que nous avons affaire ici à 7 propositions descriptives élémentaires. Divers objets (soulignés) sont successivement sélectionnés et leurs propriétés énumérées. Cette structure séquentielle descriptive est ordonnée en surface par une structure périodique : les 3 phrases, qui correspondent chacune à une catégorie (monde objectal-construit, nature et monde humain), fixent une mesure ternaire initiale, P2 comporte 3 propositions descriptives et enfin, P3 développe 3 propriétés des «habitants». A ceci il faut ajouter le caractère, chaque fois, totalement stéréotypé des propriétés choisies, facteur de lisibilité de la représentation publicitaire.

La structure séquentielle descriptive peut, quant à elle, être résumée de la façon suivante[6] :

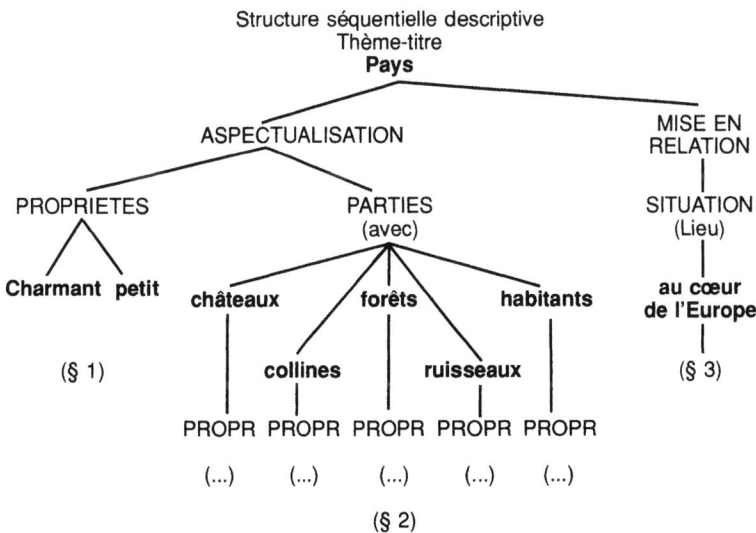

4.2.3. Avec la phrase suivante (P5) et le troisième paragraphe, on assiste à une étonnante rupture des ancrages initiaux. Par une ellipse du récit attendu[7], nous passons sans transition du début d'un conte à ce qui pourrait être sa morale :

a) Rupture de l'ancrage énonciatif d'abord : même si «là» est un adverbe anaphorique et si «ils» réfère à ce qui précède sans préciser toutefois s'il s'agit des habitants seulement ou de l'ensemble des éléments nominaux du second paragraphe, le présent (il ne s'agit pas d'un présent de narration) et la deuxième personne du pluriel introduisent une irruption du «discours», c'est-à-dire de l'ancrage actuel dans l'espace de «réalité» (R) du locuteur et du lecteur[8].

b) Double rupture référentielle ensuite, malgré l'anaphore pronominale vague déjà signalée («ils») :

– Rupture temporelle et sémantique : les événements ne sont plus repérés dans le temps du conte, les uns par rapport aux autres, mais dans le présent de l'ici-maintenant de l'énonciation, par rapport au VOUS du lecteur, soit une série de changements non négligeables puisqu'ils touchent les conditions de validité des propositions dans l'espace R.

– Rupture spatiale : il ne s'agit plus, à présent, du monde du conte, mais du monde qui fait partie de l'espace R du locuteur, monde («l'Europe») repéré par rapport au lecteur («près de chez vous»).

La dernière phrase (P6) comporte une anaphore : «CE pays» renvoie à «UN pays», mais cette marque de cohésion textuelle est emportée par la forte progression : la rupture de la logique initiale de la représentation, avec ses conditions spécifiques de validité des propositions assertées. Deux représentations s'affrontent : celle de l'espace fictif du «il était une fois» et celle de l'espace actuel du «Existe vraiment!». Soulignons la double modalisation de cette dernière assertion : modalisation par l'adverbe et par l'exclamatif.

Enfin, le commentaire métadiscursif : «le plus beau de l'histoire» (qui n'a pas été racontée) reconnaît bien la catégorie textuelle initialement introduite et finalement avortée.

Dans l'analyse du dernier paragraphe, il faut insister sur le rôle du connecteur CAR chargé de lier P5 (proposition p) et P6 (proposition q). La présence de CAR s'explique par le fait que l'énonciation de la proposition p (P5) est rendue incongrue en l'absence du récit attendu (du noyau narratif du conte). La proposition q vient justifier cette énonciation. P6 se divise, en fait, en une proposition évaluative («le plus beau de l'histoire») et une proposition argumentative (q) : «ce pays existe vraiment!». Cet argument q est présenté en faveur de l'assertion de p.

En effet, les conditions de validité posées en q rendent possible l'ancrage discursif de p : «Ce qu'exige CAR, c'est que le locuteur s'investisse dans l'assertion q, c'est-à-dire qu'il l'accomplisse (ou la ré-accomplisse) dans le mouvement même de sa parole» (Ducrot 1983 : 179)[9]. En d'autres termes, cette assertion permet de légitimer, en toute fin de texte, une rupture difficilement acceptable en raison de l'ellipse du conte (la structure narrative est effectivement réduite à l'orientation-Pn1, constituée par les deux premiers paragraphes, et à la Morale-évaluation finale présente dans le paragraphe 3).

4.2.4. Venons-en au dernier mouvement de ce texte publicitaire, à savoir le glissement d'«un pays» à «ce pays», puis «Le Grand Duché de Luxembourg». En passant de la fiction (M) à la réalité (R), il faut bien voir que le «pays» garde ses parties et ses propriétés initiales euphoriques. Mais à celles-ci s'ajoute la fiction qui devient une nouvelle propriété : Le Grand Duché de Luxembourg, c'est une fiction devenue réalité et si le conte amorcé a été interrompu, c'est parce que la réalité est ce conte. L'espace R est l'espace M. C'est dans R, en quelque sorte, que le lecteur est invité à prolonger M.

La description initiale du «charmant petit pays» devient, par affectation d'un nouveau Thème-titre (nom propre), celle du Grand Duché. Le schéma de la structure séquentielle de la description du «charmant petit pays» devient donc celle du Grand Duché de Luxembourg, nom propre à placer en position de Thème-titre, en haut de la structure.

La dernière phrase (P6) établit à la fois l'orientation argumentative et la macro-structure sémantique du texte en insistant sur le processus de positivation : le fait qu'un tel pays existe vraiment ne peut être interprété que comme une recommandation à aller le visiter. Ceci est, bien sûr, confirmé par le coupon réponse situé en bas, à droite, du document et l'indication du producteur du message.

Le schéma de synthèse de la page suivante tente de présenter les divers aspects de la significance complexe du texte étudié en soulignant les divers modules dont il a été question. Cet exemple permet de mieux comprendre, en cette fin de première partie, ce que recouvraient les notions théoriques situées dans la partie inférieure du schéma 1 de la page 21. A la lumière de cette analyse textuelle, on cerne peut-être mieux aussi la complémentarité des divers modules définis tout au long des précédents chapitres.

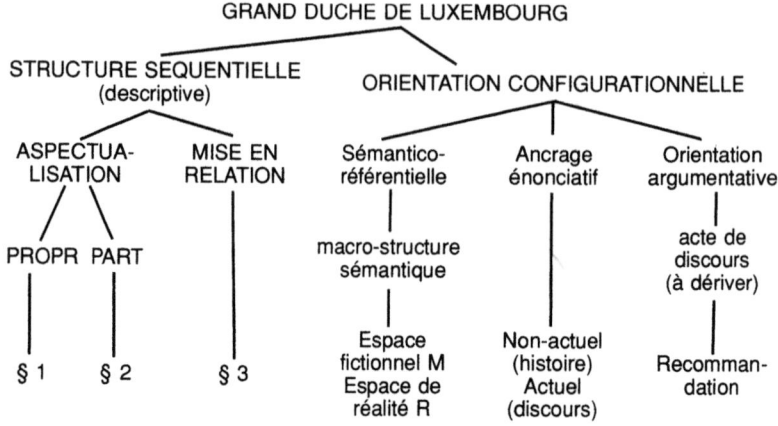

On voit que le texte n'est pas une structure statique, mais qu'il porte traces d'une orientation configurationnelle qui impose de soumettre la séquence descriptive à un ajustement global déterminé, en dernière instance, par l'interaction. Celle-ci est marquée de façon privilégiée dans l'acte de discours à dériver. Ajoutons que, dans le cadre d'une logique de l'action, c'est bien le texte global qui fait sens. Ce document présente l'intérêt de lier TEXTE et ACTION, l'action ici demandée (coupon à découper et à envoyer, donc envisager de se rendre dans le Grand Duché) implique une indication sur la façon dont le texte doit être compris-interprété et ceci sans la moindre ambiguïté[10].

NOTES

[1] *Premiers analytiques* 24b, 18-22 et *Topiques* Livre I, 100a25-100b26.
[2] Au sens où cet énoncé n'est pas destiné à l'oralisation, mais comporte des traces graphiques qui correspondent à des phonèmes de l'oral.
[3] On peut parler — sur le modèle AIMER/MARIE — d'anagramme dans le cas de cette publicité Nikon : «La magie de l'image».
[4] En dépit de tout ce qu'un médiéviste saurait du personnage du fabliau scatologique et pornographique composé dans la seconde moitié du XIIIe siècle par Douin de Lavesne et dont je doute que les publicistes souhaitent l'actualisation... Le cotexte verbal ne favorise pas du tout ce rapport intertextuel, de toute façon.
[5] J'ai remanié et assez largement développé ici un article publié dans le volume d'hommage à Jean-Blaise Grise : *Pensée naturelle. Logique et langage* (Genève, Droz, 1987 : 231-241).
[6] Pour le détail de cette hiérarchie séquentielle, voir Adam 1987 et Adam et Petitjean 1989. Voir aussi, ici même, le chapitre 1 (1.1.) de la deuxième partie.
[7] Le récit manque ici comme la chaise ducale reste vide : place destinée au lecteur lui-même, bien sûr.
[8] Rappelons que Benveniste définit ainsi ce type d'énonciation de discours : «Toute énonciation supposant un locuteur et un auditeur, et chez le premier l'intention d'influencer l'autre en quelque manière» (1966 : 242).
[9] Soulignons que l'étymologie confirme cette description sémantique du connecteur CAR : on peut parler, avec O. Ducrot, d'un ablatif du pronom interrogatif : *qua re* = «à cause de quelle chose?» : «A l'origine de p CAR q, on aurait ainsi une sorte de dialogue cristallisé en monologue. L'emploi de CAR aurait donc à sa base un procédé rhétorique courant qui consiste à faire comme si quelqu'un vous posait les questions auxquelles on a envie de répondre». (1983, p. 177).
[10] J'ai repris ici, avec quelques légères modifications et précisions, les pages 215-220 de mon article : «Pour une pragmatique linguistique et textuelle», publié dans *L'interprétation des textes* (C. Reichler éd., Paris, Minuit, 1989).

DEUXIEME PARTIE

ESSAIS DE PRAGMATIQUE TEXTUELLE : ORGANISATEURS
(énumératifs et reformulatifs)
ET CONNECTEURS (mais et certes)

Cette deuxième partie consiste en une série d'études qui portent toutes sur la question de **l'articulation textuelle des propositions**. Elle a pour but de revenir très concrètement sur les phénomènes de **parenthésages**, de **prise en charge** et d'**orientation argumentative** abordés dans la première partie. Le premier chapitre porte sur des organisateurs textuels : les marqueurs d'énumération et de reformulation; cette étude, centrée sur un corpus descriptif, inscrit volontairement la réflexion linguistique sur ces morphèmes dans un cadre séquentiel bien défini. Le second chapitre a pour objet les connecteurs MAIS et CERTES. Le troisième et dernier chapitre est composé de deux analyses textuelles : un poème de Queneau structuré par les deux connecteurs étudiés précédemment et les parenthésages du début d'une chanson d'Eddy Mitchell qui permettra, pour finir, d'examiner d'autres connecteurs (UN PEU, PUISQUE, QUAND MEME) et de revenir sur la question de la négation.

Considérant, avec J.-P. Desclés et Z. Guentchéva, que toute linguistique textuelle «doit nécessairement s'appuyer sur une analyse détaillée des formes et des valeurs des marqueurs grammaticaux» (1987 : 112), j'ai opté pour l'analyse d'un corpus assez vaste et assez représentatif dans le cas aussi bien de CERTES et de MAIS que des organisateurs énumératifs et reformulatifs. Le passage des parenthésages à la séquence puis au texte doit être entrepris dans des conditions aussi contrôlées que possible pour ne pas prendre des contraintes «grammaticales» pour des phénomènes textuels.

Les analyses actuelles des connecteurs s'inscrivent généralement dans le cadre d'une linguistique locale, c'est-à-dire d'une syntaxe, d'une sémantique et/ou d'une pragmatique des micro-enchaînements linguistiques. Or, dans la perspective d'une pragmatique textuelle, j'ai postulé qu'à l'autonomie relative de la langue comme système, il faut ajouter une surdétermination globale, liée certes à la mise en discours, mais aussi à la mise en texte et même à la mise en séquences textuelles de types différents. Un connecteur comme ALORS, par exemple, n'a ni la même fonction ni la même valeur dans une séquence narrative et dans une séquence argumentative. Ainsi, dans le poème en prose de Baudelaire déjà cité plus haut (exemple (61) page 71), les connecteurs ET, MAIS et ALORS soulignent, on l'a vu, avec la ponctuation (l'alinéa de paragraphe), le passage d'une macro-proposition narrative à une autre. En revanche, dans les premières lignes du texte publicitaire suivant, les mêmes connecteurs introduisent cette fois des propositions argumentatives :

(1) Les hommes aiment les femmes qui ont les mains douces.
Vous le savez.
MAIS vous savez aussi que vous faites la vaisselle.
ALORS ne renoncez pas pour autant à votre charme, utilisez MIR ROSE.[...]

Comme le marquent la négation et le connecteur POUR AUTANT, ALORS prend appui sur la conclusion implicite amenée par l'argument qui suit MAIS : le fait de faire la vaisselle entraînant inéluctablement la perte du charme et de toute possibilité de séduction. Ces deux exemples, déjà analysés ailleurs (Adam 1981 et 1985), prouvent simplement qu'il est difficile d'ignorer à quel type de séquence textuelle on a affaire.

Chapitre 1
Aspects de la structuration du texte descriptif : les marqueurs d'énumération et de reformulation[1]

> L'art de la prose consisterait pour mon goût (d'écrivain, je ne dis pas de lecteur) dans la recherche d'un mode de succession des phrases — qui fût sensiblement *non arbitraire*. (La description étant tout le contraire.) L'idée que n[ou]s avons du langage est des plus grossières.
>
> Valéry (*Cahiers*, t. 1, Pléiade, p. 304).

1.1. UN CADRE TEXTUEL : LA SEQUENCE DESCRIPTIVE

La présence d'une séquence descriptive est spontanément discriminée par les lecteurs au sein d'un ensemble d'un autre type. L'exemple classique du lecteur de roman sautant allègrement les paragraphes descriptifs pour retrouver le fil du récit prouve qu'une compétence textuelle spécifique existe bien. Pour expliciter cette discrimination spontanée et aborder linguistiquement la textualité, la description est assurément un exemple intéressant. En effet, décrire, c'est passer de la simultanéité de l'objet envisagé à la linéarité du discours. Or, la description possède une structure hiérarchique non linéaire, en conflit, de ce fait, d'autant plus net avec les contraintes de la linéarité linguistique.

La linéarisation la plus simple du descriptif consiste à énumérer les parties et/ou les propriétés d'un tout sous la forme d'une simple liste, ce qui constitue une sorte de degré zéro de la description :

(2) Elle centre. Elle aligne.
  Elle justifie

Elle paragraphe.
Elle tabule.
Elle mémorise.
Elle supprime.
Elle corrige.
Elle déplace.
Elle gère. Elle traite.
Elle affiche.
Elle enregistre.
Elle archive.
Elle tableaute. Et tout
ça sur grand écran.
Ciao la dactylo !

Olivetti
Les plaisirs de la télécriture

(3) CHAISE-LONGUE, LIMONADE ET SABLE CHAUD

Douceur de l'air. Brise fruitée, presque sucrée. Ciel trop bleu, soleil trop chaud. Volupté de la paresse, pour une fois autorisée. Parfum de vraies vacances, comme au temps des cartables et des tartines au chocolat. [...] Un ventilateur qui ronronne, une grande chemise de coton blanc, un fauteuil en rotin-qui-craque, des livres épais, des pêches trop mûres... l'été est enfin de retour, précieux, éphémère, à savourer comme un dessert !

(L. Ribeiro, magazine Radio TV *Je vois tout*)

(4) Et comme Xerox se tait, Rank fait alors une fastidieuse énumération du mobilier de cet appartement. Une façon comme une autre de meubler le silence :
— Un fauteuil Chippendale, des lampes champignon Gallé en pâte de verre, un canapé Art-Déco, une bergère Louis XV héritée de sa mère ; une chaise Knoll ; une chaise-sac Pierro Gatti «goutte d'huile» en cuir et polyuréthane ; un pouf marocain ; un paravent vietnamien ; des ombrelles en papier imprimées «Pattaya Beach» ; une reproduction du Jardin des Délices de Jérôme Bosch ; deux affiches Mucha ; une plaque émaillée Banania ; [...] le poster de Marilyn retenant sa jupe au-dessus de la bouche de métro ; une seringue clystère étain et bois trouvée aux puces de Clignancourt ; une crémaillère cévenole ; une chaise longue de Starck ; une bibliothèque chinoise en bambou de chez Pier Import où l'on pouvait trouver entre autres *Fragments d'un discours amoureux* de Barthes, les *Mémoires d'une jeune fille rangée, Quand la Chine s'éveillera...* Enfin Esther avait fait de notre studette un vrai petit nid d'amour modeste mais cosy ! Cossu même.

(M. Sportès, *Le Souverain Poncif*, Balland).

Entre ces énumérations pures — sous forme de listes dont les termes suivent un ordre presque aléatoire — et une description structurée apparaissent des procédures de mise en séquence et donc de hiérarchisation. C'est dire que la question de la connexion des suites de propositions descriptives se pose d'entrée et que la présence d'organisateurs chargés de structurer l'énumération n'est pas surprenante. Si ces types d'organisateurs manquent totalement en (2), (3) et (4), ils abondent en revanche

— de façon presque caricaturale — dans cet extrait d'une brochure de l'office du tourisme de la région de Namur, cité par D. Coltier et G. Turco (1988) :

(5) La province de Namur c'est...
C'est D'ABORD... 6 régions...
C'est ENSUITE... ses villes d'art...
C'est AUSSI... à chaque virage un nouveau paysage...
C'est SURTOUT... la Meuse, ses affluents et ses plans d'eau.
C'est ENCORE... son hébergement, sa gastronomie.
C'est ESSENTIELLEMENT... son tourisme en famille.
C'est EGALEMENT... son folklore, son artisanat.
C'est SANS CONTESTE... son patrimoine culturel.
C'est INDENIABLEMENT... ses curiosités touristiques.
C'est EN PLUS... à chaque saison ses plaisirs!
C'est ENFIN... les centres provinciaux à vocation touristique.

Ils structurent aussi bien cette description de la composition du «Big Mac» :

(6) Big Mac

TOUT D'ABORD, deux couches de pure viande de bœuf tendre et juteuses. PUIS de la salade toute fraîche et croquante ET un voile de savoureux fromages, des cornichons et des oignons. LE TOUT couronné de notre sauce maison faite d'œufs fermiers, d'huile végétale et de toutes sortes d'épices fines.

que ce poème d'*Alcools* d'Apollinaire dont je ne cite entièrement que les strophes liminaires :

(7) LES SEPT EPEES

LA PREMIERE est toute d'argent
Et son nom tremblant c'est Pâline
Sa lame un ciel d'hiver neigeant
Son destin sanglant gibeline
Vulcain mourut en la forgeant

LA SECONDE nommée Noubosse
Est un bel arc-en-ciel joyeux [...]

LA TROISIEME bleu féminin [...]

LA QUATRIEME Malourène [...]

LA CINQUIEME Sainte-Fabeau [...]

LA SIXIEME métal de gloire [...]

ET LA SEPTIEME s'exténue
Une femme une rose morte
Merci que le dernier venu
Sur mon amour ferme la porte
Je ne vous ai jamais connue

La première partie de l'analyse portera sur ces organisateurs responsables de la mise en évidence de la progression du texte descriptif et de la hiérarchisation d'une séquence qui serait autrement platement linéaire et non ordonnée. Si l'on sent bien, en (2), (3) et (4), qu'il serait tout à fait possible d'articuler et d'enchaîner autrement la suite des éléments de ces descriptions, un semblant d'ordre est créé en (5), (6) et (7) et une importance hiérarchique suggérée : en (6) par le mime d'un ordre de composition, en (7) par un très simple ordre numérique. On a vu également, au chapitre 2 (2.3.) de la première partie, avec l'exemple (62), comment la ponctuation — les paragraphes en l'occurrence — pouvait introduire un ordre des éléments sans recourir aux organisateurs.

La première caractéristique de la description, à savoir la présence de ce que je propose ailleurs d'appeler un thème-titre et qui domine hiérarchiquement la séquence, apparaît aussi bien en (3) qu'en (4), (5) ou (6). Tant que l'objet de la description («l'été») n'est pas nommé, le texte (3) reste assez énigmatique, ce qui ne se produit pas du tout en (4), en (5) et en (6) où l'objet de la description est posé d'entrée de jeu. Donné dès le début — en (4), (5) et (6) — ou seulement à la fin — en (3) —, le thème-titre garantit l'unité sémantico-référentielle de la séquence, mais il peut aussi, comme les autres unités du texte, être soumis à une ou à plusieurs reformulations. La deuxième partie de ce chapitre sera consacrée aux marqueurs de cette opération de reformulation qui permet de structurer la séquence descriptive en la hiérarchisant et en regroupant les propositions par récapitulation, définition voire redéfinition.

Pour comprendre le rôle important des marques d'énumération et de reformulation, il convient de rappeler d'abord comment je définis, pour ma part, une séquence descriptive. En renvoyant, pour plus de détails, à Adam 1987 et surtout à la deuxième partie de Adam et Petitjean 1989, examinons rapidement ce passage de *La chasse à l'ours* de Lucien Bodard (fragment de l'exemple (44) donné plus haut page 60) qui contraste avec tous les exemples précédents :

(8) [...] [P1] Le boy chinois : quand j'y repense! [P2] Quelle n'avait pas été notre surprise à Anne Marie et moi lorsque nous avions été le chercher à la gare! [P3] Tout guindé en gentlemen, jaune dans les attifements du blanc, avec son costume bleu rayé, son nœud papillon et ses chaussures en daim, on aurait dit un défileur de carnaval. [P4] Pourtant, grand et mince, visage sculpté dans le bois dur des jungles, des yeux de tigre et de hautes pommettes, c'était un véritable Seigneur de la guerre. [P5] En le voyant, j'avais été tout excité, le cœur comme un tambour : avoir l'un de ces hommes redoutables pour serviteur à la fois m'attirait et me terrifiait.

(Grasset, page 39)

Le thème-titre est posé d'entrée («le boy chinois»), mais il donne lieu à deux phrases descriptives successives (P3 et P4), argumentativement connectées par POURTANT. Chacune de ces deux phrases s'achevant par une reformulation exemplaire du thème-titre, le boy chinois est successivement décrit comme un «défileur de carnaval» puis comme un «Seigneur de la guerre». Le connecteur POURTANT, qui articule entre elles ces deux reformulations, introduit, de plus, un mouvement argumentatif en signalant que le texte va dans le sens de la seconde reformulation plutôt que (ou en dépit) de la première. Cette orientation argumentative rend possible la dernière phrase (P5) : «un de ces hommes redoutables» qui ne peut coréférer qu'avec la seconde reformulation. La fonction textuelle du connecteur est ici évidente : il signale un plan de texte en articulant les deux parties d'un portrait en parallèle. Je reviendrai, en fin de chapitre, sur sa fonction énonciative et argumentative.

Comme on l'a vu plus haut, il est inutile de partir de l'«unité» phrase pour analyser la textualité de (8). Les phrases P3 et P4 sont essentiellement des unités typographiques qui correspondent à deux séquences descriptives complètes, construites en parallèle et articulées argumentativement par le connecteur POURTANT. Pour cerner la structure textuelle de chacune de ces deux phrases-séquences, il est utile de partir des unités d'analyse textuelle dont nous avons déjà parlé : la macro-proposition descriptive, unité constituante de la séquence et unité constituée elle-même de micro-propositions descriptives. Tandis que les macro-propositions descriptives sont directement reliées au thème-titre, les micro-propositions descriptives résultent toujours d'une thématisation et elles sont, de ce fait, situées à un niveau plus bas (2, 3, 4, etc.) dans la structure hiérarchique de la séquence. C'est en ce sens que je parlais plus haut (page 88) d'un arrangement essentiellement tabulaire et hiérarchique réglé par la structure d'un lexique donné.

La complexité de ces deux phrases-séquences apparaît dès que l'on essaie de rendre compte de la hiérarchie des unités (macro-propositions descriptives notées Pd et micro-propositions descriptives notées pd) qui les composent[2] :

148 ELEMENTS DE LINGUISTIQUE TEXTUELLE

Schéma 6 [P3] :

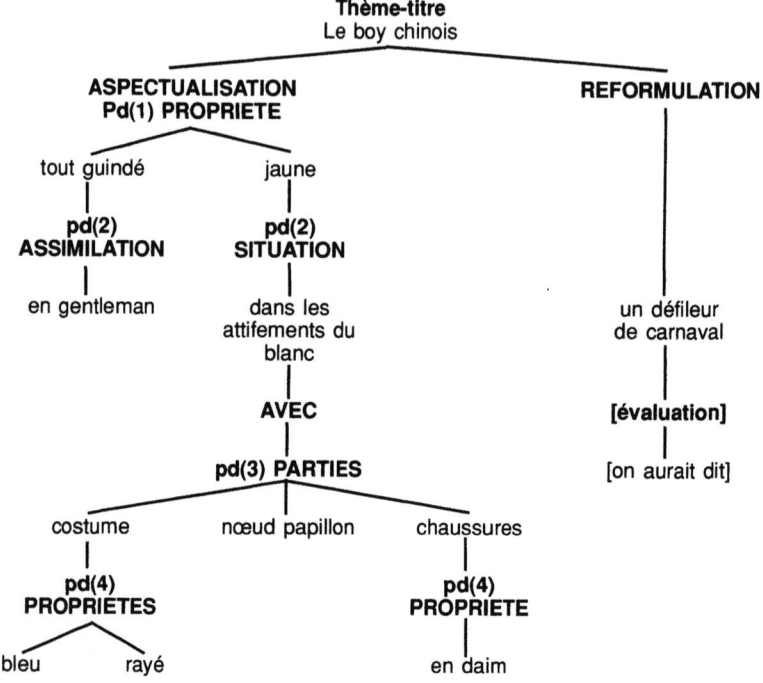

La séquence est construite sur la seule opération descriptive d'aspectualisation : deux propriétés du personnage sont l'objet d'une expansion sans suite pour la première [tout guindé [en gentleman]] et beaucoup plus développée pour la seconde puisque sont successivement prises en compte des parties [pd(3)] de son vêtement [pd(2)] et des propriétés [pd(4)] de certaines de ces parties. La reformulation vient nettement clore cette première séquence en redéfinissant, en quelque sorte, le thème-titre initial («boy chinois»).

La phrase-séquence suivante (P4) est hiérarchiquement aussi complexe. Deux propriétés (Pd(1) PROPR) du boy chinois sont posées : «grand» et «mince» et une partie (Pd(1) PART) seulement : son «visage».

J'ai montré ailleurs que le caractère arborescent de la description tient surtout au fait que l'expansion descriptive peut se développer, non seulement directement depuis le thème-titre (sorte d'hyperthème), mais également à partir d'une unité prise comme sous-thème-titre par une opération de thématisation. Cette opération permet d'extraire le costume ou les chaussures ou le visage du personnage pour leur affecter des propriétés ou des parties (sous-parties) susceptibles d'être, à leur tour, thématisées selon un processus d'enchâssement hiérarchique théoriquement infini, mais réglé, en fait, par les besoins du sens à communiquer, c'est-à-dire par le principe de pertinence.

Ainsi le visage du boy chinois se trouve-t-il thématisé de deux manières : des parties (pd(2) PART) sont considérées («yeux» et «pommettes») et reçoivent chacune un développement : métaphorique (pd(3) ASS) pour les «yeux» («de tigre») et choix d'une propriété (pd(3) PROPR) pour les «pommettes» («hautes»). L'assimilation (ASS) métaphorique du «visage» : «sculpté dans le bois» est suivie de deux propriétés de ce «bois» : «dur» et «des jungles».

La comparaison des schémas des deux séquences permet de cerner leur identité structurelle : développement par aspectualisation puis reformulation conclusive dans les deux cas. Les différences tiennent au fait que ces deux séquences mettent chacune l'accent sur un élément différent : les vêtements («attifement» est lexicalement marqué de façon négative), d'une part, et le visage, d'autre part. Il semble qu'en abandonnant, dans la seconde séquence, ce qui est le plus extérieur au personnage (son *paraître*), l'isotopie cesse d'être négative et atteigne son *être*.

Schéma 7 [P4] :

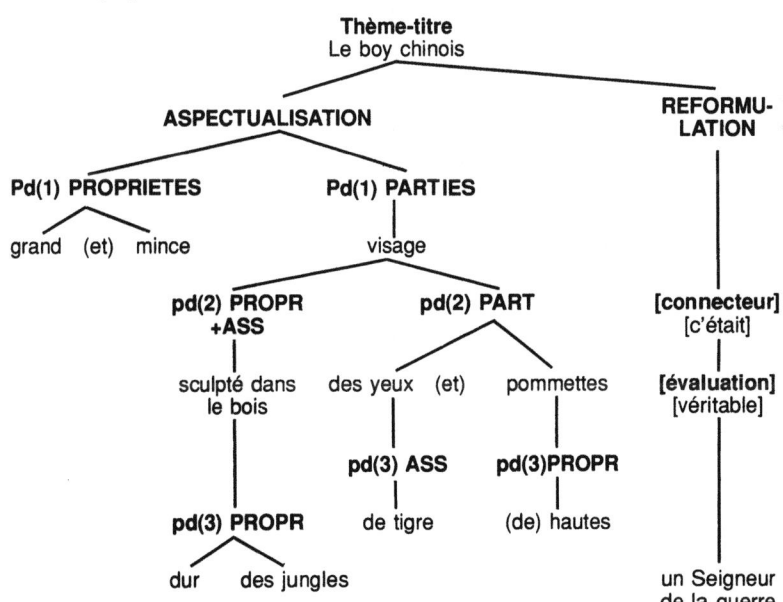

L'unité de chaque séquence résulte, on le voit, de la hiérarchie des micro-propositions descriptives. Deux reformulations successives terminent les deux phrases-séquences et confèrent à la description une unité textuelle, celle du portrait en parallèle de la tradition rhétorique classique, unité travaillée par le connecteur POURTANT qui ajoute à la séquence globale une certaine orientation argumentative.

Dans le cadre du modèle dynamique dont on a vu que la linguistique textuelle a le plus grand besoin pour rendre compte de la représentation discursive, on constate qu'il s'agit moins ici d'une seule description-représentation d'un personnage que de la modification progressive d'une représentation descriptive : soit une dynamique à l'intérieur de chaque phrase-séquence d'abord (mouvement dominé par la reformulation), puis une modification de phrase-séquence (P3) en phrase-séquence (P4) ensuite (orientation argumentative proprement dite).

En décidant de m'intéresser moins aux connecteurs argumentatifs qu'aux organisateurs propres à ce type de séquentialité, je suis parti de l'hypothèse générale suivante : la structuration de la séquence descriptive est soulignée par la ponctuation et par le choix de marqueurs qui opèrent soit à un niveau local (en articulant deux substantifs ou deux adjectifs entre eux), soit à un niveau global (en articulant deux séquences). En raison de la rareté des connecteurs argumentatifs dans la description, je m'intéresserai au fonctionnement micro-structurel (marques de la connexions intra- ou inter-propositionnelle) et macro-structurel (marques du plan de texte) des organisateurs énumératifs et reformulatifs. Par valeur fonctionnelle des organisateurs, j'entends leur rôle instructionnel, c'est-à-dire de mode d'emploi de l'information. Conformément à certaines hypothèses avancées par J. Caron (1984 et 1984-1985) et que je généralise à l'approche des séquences descriptives, je montrerai que les organisateurs énumératifs et reformulatifs délimitent des unités fonctionnelles de représentation : ce qui doit ou non être maintenu en mémoire de travail et quelles informations doivent ou non faire l'objet d'un traitement conjoint. Cette mise en avant de la valeur procédurale des organisateurs est intéressante pour le linguiste. En effet, si les limites de l'appareil cognitif humain existent de toute évidence, elles doivent imposer certaines contraintes à l'organisation matérielle de surface du discours écrit et ceci ne peut que se traduire dans l'usage de certaines unités linguistiques.

Mon hypothèse est la suivante : la ponctuation et surtout les organisateurs textuels jouent un rôle essentiel dans le marquage des unités de traitement et donc dans l'organisation sémantico-pragmatique du discours. Dans le cadre d'une pragmatique textuelle, je pense que si l'analyse morpho-syntaxique n'est pas inutile, elle est tout à fait insuffisante.

Il faut prêter attention aux quatre valeurs et fonctions des unités signalées par le schéma 1 (page 21) : valeur **séquentielle** tout d'abord, mais également **sémantico-référentielle** (construction d'une représentation dans un espace sémantique donné), **énonciative** (aspects de la prise en charge des espaces) et **argumentative** (orientation argumentative).

1.2. L'ENUMERATION ET SES MARQUES

Pour la rhétorique, l'énumération est soit la partie du discours qui récapitule les preuves avant la péroraison, soit une figure. A. Pellissier, dans ses *Principes de rhétorique française*, envisage ainsi «l'énumération des parties» : «Ce n'est souvent qu'une définition développée; elle consiste à indiquer les différentes parties d'un tout, à montrer les différentes faces d'un sujet, pour en tirer des arguments favorables à sa cause» (1883 : 34-35). A propos de la figure de pensée qu'il désigne par le terme «accumulation», il précise encore : «L'indication très détaillée des caractères physiques et moraux d'un être ou d'un objet se rattache au lieu commun étudié sous le nom d'énumération et à la figure de pensée qu'on appelle *accumulation*. En effet les conditions de temps et de lieu viennent s'ajouter aux caractères déjà indiqués pour faire une description complète» (1883 : 167-168). Soulignons au passage que l'on retrouve ici les propositions descriptives de base que je propose de considérer : les «caractères physiques» correspondent à la fois aux PARTIES et aux PROPRIETES, les «caractères moraux» aux PROPRIETES, les «conditions de temps et de lieu» à la MISE EN SITUATION (temporelle et spatiale). Retenons surtout que, de Fontanier à Lausberg, les termes qui constituent l'énumération sont considérés comme des «parties d'un tout».

De façon plus générale, dans son étude stylistique consacrée à la *Série énumérative*, Béatrice Damamme Gilbert propose une définition strictement grammaticale : «Nous appellerons «série énumérative» toute expression linguistique formée d'un nombre minimum de trois termes (mots, syntagmes, unités d'énoncé) qui appartiennent à des catégories morphologiques ou grammaticales identiques ou équivalentes, qui occupent une fonction identique dans la syntaxe de l'énoncé et qui, placées côte à côte, sont coordonnées ou reliées par un signe de ponctuation» (1989 : 37). Cette définition est pertinente pour cette publicité signée Marina Rinaldi :

(9) Les épanouies
    les pulpeuses
    les plantureuses
    les confortables

les enrobées
les girondes
les callipyges
les charnues
les rebondies
les rondelettes
et les potelées
sont invitées
à découvrir
notre large
collection.

Elle l'est également pour les deux premiers vers — première phrase typographique — de «Green» de Verlaine (*Romances sans paroles*) :
(10) Voici des fruits, des fleurs, des feuilles et des branches
Et puis voici mon cœur qui ne bat que pour vous.

L'énumération de onze syntagmes nominaux correspondant chaque fois à l'emploi nominal d'un adjectif féminin est faite, en (9), sans autre marque de ponctuation que l'alinéa (en lieu et place de virgule qu'impose, en (10), un ordre linéaire et non plus vertical de l'énumération). Le cadre phrastique de la définition générale de B. Damamme Gilbert s'applique bien en (9) et (10), mais sur un plus vaste corpus et dans la perspective qui est celle du présent ouvrage, cette définition ne vaut que si l'on entend «syntaxe de l'énoncé» dans un sens beaucoup plus large. Il n'est pas possible de se contenter de cerner la fonction des conjonctions OU, NI, ET dans des énumérations en série (tous trois sont cumulables en chaîne : OU... OU... OU, NI... NI... NI..., ET... ET... ET...). En (9) et (10) ET vient clore des séries, ET PUIS joue le même rôle, c'est dire que leur fonctionnement peut être très local (relier des éléments de même niveau morpho-syntaxique) ou plus global : venir clore une séquence (phrase typographique unique ou suite de phrases).

Il ne suffit pas d'expliquer la place et la nature morphologique des segments énumérés dans la partie négative de cette description du héros du *Tour du monde en 80 jours* au moyen de NI, il faut encore comprendre comment la série s'organise en sous ensembles, voir si son ordre est totalement aléatoire et surtout quels sont les moyens du marquage de sa clôture (étant bien entendu qu'ici, Jules Verne entreprend, par ce moyen, moins de décrire un personnage que la société londonienne).

(11) Anglais, à coup sûr, Phileas Fogg n'était peut-être PAS Londonner. On NE l'avait JAMAIS vu NI à la Bourse, NI à la Banque, NI dans aucun des comptoirs de la Cité. NI les bassins NI les docks de Londres n'avaient JAMAIS reçu un navire ayant pour armateur Phileas Fogg. Ce gentleman NE figurait dans AUCUN aucun comité d'administration. Son nom n'avait JAMAIS retenti dans un collège d'avocats, NI au Temple, NI à Lincoln's-inn, NI à Gray's-inn. JAMAIS il ne plaida NI à la Cour du chancelier, NI au Banc de la Reine, NI à l'Echiquier, NI en Cour ecclésiastique. Il N'était NI

industriel, NI négociant, NI marchand, NI agriculteur. Il NE faisait partie NI de l'*Institution royale de la Grande-Bretagne*, NI de l'*Institution de Londres*, NI de l'*Institution des Artisans*, NI de l'*Institution Russel*, NI de l'*Institution littéraire de l'Ouest*, NI de l'*Institution du Droit*, NI de cette *Institution des Arts et des Sciences réunis*, qui est placée sous le patronage direct de Sa Gracieuse Majesté. Il n'appartenait ENFIN à AUCUNE des nombreuses sociétés qui pullulent dans la capitale de l'Angleterre, depuis la *Société de l'Armonica* jusqu'à la *Société entomologique*, fondée principalement dans le but de détruire les insectes nuisibles.

Phileas Fogg était membre du Reform-Club, et voilà tout.

L'énumération (de parties, de propriétés ou d'actions) est une des opérations descriptives les plus élémentaires. Dans tous les cas, il s'agit de développer linéairement un ensemble de propositions dont l'organisation n'est à l'origine ni causale (argumentation), ni chrono-logique (narration ou injonction-instruction de la recette ou de la notice de montage). A priori, une énumération n'est régie par aucun ordre. Les premiers exemples cités démontrent bien l'aléatoire de la succession des termes dans une énumération pure, mais pour parer à cette absence d'«ordre» et afin de faciliter la lecture-interprétation, il est possible de recourir à des dispositifs de textualisation : marquer l'énumération par des organisateurs énumératifs (cf. 2.1.), emprunter leur ordre spécifique aux systèmes temporels (cf. 2.2.) ou spatiaux (cf. 2.3.).

Cette procédure est mise en évidence par Ph.Hamon (1981) lorsqu'il signale les «grilles descriptives» qui régissent l'ordre et la distribution des unités. Je parle, pour ma part, de plans de texte qui organisent l'information en fonction de listes à saturation prévisible (quatre points cardinaux, quatre saisons, cinq sens, ordre alphabétique ou numérique). Ces listes font appel à des principes organisateurs différents : de type alphabétique ou numérique, topographique et/ou chronologique. Malgré l'apparente variété de ces classements, tous relèvent du même fonctionnement textuel. Enumératifs, spatiaux ou temporels, les organisateurs dont il va être question jouent le même rôle : favoriser le passage d'une suite linéaire aléatoire de propositions descriptives (énumération) à la séquence (mise en texte).

Autant d'observations qui viennent contredire les remarques célèbres de Paul Valéry sur le désordre descriptif :

Une *description* se compose de phrases que l'on peut, en général, *intervertir* : je puis décrire cette chambre par une suite de propositions dont l'ordre est à peu près indifférent. Le regard erre comme il veut.

(«Réflexions sur le paysage [...]», Cahiers, Pléiade, Gallimard, tome 2, p. 1219)

[...] Toute description se réduit à l'énumération des parties ou des aspects d'une chose vue, et cet inventaire peut être dressé dans un ordre quelconque, ce qui introduit dans l'exécution une sorte de hasard. On peut intervertir, en général, les propositions successives, et rien n'incite l'auteur à donner des formes nécessairement variées à ces éléments qui sont, en quelque sorte, parallèles. Le discours n'est plus qu'une suite de substitutions. D'ailleurs, une telle énumération peut être aussi brève ou aussi développée qu'on le voudra. On peut décrire un chapeau en vingt pages, une bataille en dix lignes.

(«Autour de Corot», *id.*, tome 2, p. 1324-1325)

1.2.1. Les organisateurs énumératifs (ou marqueurs d'intégration linéaire)

1.2.1.0. Marqueurs d'intégration linéaire et construction d'une structure hiérarchique

A la suite de D. Coltier et G. Turco (1988), je considère les organisateurs énumératifs comme des **marqueurs d'intégration linéaire** qui «accompagnent l'énumération sans fournir de précision autre que le fait que le segment discursif qu'ils introduisent est à intégrer de façon linéaire dans la série» (1988 : 57). Pour ma part, je révise ainsi le critère de linéarité : dans les séquences descriptives, il semble bien que ces marqueurs servent à mettre de l'ordre dans un ensemble en segmentant le texte en parties et en introduisant parfois, au-delà du linéaire, des niveaux hiérarchiques. Le plan de texte ainsi créé produit un **effet de séquence** au rôle non négligeable sur la lecture-interprétation.

Pour revenir encore sur ce que j'entends par mise en séquence et création d'une structure hiérarchique, examinons rapidement la fameuse description littéraire de la pièce montée de *Madame Bovary*[3] :

> (12) (P1) On avait été chercher un pâtissier à Yvetot pour les tourtes et les nougats. (P2) Comme il débutait dans le pays, il avait soigné les choses; et il apporta, lui-même, au dessert, une pièce montée qui fit pousser des cris. (P3) A LA BASE, D'ABORD, c'était un carré de carton bleu figurant un temple avec portiques, colonnades et statuettes de stuc tout autour, dans des niches constellées d'étoiles en papier doré; (P3') PUIS se tenait AU SECOND ETAGE un donjon en gâteau de Savoie, entouré de menues fortifications en angélique, amandes, raisins secs, quartiers d'oranges; (P3") ET ENFIN, SUR LA PLATE-FORME SUPERIEURE, qui était une prairie verte où il y avait des rochers avec des lacs de confiture et des bateaux en écales de noisettes, on voyait un petit Amour, se balançant à une escarpolette de chocolat, dont les deux poteaux étaient terminés par deux boutons de rose naturelle, en guise de boules, au sommet.

Je ne m'attarde pas sur les deux premières phrases typographiques (P1) et (P2) qui mettent la pièce montée en relation avec le repas («au dessert») et avec son producteur (le pâtissier d'Yvetot). Intéressons nous seulement à la phrase (P3) qui décrit la pièce montée. Cette longue phrase est articulée en trois parties, marquées à la fois par la ponctuation (;;.) et par deux types d'organisateurs : des spatiaux («A la base», «au second étage», «sur la plate-forme supérieure») et des marqueurs d'intégration linéaire (D'ABORD, PUIS, et ENFIN)[4].

Le plan de texte de cette phrase-séquence est le suivant :

Schéma 8 :

                                  Thème-titre
                                  pièce montée

A la base[,]	PUIS [...]	ET ENFIN [,]
D'ABORD [,]	au second étage	sur la plate-forme
		supérieure [,]
PARTIE 1 [;]	**PARTIE 2** [;]	**PARTIE 3** [.]

Les marqueurs d'intégration linéaire opèrent une segmentation de la séquence en situant les trois parties de la pièce montée au même niveau hiérarchique. Si l'on quitte ce premier niveau global de l'analyse et que l'on détaille la structure de chaque partie, on observe cette fois une profondeur hiérarchique traduite par les schémas proposés dans Adam et Petitjean 1989 (pages 148-151). Ceci prouve simplement qu'entre la liste qui place tous les éléments au même niveau hiérarchique — et que je considère, pour cette raison, comme une sorte de degré zéro de la séquence descriptive — et la création de sous-ensembles hiérarchiques, il existe une différence notable de complexité dans la structuration et l'organisation de l'information.

La liste des unités linguistiques à ranger dans la catégorie des marqueurs d'intégration linéaire est délicate à dresser dans la mesure où, comme le soulignent Coltier et Turco : «la langue ne possède pas de morphèmes spécifiques pour le marquage linéaire des séries dans le discours. Cette fonction d'organisation est assurée par des emprunts à d'autres sous-systèmes : la numération (PREMIEREMENT...), la structuration spatiale (D'UN COTE...) ou temporelle (D'ABORD...)» (1988 : 58). Dans cette première partie, j'examinerai successivement : les organisateurs additifs, les marqueurs d'intégration linéaire proprement dits et le cas particulier de D'ABORD, PUIS, ENSUITE, ENFIN en les classant selon leur fonction de marquage d'ouverture, de relais ou de clôture d'une séquence.

1.2.1.1. *Organisateurs additifs*

Parmi les organisateurs additifs marqueurs de relais et/ ou de clôture, citons :
ET, OU, AUSSI, AINSI QUE, AVEC CELA, AJOUTEZ A CELA, DE MEME, EGALEMENT, ENCORE, EN OUTRE, EN PLUS, DE PLUS, PLUS, PAR AILLEURS, SANS OUBLIER,...,

En cas d'énumération purement additive, les éléments d'une liste sont donnés à la suite sans que l'on puisse prévoir à quel moment l'énumération touche à sa fin. Ainsi dans cet exemple publicitaire :

> (13) [...] Elle est pleine d'idées, la nouvelle Mazda 626. Des idées qui montrent que ceux qui l'ont conçue et construite savent que CHAQUE DETAIL compte pour vous rendre la route plus agréable. AINSI, le siège du conducteur à 9 positions de réglage dont un bouton-mémoire permet de retrouver instantanément votre réglage personnel. Ou les sièges arrière rabattables séparément. OU le volant réglable en hauteur pour que chacun choisisse sa meilleure position de conduite. SANS OUBLIER le radio-cassettes stéréo à 3 longueurs d'ondes et les lève-glaces électriques. ON POURRAIT CONTINUER AINSI ET ECRIRE UN LIVRE GROS COMME ÇA. Mais notre best-seller est déjà là : c'est la nouvelle 626.

Le déclencheur synecdochique «chaque détail» peut être considéré comme le SOUS-THEME-TITRE de (13). Le connecteur AINSI, qui ouvre la séquence, est un illustratif; il marque le début de l'énumération qui commence par «le siège du conducteur» (= partie 1), se poursuit par «OU les sièges arrières» (= partie 2), se continue par «OU le volant réglable» (= partie 3) et s'achève partiellement par «*Sans oublier* le radio-cassette (...) ET les lève-glaces électriques» (= parties 4 et 4'). Le dernier énoncé : «On pourrait continuer ainsi et écrire un livre gros comme ça» est l'équivalent d'un ETC. La clôture de la liste est posée comme toute provisoire et dépendante des limites matérielles de l'opération descriptive elle-même.

En (14), le marqueur ET et la ponctuation donnent à lire neuf parties (je ne cite que partiellement ce long texte) formant chacune un bloc thématique :

> (14) (P1) Dieu que ce Paris ressemble peu à ce qu'elle en a imaginé! (P2) Cette ville immense, bruyante, tourbillonnante, cette foule, ce mouvement incessant des fiacres, des charrettes, des tombereaux, des calèches et des cabriolets, des phaétons et des wiskis. (P3) ET CE vacarme QUI cesse à peine la nuit, ces hurlements, ces cris des marchands d'herbes, de fruits, d'eau, de hardes, de balais, de sable. [...] (P10) ET CES gens QUI se caressent ou s'égorgent en se cachant à peine. (P11) ET CETTE menace permanente QUI rôde dès que la nuit tombe, ces ombres diaboliques, frôleuses, de tire-laine, de filous, d'assassins ou de monstres. [...] (P14) ET CES enfants perdus ou abandonnés QUI errent, sales, mal mouchés, en loques, affamés, avec des yeux fiévreux de chats sauvages et qui détalent dès qu'on les approche.
>
> (G. Dormann, *Le Roman de Sophie Trébuchet*, A. Michel 1982)

L'énumération se déroule ici au moins à deux niveaux : énumération de neuf aspects de la ville et, à l'intérieur de chacun d'eux (en une ou plusieurs phrases), d'éléments successifs. Si ET indique les regroupements de propositions, entre les neuf fragments ainsi créés, aucun ordre autre que la suite linéaire n'apparaît. La fin elle-même n'est pas soulignée par un ET PUIS ou un ENFIN.

1.2.1.2. Marqueurs d'intégration linéaire proprement dits

Liste indicative :

D'UNE PART, D'AUTRE PART; D'UN COTE, DE L'AUTRE COTE; TANTOT, TANTOT; PARFOIS, PARFOIS; SOIT, SOIT; OU, OU; NI, NI.
PREMIEREMENT, DEUXIEMEMENT, TROISIEMEMENT, ETC.; PRIMO, SECUNDO, TERTIO, ETC.; PREMIER EXEMPLE, DEUXIEME EXEMPLE, TROISIEME EXEMPLE, [...], DERNIER EXEMPLE; DANS UN PREMIER TEMPS, DANS UN SECOND TEMPS, [...], DANS UN DERNIER TEMPS; EN PREMIER LIEU, EN SECOND LIEU, [...], EN DERNIER LIEU.
A), B), (...), Z); 1), 2), (...), N); les tirets énumératifs /-/.

En distinguant ouverture, relais et fermeture d'une séquence énumérative, on peut envisager la répartition suivante des organisateurs :

Marqueurs d'ouverture : LE PREMIER, L'UN; POUR COMMENCER, (TOUT) D'ABORD, AU PREMIER ABORD, D'EMBLEE, TOUT DE SUITE, (...);

Marqueurs de relais : LE SECOND, L'AUTRE, UN AUTRE, D'AUTRES, BEAUCOUP, PLUSIEURS, CERTAINS, QUELQUES UNS, CELUI/CEUX QUI, LA PLUPART, LA MAJORITE/MINORITE, LE(S) PLUS/MOINS + ADJ., QUELQUES + ADJ., APRES, ENSUITE, BIENTOT, ALORS, PUIS, ENCORE, AU BOUT D'UN MOMENT, ET, (...);

Marqueurs de clôture : LE DERNIER, LES AUTRES, POUR TERMINER, ENFIN, ET, EN CONCLUSION, ETC.,..., à l'oral surtout, on trouve : (ENFIN) VOILA (pour un exemple écrit voir (19)), (ENFIN) BREF, C'EST TOUT.

Dans une description, pour rendre lisible ce qui, par définition, pourrait être expansé à l'infini, il est aisé de recourir aux grilles de lecture déjà citées plus haut. Ces grilles (ou plans de texte) assurent la lisibilité en instituant, dès le départ, un horizon d'attente bien défini. Par exemple, dans (7), on trouve successivement — en début de strophe — : «La première [...], La seconde [...], La troisième [...], La quatrième [...], La cinquième [...], La sixième [...], Et la septième [...]». Dans la mesure où le titre fournit une indication numérique («Les sept épées»), le lecteur est en droit d'attendre l'énumération d'une série à sept positions; attente comblée lorsque le modèle numérique arrive à saturation. Dans ce poème, le plan de texte est souligné par la ponctuation (strophes); il est d'autant plus visible/lisible que chacune commence par un marqueur d'intégration linéaire et correspond à une partie du tout. De plus, le dernier item de l'énumération est doublement signalé, par la présence de l'unité «septième» et du marqueur «Et» qui, employé de façon isolée — à la différence de (14) —, marque la clôture d'une série-séquence. Même structure dans les exemples en prose (15) et (16) :

(15) Sur la table éclatait un luxe inaccoutumé : devant l'assiette de Jean, assis à la place de son père, un énorme bouquet rempli de faveurs de soie un vrai bouquet de grande cérémonie, s'élevait comme un dôme pavoisé, flanqué de QUATRE compotiers dont l'UN contenait une pyramide de pêches magnifiques, LE SECOND un gâteau monumental gorgé de crème fouettée et couvert de clochettes de sucre fondu, une cathédrale en biscuit, LE TROISIEME des tranches d'ananas noyées dans un sirop clair, ET LE QUATRIEME, luxe inouï, du raisin noir, venu des pays chauds.

(Maupassant, *Pierre et Jean*)

Soit une série énumérative très simple : «QUATRE compotiers dont L'UN (...), LE SECOND (...), LE TROISIEME (...), ET LE QUATRIEME (...).»

(16) La Validé portait TROIS colliers — UN PREMIER d'énormes perles au bout desquelles pendait une émeraude grosse comme un œuf, UN SECOND de deux cents émeraudes étonnamment régulières, ET UN TROISIEME de mille diamants de la taille d'un pois —, PLUS un bracelet au poignet droit, en diamants également, ET à chaque doigt un solitaire.

(B. Chase-Riboud, *la Grande Sultane*)

En (16), le marqueur ET opère à deux niveaux : il ferme la série des colliers (sous-ensemble signalé par la ponctuation /—/) : «La Validé portait trois colliers — un premier (...), un second (...), ET un troisième (...) —»; et, de plus, il ferme la phrase dans laquelle la parure de personnage est envisagée : «(...) trois colliers (...), plus un bracelet (...), ET à chaque doigt un solitaire». Soit donc un plan de texte comportant deux niveaux :

NIVEAU 1 :

trois colliers

NIVEAU 2 :

— un premier (collier
un second
ET un troisième —

PLUS un bracelet
ET un solitaire

Sur le même principe et utilisant le modèle de la charade, je citerai cet étonnant texte publicitaire :

(17) UN CŒUR D'OR SOUS UN HABIT VERT!

MON PREMIER est un habit vert,
MON DEUXIEME est un cœur d'or,

ET MON TOUT, c'est la technique de lubrification moderne.
Qu'est-ce? Le fût MOTOREX, évidemment!

En conclusion de ces premières observations, on voit que toutes les énumérations ne sont pas forcément balisées du premier au dernier item. Pourtant, en général, le dernier item est explicitement signalé, au minimum par ET — dans ce cas employé isolément comme marqueur de clôture —, le plus souvent par ENFIN ou ET ENFIN cumulés. Ainsi dans cet extrait du magazine *Fémina* :

> (18) (...) (P1) Le portrait des Berlinois que dessine cet historien-journaliste est celui de bons vivants, jouisseurs et tolérants. (P2) Ouverts aux immigrés qui, au fil des siècles, ont nourri la grandeur de la ville : accourus de toutes les parties de l'Allemagne, des terres orientales de Pologne et de Bohême, et surtout de France, avec l'afflux massif des huguenots. (P3) Fêtard AUSSI, le Berlinois, porté sur la grande bouffe et le sexe. (P4) Rigolard ENFIN, avec cette forme propre d'humour-dérision, cette façon de se moquer de soi-même qu'ont les peuples qui subissent l'histoire sans s'y impliquer vraiment.

Cette description comporte quatre phrases. Dans la première, les Berlinois sont caractérisés par trois propriétés : «bons vivants, jouisseurs ET tolérants», puis chaque propriété est reprise par une phrase qui l'explicite :

(P2) : Ouverts aux immigrés [...].   (= TOLERANT)
(P3) : Fêtard AUSSI, [...].   (= JOUISSEUR)
(P4) : Rigolard ENFIN [...].   (= BON VIVANT)

(19) La Manta.
De l'allure. Et du tempérament!

Manta. Le coupé qui a la cote : le favori en Europe. Ce n'est pas par hasard!

IL Y A D'ABORD sa ligne racée, incomparable. Grâce à elle, la Manta se détache du peloton des autres voitures. VOILA pour l'allure.

Côté tempérament, voyez plutôt les performances (...)

(Publicité Opel)

En (19), l'énumération des caractéristiques de la voiture se fait en deux temps, en référence à la définition donnée dans le titre : «La Manta (c'est) de l'allure et du tempérament». «VOILA» marque la clôture du premier bloc thématique sur «l'allure», l'ouverture du second bloc est signalée par l'alinéa et par l'annonce, en tête de paragraphe, du deuxième sous-thème : «Côté tempérament».

1.2.1.3. *D'abord, puis, ensuite, enfin*

Il existe encore un autre ensemble de marqueurs d'intégration linéaire fréquemment utilisés dans les séquences descriptives : (TOUT) D'ABORD, PUIS, ENSUITE, ENFIN. Cette dernière catégorie, dans la mesure où elle emprunte ses unités à un système temporel, est généralement intégrée dans la classe des organisateurs temporels. En travaillant sur un corpus descriptif varié, il m'a semblé nécessaire de distinguer, d'une part, ce qui a trait à la **référence** (dans ce cas, on considère une marque comme faisant référence à un mode d'organisation du réel, ici, temporel) et, d'autre part, ce qui est construit par le **discours** (là, c'est un ordre de lecture — voire la trace de l'opération de mise en texte — qui est induit par la marque linguistique).

Ainsi dans (12) et dans (20) qui relate la découverte d'une grenouille exotique dans un régime de bananes :

(20) [...] Une aventure extraordinaire. Jugez plutôt. La grenouille a D'ABORD échappé aux traitements pesticides épandus par hélicoptère, dans son Costa Rica natal. ENSUITE, moments d'intense émotion, un homme a coupé le régime que son compagnon a reçu sur une épaule.

LA ENCORE, la rainette l'a échappé belle, écrasée qu'elle aurait pu être entre les fruits lourds. APRES un transport par train ou par téléphérique sur fil de fer, le régime et sa voyageuse sont arrivés à la station de préparation. [...] Transbordements, roulages, déchargements ET ENCORE transports, pour parvenir PRESQUE FINALEMENT dans un entrepôt obscur où des flammes de gaz maintiennent une chaleur douce... pour faire mûrir les bananes. ENFIN, les fruits et leur petit hôte frileux sont au marché.

(Journal *La Gazette de Lausanne*)

(20) décrit une suite d'actions qui, dans la réalité, se sont passées selon un certain ordre chronologique. On peut donc parler ici — comme en (6) — d'une coïncidence entre l'ordre réel dans lequel se sont déroulées les actions et l'ordre textuel dans lequel la lecture s'effectue. Dans la description de la pièce montée de *Madame Bovary* (12), au contraire, l'ordre imposé par le texte s'il peut certes relever d'une logique de fabrication[5], est surtout là pour baliser la lecture, là pour aider le lecteur à construire un tout cohérent sur la base de la progression induite par les marqueurs «D'ABORD», «PUIS», «ET ENFIN» et renforcée par la grille cardinale qui donne à voir la pièce montée dans un ordre imposé (de la base au sommet).

Deux éléments importants semblent caractériser les marqueurs d'intégration linéaire D'ABORD, PUIS, ENSUITE, ENFIN :

a) Ils partagent avec tous les marqueurs d'intégration linéaire la propriété de segmenter une séquence en fragments (paquets de propositions) qu'ils placent au **même niveau hiérarchique**, que ces ensembles de propositions portent sur des PARTIES, des PROPRIETES ou des ACTIONS de l'objet décrit.

b) Ils instaurent toujours une **succession linéaire (spatiale** ou **temporelle)**.

L'évocation de cette éventuelle succession temporelle des éléments de la séquence descriptive nous amène tout naturellement à parler des organisateurs temporels.

1.2.2. Les organisateurs temporels

Si ces organisateurs apparaissent en petit nombre dans le corpus traité, trois cas de figure bien distincts se présentent quand même :
- soit la séquence descriptive ne possède aucun organisateur temporel ;
- soit elle n'en possède qu'un, voire deux, qui ne jouent qu'un rôle circonstanciel local ;
- soit encore, la séquence est organisée selon un mode temporel et, dans ce cas, elle est marquée par des organisateurs qui jouent un rôle au niveau global du plan de texte.

Les deux premiers cas sont les plus fréquents dans la description. Si l'on envisage néanmoins le troisième cas, on remarque que les organisateurs temporels fonctionnent comme des marqueurs d'intégration linéaire : ils balisent la progression textuelle en découpant des paquets de propositions selon un ordre chronologique. Ainsi en (21) qui décrit une activité («la lessive») et possède une organisation textuelle proche de celle de (20) :

(21) (Au début du siècle, la plupart des ménagères allaient encore laver leur linge dans le bateau-lavoir.)

(P0) Les ménagères qui possédaient un bel évier en pierre rose et l'eau courante, préféraient commencer la lessive à la maison.

(P1) LA VEILLE on faisait tremper le linge dans un baquet d'eau froide après l'avoir frotté au savon sec. (P2) LE LENDEMAIN on procédait à l'*essangeage* (on disait plus fréquemment frottage). (P3) Cela consistait à le laver à l'eau froide et au savon, frottant énergiquement à la main et avec une brosse douce, en insistant sur les taches, afin qu'il soit bien imbibé et à moitié propre déjà.

(P4) PUIS on le mettait dans la lessiveuse. (P5) On versait sur le tout un mélange d'eau très savonneuse et de cristaux de soude et l'on faisait bouillir la lessiveuse sur la cuisinière à bois ou à charbon que possédaient tous les ménages et qui chauffait en même temps la maison.

(P6) Il fallait deux ou trois heures de forte chaleur avant que se propage dans l'appartement cette chaude odeur particulière et fade qu'ont connue les gens de ma génération et qui était aussi familière que celle du pot-au-feu ou du café. (P7) On continuait l'ébullition pendant une bonne heure encore ce qui au total représentait une opération de trois à quatre heures.

(P8) On prenait ALORS la lavandière pour raffiner le travail et frotter de nouveau en rinçant les pièces à grande eau dans la rivière.

(P9) Quelques personnes courageuses finissaient chez elles, mais comme il y avait peu de baignoires à cette époque elles inondaient leur cuisine lorsqu'elles ne disposaient pas d'une buanderie.

(A.Allonot-Turlot, *Avant qu'on oublie*, Bezin 1985)

La description porte ici sur une succession d'actions se déroulant dans le temps et dans l'espace. Dès lors, une marque telle que LE LENDEMAIN a pour rôle de signaler une nouvelle action et de la situer au même plan que les autres, à la différence du rôle que cette même marque pourrait jouer dans un récit (par exemple, comme déclencheur d'un événement. Ce texte est tout à fait représentatif de la catégorie des «descriptions d'actions»[6] et sa structure est la suivante :

        LA LESSIVE = **THEME-TITRE (MACRO-ACTION)**

(P0) **ouverture de la séquence** (COMMENCER... A LA MAISON)
(P1) LA VEILLE (...). = **action 1** (le trempage)
(P2) LE LENDEMAIN (...) = **action 2** (le frottage)
(P3) Cela consistait (...) = **définition de l'action 2**
(P4) PUIS (...). = **action 3** (le lessivage)
(P5) On versait. = **définition de l'action 3**
(P6) Il fallait (...). = **proposition évaluative**
(P7) On CONTINUAIT (...). = **suite de l'action 3**
(P8) On prenait ALORS... DANS LA RIVIERE.
        = **action 4** (le rinçage)
(P9) **clôture de la séquence** (FINISSAIENT CHEZ ELLES)
        (= alternative à l'action 4)

Dans *Watt*, de Samuel Beckett, on trouve un exemple extrême de succession temporelle :

(22) Sur la question si importante de l'aspect physique de Monsieur Knott, Watt n'avait malheureusement rien à dire, ou si peu. Car UN JOUR il pouvait être grand, gros, pâle et brun, ET LE LENDEMAIN sec, petit, rougeaud et blond, ET LE LENDEMAIN râblé, moyen, jaune et roux, ET LE LENDEMAIN petit, gros, pâle et blond, ET LE LENDEMAIN moyen, rougeaud, sec et roux, et le lendemain grand, jaune, brun et râblé, et le lendemain gros, moyen, roux et pâle, et le lendemain (...) petit, blond, râblé et pâle, du moins Watt en avait l'impression, pour ne parler que de la taille, de la corpulence, du teint et des cheveux.

On peut parler ici d'une énumération (poussée jusqu'à l'absurde du jeu numérique) d'états se succédant dans le temps. D'où la présence de l'organisateur temporel LE LENDEMAIN, le marqueur ET venant renforcer, quant à lui, l'effet de liste.

Apparaissant dans une séquence descriptive, le déictique temporel MAINTENANT joue le même rôle que les marqueurs de clôture de type VOILA et BREF :

(23) Le garçon aux cheveux noirs, au nez qui regarde toujours en l'air, au tricot rouge de pirate, s'appelle Rudo Brisou. Ce qui le distingue, c'est qu'il ne va jamais comme tout le monde.
(*suit la description du comportement extraordinaire du petit garçon*)
MAINTENANT, vous connaissez Rudo Brisou.
ET il ressemble bien à ce qu'il est : ses genoux s'ornent de deux belles écorchures ; au front, il a une bosse ; sous l'œil, un bleu ; il a les coudes déchirés et tant d'égratignures sur la peau qu'on ne peut les compter. BREF (la grand-mère d'André a bien raison), un garnement.

(J. Blazkova, *Un Merveilleux grand-père*)

MAINTENANT, par sa valeur déictique, fait référence à la situation d'énonciation commune que représente le texte pour son producteur et pour son lecteur ; il signale qu'à ce moment de la lecture, donc à ce point précis du co-texte, le portrait est terminé. Si la description reprend ensuite, c'est sous une forme additive (ET additif) : des détails supplémentaires sont donnés et enfin la description s'achève par une reformulation à valeur récapitulative sur laquelle nous reviendrons plus loin : «BREF, [...] un garnement».

1.2.3. Les organisateurs spatiaux

La fréquence élevée d'organisateurs spatiaux dans la description tient principalement au fait que toutes les séquences qui décrivent des paysages, des villes ou des maisons, en sont naturellement saturées.

Le plus souvent, le plan de texte est donné sous la forme d'une grille cardinale de type AU NORD, AU SUD, A L'EST,... ou A GAUCHE, A DROITE, EN HAUT, EN BAS, etc. Ainsi en (24) et (25) :

(24) LA MONTEE A LA PLATE FORME.
L'OCTOGONE ET LA FLECHE.

[...] (P0) De la plate-forme s'offre au visiteur un vaste panorama de la ville. (P1) AU SUD, l'œuvre Notre-Dame avec ses pignons, gothique et renaissance, le Palais des Rohan, les quais de l'Ill, l'Eglise Sainte-Madeleine. (P2) A L'EST, AU-DELA des toits de la nef, du transept surmonté de la coupole de croisée, le grand quadrilatère de l'ancien collège des Jésuites ; (P2') AU LOIN les deux flèches de l'église Saint-Paul. (P3) AU NORD, l'ancienne église du Temple Neuf et le joli clocher à tourelle de Saint Pierre le Jeune. (P4) A L'OUEST ENFIN, le parvis de la cathédrale, entouré des pignons aigus aux innombrables lucarnes des vieux toits de Strasbourg.

(*Guide de la Cathédrale de Strasbourg*)

Cette description est structurée en quatre ensembles par les organisateurs cardinaux AU SUD, A L'EST, AU NORD, A L'OUEST; le dernier de la série est souligné par la présence du marqueur d'intégration linéaire ENFIN. Chaque ensemble peut comporter une ou plusieurs parties, elles-mêmes éventuellement resituées spatialement. Ainsi en P2 :

A L'EST AU-DELA des toits de la nef, du transept surmonté de la
coupole de croisée, le grand quadrilatère [...];   (= **partie 2**)
AU LOIN les deux flèches [...].   (= **partie 2'**)

Même type d'organisation dans un discours littéraire cette fois : les descriptions de paysage dans *Premier de cordée* de Roger Frison-Roche :

> (25) [...] Ravanat et Servettaz firent halte un bon quart d'heure avant d'entreprendre la grimpée de l'arête. Ils soufflèrent longuement, admirant LE PAYSAGE — familier pour le vieux, tout nouveau pour le jeune — des Alpes Grées. La journée était magnifique, on pouvait discerner à l'infini VERS LE SUD les Alpes se succédant en plans étagés; d'abord, toutes proches, les Alpes Valdostaines : Grivola — *ardua Grivola Bella*, — le Grand-Paradis, la cuvette glaciaire du Ruitor; les géants de la frontière franco-italienne avec la Sassière, la Ciamarella, — pays du bouquetin, — ET PLUS LOIN VERS LE SUD-OUEST les Alpes de la Vanoise. VERS L'EST, on prenait toutes les Alpes suisses en enfilade : le Vélan, AU PREMIER PLAN, écrasé par l'énorme masse du Grand-Combin; PUIS, TRES LOIN, le massif de Zermatt, avec le Cervin et son étrange nez de Zmutt, tout noir au-dessus des nuées, et les étendues glaciaires du Mont-Rose [...]. VERS L'OUEST, le paysage, plus proche, était plus inhumain encore. C'était D'ABORD, sentinelle avancée, la lame de granit de l'Aiguille de la Brenva, flanquée d'une étrange chandelle de roc que les guides de Courmayeur baptisèrent le «Père Eternel», PUIS le gouffre du glacier de la Brenva, et le glacier lui-même, sale et pierreux [...].

Cette séquence est structurée, à un premier niveau, par trois organisateurs spatiaux VERS LE SUD, VERS L'EST et VERS L'OUEST. Ensuite, pour chacun de ces points cardinaux, des plans successifs sont posés, du plus proche au plus lointain, et soulignés principalement par des marqueurs tels que D'ABORD et PUIS qui ont bien ici leur valeur énumérative. Dans la mesure où il s'agit d'une énumération dans l'espace, D'ABORD, dans ce cotexte, signifie nettement «au premier plan» et PUIS «au second plan» ou «à l'arrière plan». Soit la structure suivante de la séquence :

Niveau du plan de texte (1)   niveau (2)
[...] VERS LE SUD [...];   d'abord, [...],
                                    – et plus loin vers le sud-ouest [...].
VERS L'EST, [...] :   [...] au premier plan, [...];
                                    puis, très loin, [...].
VERS L'OUEST, [...].   [...] d'abord, [...],
                                    puis [...].

Entre chacun des trois organisateurs spatiaux du plan de texte la partie de séquence à traiter est relativement longue et, bien qu'elle soit elle-même structurée par des organisateurs de niveau (2), voire (3) ou (4) non détaillés ici et le plus souvent marquée par ET (par exemple : «PUIS, TRES LOIN, le massif de Zermatt, avec le Cervin et son étrange nez de Zmutt, tout noir au-dessus des nuées, ET les étendues glaciaires du Mont-Rose [...]»), la lecture de la séquence entière est nettement plus complexe que celle de (24). Mais que dire de cette description de l'actuel billet de 100 francs suisses (dont je ne cite que la première partie) :

(26) BREVE DESCRIPTION DU NOUVEAU BILLET

La couleur dominante du *RECTO* est le bleu sombre. Le sujet principal, le portrait de l'architecte Francesco Borromini de Bissone TI, couvre TOUTE LA PARTIE DE DROITE. [...] A GAUCHE DU PORTRAIT, le fond polychrome en offset représente le dallage de l'église St. Ivo bâtie par Borromini. AU MEME ENDROIT, en taille-douce, apparaît le plan de l'église St. Ivo, en bleu, violet et vert. DANS CETTE MEME PARTIE, EN HAUT, se trouve le nom de l'architecte avec les années de sa naissance et de sa mort. JUSTE EN DESSUS ainsi que DANS LE COIN DE DROITE, EN BAS, apparaît le chiffre 100. A DROITE DE LA CROIX, quatre petits traits, sensibles au toucher, servent de code à l'intention des aveugles.

La couleur dominante du *VERSO* est le bleu violacé. Le sujet principal en est la coupole de l'église St-Ivo à Rome. [...]

(Journal *Le Courrier*, octobre 1976)

Malgré leur fréquence élevée, les organisateurs spatiaux, loin de constituer une grille de lecture qui permettrait de dégager une progression linéaire, ne sont là que pour donner des indications spatiales détaillées à partir d'un point de repère continuellement déplacé. Il n'y a ici aucun plan de texte visible/lisible. A cet égard, le premier paragraphe est exemplaire :

NIVEAU (1)	NIVEAU (2)	NIVEAU (3)	NIVEAU (4)
A GAUCHE DU PORTRAIT	le dallage de l'église St-Ivo		
AU MEME ENDROIT	le plan de l'église St-Ivo		
DANS CETTE MEME PARTIE	EN HAUT	le nom de l'architecte [...]	
" (implicite)	" (implicite	JUSTE EN DESSOUS [...]	le chiffre 100

Les ouvertures indiquées par EN HAUT et JUSTE EN DESSUS ne débouchent pas sur un EN BAS ou un JUSTE EN DESSOUS (le EN

BAS donné dans le texte se situant dans la partie de droite !) d'où la difficulté de construire une représentation cohérente du billet. Ici les organisateurs ne structurent plus le texte à un niveau global, mais donnent à lire tout de suite des détails. Seules les indications de «recto» et de «verso» ainsi que la présence des deux paragraphes constituent une ébauche de plan de texte.

Cet extrait des *Choses* de Georges Perec présente les mêmes caractéristiques :

> (27) LA PREMIERE PORTE ouvrirait sur une chambre, au plancher recouvert d'une moquette claire. Un grand lit anglais en occuperait TOUT LE FOND. A DROITE, DE CHAQUE COTE DE LA FENETRE, deux étagères étroites et hautes contiendraient quelques livres inlassablement repris, des albums, des jeux de cartes, des pots, des colliers, des pacotilles. A GAUCHE, une vieille armoire de chêne et deux valets de bois et de cuivre feraient face à un petit fauteuil crapaud tendu d'une soie grise finement rayée et à une coiffeuse. (...) PLUS LOIN, AU PIED DU LIT, il y aurait un gros pouf de cuir naturel. AUX FENETRES, les rideaux de voile glisseraient sur des tringles de cuivre; les doubles rideaux, gris, en lainage épais, seraient à moitié tirés. Dans la pénombre, la pièce serait encore claire. AU MUR, AU-DESSUS DU LIT PREPARE POUR LA NUIT, ENTRE DEUX PETITES LAMPES ALSACIENNES, l'étonnante photographie, noire et blanche, étroite et longue, d'un oiseau en plein ciel, surprendrait par sa perfection un peu formelle.
>
> LA SECONDE PORTE découvrirait un bureau. (...) UN PEU A GAUCHE DE LA FENETRE ET LEGEREMENT EN BIAIS, (...). DE CHAQUE COTE DE LA TABLE, (...). PLUS A GAUCHE ENCORE, LE LONG DU MUR, (...). TOUT AU FOND, (...), PRESQUE AU CENTRE DE LA PIECE, (...). DERRIERE LE BUREAU, (...).
>
> La vie, là, serait facile, serait simple.

En (27), aucun plan de texte n'est fourni et l'abondance des références spatiales ne fait qu'ajouter à la complexité générale. Pourtant, de même qu'en (26), une amorce d'organisation est donnée à la tête de chacun des deux paragraphes : «LA PREMIERE PORTE ouvrirait sur une chambre [...]», «LA SECONDE PORTE découvrirait un bureau». De plus, nous voyons apparaître d'autres types d'organisateurs spatiaux qui ne sont plus des items d'une grille cardinale, mais de simples indicateurs de lieu. Ainsi l'adverbe PLUS LOIN et des syntagmes prépositionnels comme DE CHAQUE COTE DE LA FENETRE, AU PIED DU LIT, DERRIERE LE BUREAU, etc.

Ces indicateurs de lieu peuvent aussi fonctionner comme marqueurs du plan de texte. Ainsi dans cet exemple publicitaire :

> (28) IMAGINEZ...
>
> trois appartements en PPE de 4 à 5 pièces enrichis de verdure et baignant dans le calme.
> TOUT AUTOUR : la vigne et quelques villas.
> EN FACE : le lac et les Alpes.

PARTOUT : le très haut standing d'une construction qui sort de l'ordinaire.
ET ENCORE : ses terrasses immenses et ses jardins.

Le plan de texte est non seulement souligné par les trois marqueurs spatiaux TOUT AUTOUR, EN FACE et PARTOUT, et par l'additif ET ENCORE, mais par la disposition typographique en alinéas.

(29) Les Rues-Basses n'étaient pas ce qu'elles sont aujourd'hui, non pas même ce qu'elles étaient il y a dix ans. C'était un des quartiers les plus originaux de notre ville et une des artères les plus mouvementées de notre vie. LA, les dômes. LA, les hauts bancs. LA, les boutiques à sonnette et à devanture de bois, avec leurs petits carreaux, leur jour rare, les deux quinquets qui s'allument le soir, ET A COTE, PRES DE LA PORTE, le banc de pierre contre le mur.

LA, D'UN COTE, les rues étroites qui ressemblent à celles de Bonneville ou de Thonon, ET DE L'AUTRE COTE, le lac. LA, les longues allées de traverse : l'allée Malbuisson, l'allée de la Marjolaine, les allées de la Grue, du Four, du Lion d'Or. ET LA, DANS L'OMBRE, les petits logis modiques, les intérieurs préservés et blottis, les intimités plus domestiques et moins atteintes par le dehors.

IL Y A de longs corridors étroits et obscurs, AU-DESSUS du soubassement un peu de papier déchiré, et une odeur de lavoir y traîne. IL Y A des chauffe-pieds devant les fauteuils d'Argand à oreillettes. IL Y A des tambours, ET DANS CES tambours des bassines ET SUR ces bassines des choses qui sèchent. IL Y A des chats qui miaulent pour qu'on leur ouvre la porte. IL Y A des oiseaux dans des cages : (...). IL Y A des vies modestes, des existences abritées, des intérêts sédentaires (...).

(Ph. Monnier, *La Genève de Töpffer*, Imprimerie du *Journal de Genève*, 1930)

Après la définition de ce qu'étaient les Rues Basses au XVIIIe siècle («C'était un des quartiers les plus originaux de notre ville...»), le premier paragraphe de (29) énumère les éléments les plus marquants de ce quartier : «les dômes, les hauts bancs,...», le deuxième paragraphe, les rues ou allées qui le constituent : «l'allée Malbuisson, l'allée de la Marjolaine,...». Les deux paragraphes sont structurés par le même organisateur spatial LA, qui joue très nettement ici le rôle d'un énumératif. LA marque bien le premier niveau, alors que l'on retrouve d'autres organisateurs aux niveaux inférieurs :

(1)   (2)
LA,   d'un côté,   les rues étroites...
      et de l'autre côté, le lac.

Avec le troisième paragraphe, on passe à la description des intérieurs. Ici apparaît une marque fréquemment utilisée pour énumérer des parties : IL Y A.

1.2.4. Les organisateurs IL Y A et C'EST

IL Y A et C'EST sont deux organisateurs qui, dans le cadre d'une énumération, fonctionnent de la même manière : tous deux soulignent l'enchaînement et l'empaquetage des propositions. Par exemple, dans le troisième paragraphe de (29), six parties sont mises en évidence par un IL Y A, placé chaque fois en début de phrase. A l'intérieur de chaque phrase, une structure plus ou moins complexe peut être construite sur des IL Y A implicites (ellipse très classique) :

IL Y A   des tambours,
         ET dans ces tambours   (il y a)
             des bassines
             ET sur ces bassines   (il y a)
                des choses
                qui sèchent

Si IL Y A est une marque simple qui fonctionne toujours de façon identique, il n'en va pas de même avec C'EST. Ce dernier peut avoir deux valeurs différentes : l'une, **reformulative**, sur laquelle je reviendrai plus loin, et l'autre, **énumérative**.

Philippe Hamon, par exemple, ne fait pas cette distinction lorsqu'il cite chez Zola ce qu'il désigne comme l'un des «tours» les plus ressassés du style artiste-descriptif du XIXe siècle (1981 : 138) :

a) «C'était la marée, c'étaient les beurres, c'était la volaille, c'était la viande» (*Les Rougon-Macquart*);

b) «C'était comme un grand organe central battant furieusement, jetant le sang de la vie dans toutes les veines» (*ibid.*);

c) «C'était un marchand d'herbes cuites» (*ibid.*);

d) «C'était un garçon maigre, avec de gros os, une grosse tête, barbu, le nez très fin, les yeux minces et clairs» (*ibid.*);

e) «C'étaient des lilas, des azalées, des lianes annelées, aux gerbes gigantesques» (*Mémoires d'outre-tombe*).

Si en a- et e- on peut parler d'énumération, en b-, c- et d- il s'agit certainement de reformulations (que ce soit par le biais d'une comparaison ou d'une définition). En dépit de l'oubli de cette différence de fonctionnement, Ph. Hamon dit fort justement que C'EST «introduit souvent un groupe rythmique syncopé organisé sur le modèle de la liste» (1981 : 138). Ainsi dans cet autre passage des Choses de Perec :

(30) (P0) Alors, par bouffées, survenaient d'autres mirages. (P1) C'ETAIENT des marché immenses, d'interminables galeries marchandes, des restaurants inouïs. (P2) Tout ce qui se mange et tout ce qui se boit leur était offert. (P3) C'ETAIENT des caisses, des cageots, des couffins, des paniers, débordant de grosses pommes jaunes ou rouges,

de poires oblongues, de raisins violets. (P4) C'ETAIENT des étalages de mangues et de figues, de melons et de pastèques, de citrons, de grenades, des sacs d'amandes, de noix, de pistaches, des caissettes de raisins de Smyrne et de Corinthe, de bananes séchées, de fruits confits, de dattes sèches jaunes et translucides.
IL Y AVAIT des charcuteries [...].

C'ETAIENT met en évidence les contenants; les contenus, quant à eux, sont donnés comme des sous-parties de second niveau. Ainsi pour la phrase P4 :

niveau (1)	niveau (2)	niveau (3)
(Pd PARTIES)	(pd PARTIES)	(pd PROPR.)
C'ETAIENT des étalages	de mangues et de figues, de melons et de pastèques, de citrons, de grenades,	
des sacs	d'amandes, de noix de pistaches	
des caissettes	de raisins	de Smyrne et de Corinthe, séchées, confits, sèches...
	de bananes de fruits de dattes	

Dans ce cas, C'ETAI(EN)T peut fort bien permuter avec IL Y AVAIT. La même valeur énumérative de soulignement du plan de texte se retrouve dans la publicité suivante :

(31) Mir Couleurs, C'EST l'efficacité : sa formule est spécialement étudiée pour laver tous vos vêtements de couleur en machine, de 30° à 60°C. C'EST la sécurité : à la différence des lessives classiques, Mir Couleurs ne contient pas d'agents blanchissants. C'EST la gaieté : dans Mir Couleurs, il y a un agent exclusif protecteur de couleurs. ET VOILA pourquoi les robes de mamies voyagent en première classe couleur.

La permutation de C'ETAI(EN)T et IL Y AVAIT n'est pas possible en (32) où l'on se trouve, de toute évidence, à la limite de l'énumération aléatoire et de la définition :

(32) *Le Sucre*, C'ETAIENT des contremaîtres en pantalons de nankin avec des jaquettes, des panamas immenses, grands comme des roues de charrette, et de longs fouets en peau de serpent, qui commandaient des files d'esclaves courbés vers la terre. *Le Sucre*, C'ETAIENT des champs de cannes plantées dans des marécages, moissonnées avec des machettes à l'éclat malveillant. *Le Sucre*, C'ETAIENT des chaudrons en

cuivre où un homme aurait pu tomber, dans la chaleur infernale de la raffinerie. *Le Sucre*, C'ETAIT l'odeur fétide de la canne brute qui imprégnait la peau et les vêtements, et planait comme un gaz écœurant au-dessus de la plantation. *Le Sucre* n'était pas facile à cultiver. Il exigeait de l'exactitude, de la précision, de basses plaines, un sol riche, une chaleur tropicale, une grande humidité et un soleil ardent.

(B. Chase-Ribaud, *La grande sultane*, Albin Michel 1987; les italiques sont dans le texte)

Comme les «mirages» successifs de (30), les phrases introduites par la reprise du Thème-titre et le marqueur C'ETAI(EN)T correspondent à des souvenirs non ordonnés, fragments de définitions successives du sucre, ou plutôt de l'activité sucrière en général. Le rôle de l'imparfait est ici encore évident : il souligne la remémoration et demande une mise en ordre (un plan de texte) de ce qui risquerait de n'être qu'une énumération sans logique. Lorsque le rôle structurateur (marqueur des fragments remémorés) de C'ETAI(EN)T s'estompe, les enchaînements phrastiques redeviennent anaphoriques : «Le sucre n'était pas (...). Il exigeait (...).» Les rapports entre ces essais de définition successifs et la reformulation apparaîtront mieux après l'étude de la reformulation et de ses marqueurs qu'il me faut à présent entreprendre.

1.3. APPROCHE TEXTUELLE DE LA REFORMULATION

1.3.1. Ancrage, affectation et reformulation

On a vu plus haut que la description est une structure hiérarchique très particulière qui prend appui sur un thème-titre ou objet du discours. Deux opérations concernent directement le thème-titre : l'**opération d'ancrage et l'opération d'affectation**.

L'**opération d'ancrage** consiste à poser d'entrée un objet du discours. Ainsi dans (8) le «boy chinois», dans le second paragraphe de (33) «une jeune femme» et dans (34), successivement «Giton» et «Phédon» :

(33) [...] la nouvelle musique brésilienne, belle, sensuelle et joyeuse impose ses rythmes ensorcelants.

UNE JEUNE FEMME respire cette musique de toute sa peau. Elle est petite et mince, elle a les yeux noirs et des cheveux flottant jusqu'à la taille, elle s'appelle NAZARE PEREIRA.

(*Télérama*, n° 1665, 9-12-1981, p. 45)

(34) GITON a le teint frais, le visage plein et les joues pendantes, l'œil fixe et assuré, les épaules larges, l'estomac haut, la démarche ferme et délibérée. Il parle avec confiance; il fait répéter celui qui l'entretient, et il ne goûte que médiocrement ce qu'il lui dit. [...] Il est riche.

PHEDON a les yeux creux, le teint échauffé, le corps sec et le visage maigre ; il dort peu et d'un sommeil fort léger ; il est abstrait, rêveur, et il a avec de l'esprit l'air d'un stupide ; il oublie de dire ce qu'il sait, [...]. Il est pauvre.

(La Bruyère, *Les Caractères*)

L'opération inverse consiste en **l'affectation**, au terme seulement de la séquence descriptive, d'un thème-titre. Ainsi dans les exemples suivants (je souligne le thème-titre) :

(35) QUELQUE CHOSE. qui était mince, âpre, plat, glacé, gluant et vivant venait de se tordre dans l'ombre autour de son bras nu. Cela lui montait vers la poitrine [...]

Brusquement une large viscosité ronde et plate sortit de dessous la crevasse. C'était le centre ; les cinq lanières s'y rattachaient comme des rayons à un moyeu [...] Au milieu de cette viscosité il y avait deux yeux qui regardaient.

Ces yeux voyaient Gilliatt.

Gilliatt reconnut LA PIEUVRE.

(Hugo, *Les Travailleurs de la mer*, 2e partie, IV, I).

(36) [...] Alors, l'homme reconnut UNE FOSSE. [...]

(Zola, *Germinal*)

(37) Pour peu que le voyageur s'arrête quelques instants dans cette grande rue de Verrières [...] il y a cent à parier contre un qu'il verra paraître UN GRAND HOMME à l'air affairé et important.

A son aspect tous les chapeaux se lèvent rapidement. Ses cheveux sont grisonnants, et il est vêtu de gris. [...] On sent enfin que le talent de cet homme-là se borne à se faire payer bien exactement ce qu'on lui doit, et à payer lui-même le plus tard possible quand il doit.

Tel est LE MAIRE DE VERRIERES, M. DE RENAL. [...]

(Stendhal, *Le Rouge et le noir*)

Il est évident que le choix de l'ancrage ou de l'affectation a des conséquences sur la lisibilité immédiate de la séquence : il rend ou non possible la convocation, par l'interprétant, des savoirs encyclopédiques nécessaires à la compréhension. L'exemple (33) présente l'intérêt de combiner les deux opérations : ancrage à l'initiale du second paragraphe («une jeune femme»), affectation d'un nom propre («Nazaré Pereira») au terme de ce même paragraphe. L'exemple (34) présente aussi, dans les dernières phrases des deux portraits, des propriétés interprétables par le lecteur comme des résumés de la séquence et, de ce fait, des sortes d'affectations implicites : en passant du portrait d'individus pourvus d'un nom propre (en italique dans le texte) au caractère, l'opposition, par un parallèle rhétorique classique, ne concerne plus les personnages fictifs Giton et Phédon, mais plus généralement «le riche» et «le pauvre».

La fixation de la structure descriptive sur un pivot nominal permet de comprendre le rôle de la reformulation en général. Il est, en effet, fréquent que la description s'appuie, dans un premier temps, sur un thème-titre chargé d'assurer la cohésion sémantique de la séquence (permettre les anaphores, garantir les associations métonymiques, synecdochiques, localiser les comparaisons et les métaphores) pour aboutir, dans un second temps, à une reformulation-réaffectation d'un nouveau thème-titre. On l'a vu avec (33) ou avec (37) («un grand homme... M. de Rênal») et, moins explicitement, avec (34). On peut dire que cette opération garantit non seulement la cohésion de la séquence, mais sa progression; en d'autres termes, **la reformulation est un facteur de textualité**.

Alors que l'ancrage et l'affectation peuvent être considérées comme des opérations en principe exclusives (on a soit l'une soit l'autre : un thème-titre soit au début soit à la fin de la séquence), la reformulation apparaît comme une opération plus souple, tout à fait combinable avec un ancrage initial. Ainsi dans cette présentation de Rousseau :

(38) Qui est Jean-Jacques Rousseau? Une cervelle fêlée, un malade, un fou! se sont empressés, dès son apparition dans le monde des lettres, de s'écrier ses ennemis. Un prophète des temps modernes, un héros de l'esprit, ont répliqué ses admirateurs [...].

L'ensemble du texte d'Alfred Berchtold (destiné aux élèves des écoles de Genève) se poursuit sur le même modèle reformulatif : «Un père qui abandonna ses enfants [...]. Un solitaire [...]. Un adversaire du théâtre et des romans d'amour [...]». On le voit, l'expansion descriptive est ici entièrement assurée par le passage du thème-titre aux reformulations successives posées comme prises en charge ou non par des sujets donnés : «Un adversaire de la religion, ont dit des pasteurs et des évêques. La plus grande voix religieuse de son siècle, ont affirmé d'autres croyants».

Le procédé inverse est illustré dans *Vendredi ou la vie sauvage* de Michel Tournier :

(39) [...] Vendredi lui expliqua les règles du *Portrait araucan en cinq touches*. Vendredi lui disait par exemple :

— C'est une mère qui te berce, c'est un cuisinier qui sale ta soupe, c'est une armée de soldats qui te retient prisonnier, c'est une grosse bête qui se fâche, hurle et trépigne quand il fait du vent, c'est une peau de serpent aux mille écailles qui miroitent au soleil. Qu'est-ce que c'est?

— C'est l'Océan! triompha Robinson.

Et pour montrer qu'il avait compris la règle du jeu, il interrogea Vendredi à son tour :

— C'est une toison géante où deux hommes sont cachés comme des puces, c'est le sourcil qui se fronce au-dessus du gros œil de la mer, c'est un peu de vert sur beaucoup

de bleu, c'est un peu d'eau douce dans beaucoup d'eau salée, c'est un bateau toujours immobile à l'ancre. Qu'est-ce que c'est?
— C'est notre île, Speranza, s'écria Vendredi, et il posa à son tour une autre devinette [...].

On peut considérer que l'on part ici de cinq reformulations pour remonter — c'est la règle du portrait-devinette — au thème-titre. En fait, chaque fois, une propriété (au moins une) d'un des cinq objets choisis est posée et ces cinq descriptions peuvent être considérées comme des reformulations complémentaires d'un thème-titre absent et à découvrir.

Avant de revenir sur le cas de la description, un bref rappel des conceptions linguistiques de la reformulation s'impose. En dépit de leur ouverture en direction du texte et du discours, les travaux récents sur la reformulation — Gülich et Kotschi 1983, Charolles et Coltier 1986, Roulet 1987, *Langue Française* n° 73 (1987), consacré à «La reformulation du sens dans le discours», et *Etudes de linguistique appliquée* n° 68 (1987) : «La reformulation. Pratiques, problèmes, propositions» — restent très généraux.

Charolles et Coltier parlent de la reformulation paraphrastique comme d'une «opération de composition textuelle assez spécifique». Pour eux, il s'agit d'une opération révélatrice du travail de mise en texte effectué par le scripteur, d'un indice, d'une trace «d'un contrôle que le sujet écrivant exerce sur l'interprétation (l'interprétabilité) de son propos» (1986 : 51). Reprenant Gülich et Kotschi, Charolles et Coltier soulignent que l'opération de reformulation paraphrastique ne s'explique guère «que si l'on tient compte du fait que l'activité du locuteur est toujours dirigée vers un partenaire, accomplie en sorte que ce partenaire puisse en faire l'interprétation souhaitée et organisée en vue de ses réactions possibles» (Gülich et Kotschi 1983 : 58). On peut ajouter que cette fonction de facilitation du travail interprétatif est révélatrice de l'activité de coopération interprétative chère à Umberto Eco[7]. Il ne faut toutefois pas négliger le fait que la reformulation peut aussi être l'indice de l'activité de gestion et de correction par le scripteur lui-même de son propre dire.

Il faut surtout insister sur la continuité séquentielle-textuelle. D. Slakta avait déjà souligné le rôle de la paraphrase dans la cohésion textuelle, la reformulation joue probablement un rôle comparable : elle permet certes de relier des unités lexicales mais surtout de fixer le sens (cohésion et cohérence) d'un ensemble de propositions par un «processus rétroactif» (Roulet 1987). Dans ce sens, on peut traiter les reformulations du «boy chinois» (8) comme des moyens d'assurer la cohésion sémantique des phrases-séquences P3 et P4. Il faut ajouter ici que, dans la reformulation,

— ceci de façon générale — la mise en relation «n'est pas présentée comme établie en dehors de l'opération qui la crée : elle est prédiquée par le locuteur/scripteur qui l'institue dans le discours pour les besoins (éventuellement conjoncturels) de son développement» (Charolles et Coltier 1986 : 55). Cette relation est donc instituée par le discours, elle n'est pas donnée comme fondée sur une équivalence de signification en langue. On retrouve ici la différence fondamentale qui existe entre la paraphrase (qui résulte d'une activité discursive de paraphrasage) et la synonymie (relation interne au lexique d'une langue donnée). C'est bien la conclusion du livre de C. Fuchs sur la paraphrase : «la paraphrase est un phénomène langagier (c'est-à-dire une activité de langage menée par des sujets dans des situations de discours données), qui n'est que partiellement linguistique (c'est-à-dire s'appuyant sur des relations complexes en langue, qui contribuent à l'établissement d'un jugement de paraphrase, sans pour autant le déterminer absolument)» (1982 : 176).

La prise en compte du fonctionnement de la reformulation dans le texte descriptif nous incite à dépasser le cas des seules reformulations paraphrastiques analysées par Gülich et Kotschi ou Charolles et Coltier. E. Roulet ouvre la voie dans cette direction en proposant de distinguer reformulation paraphrastique et reformulation non paraphrastique : «*Reformulation*, car l'énonciateur tente de mieux satisfaire à la complétude interactive en présentant l'intervention principale comme une nouvelle formulation, liée à un changement de perspective énonciative indiqué par le connecteur, d'un premier mouvement discursif (ou d'un implicite); *non paraphrastique*, pour la distinguer de la reformulation paraphrastique [...] qui lie deux constituants de même niveau hiérarchique et consiste, comme son nom l'indique, en une simple paraphrase» (1987 : 115). Il reste quand même à préciser en quoi EN FAIT, AU FOND, APRES TOUT, FINALEMENT et EN TOUT CAS, qu'il étudie, sont liés à l'opération de reformulation.

1.3.2. Du marquage de la clôture à celui de la reformulation : autour du cas de BREF

Dressant la liste des marqueurs de reformulation paraphrastiques Charolles et Coltier ajoutent à C'EST-A-DIRE et AUTREMENT DIT des unités qui inscrivent l'allusion au dire dans leur forme lexicale et dont la fonction métalinguistique est clairement affirmée. Si je suis d'accord avec eux pour considérer qu'on observe une même allusion au discours antérieur avec POUR TOUT DIRE, AUTANT DIRE, EN D'AUTRES TERMES, EN UN MOT (marqueurs auxquels il convient d'ajouter leurs satellites : JE VEUX DIRE (QUE), CECI/ CE QUI VEUT DIRE (QUE), CE QUI REVIENT A DIRE (QUE); voir à leur sujet Authier-Revuz 1987), je comprends moins la présence de BREF dans cette liste. Avec BREF, c'est activité générale de reformulation (paraphrastique ou non) que l'on touche et il n'est pas étonnant de voir Charolles et Coltier insister sur la valeur polyfonctionnelle de ce marqueurs : «Ainsi, ‹bref› par exemple, sert à indiquer une opération de reformulation qui consiste en une récapitulation; mais il y a aussi une fonction de structuration, puisqu'il marque la fin d'un développement discursif (l'achèvement d'une séquence que ‹bref› institue comme formant un tout)» (1986 : 53). La fonction de «structuration» de BREF correspond à sa valeur de marqueur d'intégration linéaire dont il a été question plus haut : souligner la clôture d'un développement textuel. Sa valeur récapitulative ouvre quant à elle sur un tout autre rôle du même marqueur : récapituler en reformulant. Cette polyfonctionalité apparaît bien dans l'exemple suivant où le substantif «antigaullisme» récapitule ironiquement la série «anarchie», «terrorisme» et «régicide» :

> (40) [...] Mais les honnêtes gens sauront qu'un pays capable de punir «hou hou» de mille francs d'amende est un pays défendu contre l'anarchie, contre le terrorisme, contre le régicide, BREF contre l'antigaullisme et surtout contre cet antigaullisme spontané, exclamatif et impudique qui ose se livrer à d'intolérables débordements au beau milieu de la voie publique.
>
> (F. Mitterand, *Le Coup d'état permanent*, 1964)

Ce double rôle de **structuration** (marquer la fin d'un développement) et de **reformulation** apparaît aussi bien dans certains emplois de BREF qu'avec d'autres marqueurs. Ainsi, la description d'une jeune fille idéale peut, dans *Belle du Seigneur* d'A. Cohen, être interrompue par :

> (41) [...] BREF une Colombe. [...]

et s'achever ainsi :

> (42) [...] DONC une Jeune Fille Parfaite.

Dans *Le Souverain poncif*, de Morgan Sportès, on trouve, au terme d'une description dialoguée :

> (43) — Non, rien! poursuit Xerox. Je suis un corps dans âme, une flèche sans but, un soleil sans chaleur, une nuit sans étoile, un jour...
> — sans lendemain, dit Rank.
> — une cage...
> — sans oiseau, dit Rank.
> — Un oiseau...
> — Sans aile.
> — Une aile...
> — Sans plume.
> — Une plume...

— Sans air qui la soutienne!
— ENFIN, un raté!

Le texte peut souligner la reformulation :

(44) Maintenant, vous connaissez Rudo Brisou. Et il ressemble bien à ce qu'il est : ses genoux s'ornent de deux belles écorchures; au front, il a une bosse; sous l'œil, un bleu; il a les coudes déchirés et tant d'égratignures sur la peau qu'on ne peut les compter. BREF (la grand mère d'André a bien raison), un garnement.

(J. Blozkova, *Un Merveilleux grand-père*).

ou insérer le marqueur dans un dialogue (sous forme de réplique interrogative d'un personnage :

(45) — Mais pour que je le reconnaisse, quand tu m'en parleras, il faut pourtant que tu m'en dises un peu plus.

— [...] A la main elle tient une corde pliée, tu sais, une corde pour sauter, avec des poignées de bois rondes. Elle s'en sert peu. Elle tient cela plutôt comme un éventail.

— DONC, une fillette?

— Si tu veux, mais avec une assurance, une tranquillité, un sourire de femme [...].

(J. Romain, *Les Amours enfantines*).

Ces exemples prouvent que BREF, EN BREF, ENFIN ET DONC, soulignent la structuration séquentielle. Intervenant au terme d'une série, ils marquent avant tout la fin d'une séquence descriptive et permettent ainsi à la reformulation de se développer.

Ce critère de position — fin de séquence ou de sous-séquence de propositions — permet d'opérer un premier classement des organisateurs dont nous avons parlé :

a) Les uns marquent explicitement la clôture : (EN) BREF, DONC, ENFIN, FINALEMENT, EN FIN DE COMPTE, AU FOND, DANS LE FOND, AU TOTAL, EN SOMME, SOMME TOUTE, APRES TOUT, TOUT COMPTE FAIT, TOUT BIEN CONSIDERE, EN DEFINITIVE, EN RESUME, EN CONCLUSION. Ce premier marquage est inséparable d'une apposition où se marque syntaxiquement la reformulation proprement dite. En revanche, des marqueurs comme EN UN MOT et EN D'AUTRES TERMES, substituables aux différents marqueurs dans les exemples (40) à (45), soulignent métalinguistiquement l'opération de reformulation paraphrastique. Soit un second cas de figure :

b) En position de fin de séquence, des marqueurs comme EN UN MOT, EN D'AUTRES TERMES, C'EST-A-DIRE, AUTREMENT DIT, AUTANT DIRE, POUR TOUT DIRE, ne soulignent pas tant la clôture que la reprise du dit.

A quelques lignes d'intervalle, pour clore une série, il n'est pas surprenant de voir M. Fitoussi utiliser ces deux stratégies avec aussi bien BREF que EN UN MOT (pages 144 et 145 du Ras-le-bol des superwomen, Calman-Lévy, 1987) :

(46) [...] Nous allions être amants, amis, complices. EN UN MOT complémentaires.

(47) [...] A-t-il vraiment existé, à la fin, ce Nouvel Homme qu'on voulait tendre, rassurant, amoureux, charmeur, prévenant, BREF doté de toutes les qualités requises pour faire un bon prince charmant ?

Dans une autre position séquentielle, les marqueurs classés en (b) jouent le même rôle local de définition que CE QUI VEUT DIRE, OU, A SAVOIR, SOIT, ou encore C'EST + GN, la mise entre parenthèses et la simple apposition. La combinaison du type (a) et de la définition apparaît clairement en (48) :

(48) Les yeux de Xerox sont attirés soudain, et comme aimantés, par le spectacle du vieux ticket de bus, collé sur le sol, à ses pieds (celui que picore le pigeon envolé lui aussi). Le ticket, jaunâtre tirant sur le grisâtre, est constitué de quatre côtés se coupant selon des angles à 90°. Les ôtés les plus longs, d'une taille égale (à peu près 6 cm) se trouvent vis-à-vis, en parallèles; et les plus courts (à peu près 3 cm) forment eux aussi des parallèles, de sorte que tous quatre délimitent une figure d'une surface quadrangulaire égale environ à 18 cm^2 : EN BREF, c'est un rectangle.

(M. Sportès, *Le Souverain poncif*)

1.3.3. Diversité des formes de l'opération de reformulation

Pour distinguer marquage de la structuration et marquage de la reformulation sans oublier le statut spécifique des opérateurs de reformulation paraphrastique, il faut utiliser ce que la description nous apprend : à commencer par le fait que la reformulation peut être réalisée par la forme syntaxique **N1 (c'est) un N2**, comme en (39) et en (49) :

(49) Quoiqu'il en soit, L'AUTOBUS repart. C'EST devenu UNE VOITURE PARTICULIERE.

(G. Perec, *La Boutique obscure*, n° 71)

La reformulation peut devenir la matière de toute la séquence. Ainsi dans ces lignes de Queneau que F.-B. Michel considère, dans *Le souffle coupé*, comme «la meilleure description [qu'il] connaisse de la crise d'asthme» :

(50) Et maintenant et maintenant ça ne va plus du tout, car C'EST pire qu'un étranglement, pire qu'un encerclement, pire qu'un étouffement, C'EST un abîme physiologique, un cauchemar anatomique, une angoisse métaphysique, une révolte, une plainte, un cœur qui bat trop vite, des mains qui se crispent, une peau qui sue.

(Queneau, *Loin de Rueil*)

Localisée sur le thème-titre, la reformulation devient la matière même de la séquence selon un processus d'expansion du type **[N1 (c'est) UN N2 (N3, N4,...)]** que l'on retrouve également dans cette description de Lucien Bodard :

> (51) La pension de famille, la dernière demeure d'Anne Marie. Pire, cent fois pire que tout ce que je m'étais représenté lorsque je m'essayais aux apitoiements. *Ce n'est même pas* un clapier, *pas même* un cloaque à misère, une masure où ma mère aurait pu être superbement clocharde, reine poubelle, *c'est*, au-dessous encore, un absolu dans l'horreur : la médiocrité décente faite maison, sur la peau paysagée du rêve méditerranéen.

> (Bodard, *La chasse à l'ours*)

La comparaison de la structure de ces deux expansions descriptives est intéressante : toutes deux comportent une comparaison initiale («pire que...») et une série de reformulations en «C'EST UN...»; l'exemple (51) fait toutefois précéder la reformulation en «C'EST UN» par «CE N'EST MEME PAS UN..., PAS MEME UN...» et une ellipse marquée seulement par la ponctuation [,]; de plus (50) et (51) diffèrent par la présence du thème-titre à l'initiale (51) ou non (50); dans ce dernier cas l'angoisse et le mystère se trouvent — conformément au propos tenu — accentués. Tout ceci confirme la fonction reformulative de C'EST que nous avons mentionnée plus haut, fonction complémentaire de sa valeur de marqueur d'énumération (comme dans (5), (30), (31) et (32)). Dans (50) et (51), la reformulation n'est pas ponctuelle et l'on est tenté de parler d'une énumération de reformulations possibles.

Au lieu d'être ponctuelle comme en (49), la reformulation en C'EST/C'ETAIT peut venir clore une séquence descriptive. Ainsi dans ce portrait typiquement balzacien :

> (52) Cet homme, dont la longue face blanche n'était plus nourrie que par les soupes gélatineuses de d'Arcet, présentait la pâle image de la passion réduite à son terme le plus simple. Dans ses rides, il y avait trace de vieilles tortures, il devait jouer ses maigres appointements le jour même où il les recevait. Semblable aux rosses sur qui les coups de fouet n'ont plus de prise, rien ne le faisait tressaillir; les sourds gémissements des joueurs qui sortaient ruinés, leurs muettes imprécations, leurs regards hébétés, le trouvaient toujours insensible. C'ETAIT le Jeu incarné.

> (Balzac, *La peau de chagrin*)

La reformulation peut être lexicalement amenée simplement par un verbe dans une opération qui est alors très proche de l'affectation d'un thème-titre à un N1 non défini encore. Ainsi, dans (33), entre l'énoncé source «une jeune femme... elle...» et l'énoncé de reformulation «Nazaré Pereira», intervient le verbe «s'appelle» qui supplée à l'absence de marqueur de reformulation. Comme avec (8), la reformulation est ici introduite au terme de la séquence descriptive selon la même opération d'affectation :

Schéma 9 :

OPERATION D'ANCRAGE
(Thème-titre)

Enoncé Source	Marqueur de Reformulation	Enoncé Reformulé
L'autobus	C'EST (devenu)	une voiture partlière
Le boy chinois	C'ETAIT	Un Seigneur de guerre
Cet homme	C'ETAIT	le Jeu incarné
Une jeune femme	S'APPELLE	Nazaré Pereira

OPERATION D'AFFECTATION

La lexicalisation de la reformulation est fréquente :

(53) Ces agrostis NOMMES les épis du vent

(Balzac, *Le lys dans la vallée*)

(54) La rosse était haute, cagneuse, osseuse, sans poils à la crinière, le sabot rongé, les fers battants; la croupière lui déchirait la queue; un séton suintait à son poitrail. Perdu dans une selle qui l'engouffrait, retenu en arrière par une valise, en avant par le grand portefeuille aux lettres passé dans l'arçon, son cavalier juché dessus, se tenait ratatiné comme un singe. Sa petite figure à poils rares et blonds, ridée et racornie comme une pomme de reinette, disparaissait sous un chapeau de toile cirée doublé de feutre; une sorte de paletot de coutil gris lui remontait jusqu'au hanches et lui entourait le ventre d'un cercle de plis ramassée, tandis que son pantalon sans sous-pieds, qui se relevait et s'arrêtait aux genoux, laissait voir à nu ses mollets rougis par le frottement des étrivières, avec ses bas bleus descendus sur le bord de ses souliers. Des ficelles rattachaient les harnais de la bête; des bouts de fil noir ou rouge avaient recousu le vêtement du cavalier; des reprises de toutes couleurs, des taches de toutes formes, de la toile en lambeaux, du cuir gras, de la crotte séchée, de la poussière nouvelle, des cordes qui pendaient, des guenilles qui brillaient, de la crasse sur l'homme, de la gale sur la bête, l'un chétif et suant, l'autre étique et soufflant, le premier avec son fouet, le second avec ses grelots; tout cela ne faisait qu'une même chose ayant même teinte et même mouvement, exécutant presque mêmes gestes, servant au même usage, dont l'ensemble S'APPELLE la poste d'Auray.

(Flaubert, *Par les champs et par les grèves*)

(55) Un rocher dressé comme un menhir, droit, inébranlable, est debout sur les lames dentelées des rocs amoncelés qui descendent vers la mer comme les degrés d'un escalier de géant. A côté, entre deux escaliers de pierre, s'allonge une fissure où l'eau s'engouffre avec un grand bruit. [...] Tout cela S'APPELLE la pointe de la Torche, parce qu'autrefois on éclairait la nuit ces terribles rivages pour les indiquer aux navigateurs.

(Flaubert, *id.*)

Soit donc un continuum comportant des marqueurs plus ou moins spécialisés (marqueurs de reformulation) et, de part et d'autre, le cas le moins marqué de l'opération de reformulation : la simple apposition marquée par la ponctuation (parenthèses, couple de virgules, deux points, voire une phrase nominale isolée) et le cas lexicalement le plus marqué, dont il vient d'être question et qui correspond, en fait, à l'affectation d'un nom propre à un N1 : **[N1 (s'appelle) N2]**. C'est bien ce que notent Charolles et Coltier : «Le marqueur de reformulation peut être une forme lexicale plus ou moins spécialisée dans le marquage de ce type d'opération, mais il peut s'agir aussi d'une construction comme l'apposition. [...] Les possibilités de marquage d'une opération de reformulation sont donc plus nombreuses que celles qu'offrent les seuls marqueurs lexicaux du type ‹c'est-à-dire›, ‹autrement dit›, ‹en d'autres termes›, etc.» (1986 : 54).

a) N1 + [ponctuation] (apposition) + N2 ;
b) N1 + (bref, donc, enfin) + (C'est) N2 ;
c) N1 + en un mot, autrement dit, pour tout dire, autant dire, en d'autres termes, c'est-à-dire + N2 ;
d) N1 + s'appelle / nommés + N2 (nom propre).

La reformulation peut donc être globalement ainsi résumée :

N1   + (MR) [être (un)]   + N2
(Enoncé Source)   (Enoncé Reformulé)

(a) Lexème simple   +   Séquence de propositions
    ou synthème   (énumération)

(b) Séquence de propotitions + Lexème simple ou synthème

Ce mécanisme de base peut agir de façon strictement locale ou de façon séquentielle. On distinguera donc :

• D'une part, une reformulation qui n'opère que très localement, avec ou sans marqueur de reformulation explicite :

> (55) [...] Un genre de dame patronnesse, la sécheresse de l'entre-deux âges, C'EST-A-DIRE la cinquantaine dépassée, engoncé dans une robe noire à l'étriqué strict et à la dignité contrainte.
>
> (L. Bodard, *La chasse à l'ours*)
>
> (56) Ah, l'antre d'Anne Marie, sa grotte, son salon !
>
> (L. Bodard, *id.*)

En (56), l'apposition est au service d'une reformulation en trois temps : on passe de N1 et N2 métaphoriques à N3 ; entre N1 («antre») et N2 («grotte»), il y a isotopie, mais poly-isotopie entre N3 («salon») et les deux premières désignations.

• Et, d'autre part, une reformulation qui vient clore une séquence par une opération d'affectation directement reliée au thème-titre ou à un objet thématisé préalablement. Ainsi dans l'exemple suivant, intéressant à plus d'un titre :

(57) La Seiche (Sepia officinalis) est un Céphalopode d'une trentaine de centimètres, commun au voisinage des côtes où il vit sur les fonds sableux des prairies marines.

La tête, flanquée de deux yeux volumineux, porte la bouche munie de deux puissantes mâchoires cornées (bec de perroquet). La bouche est entourée d'une couronne de huit bras courts, couverts de ventouses sur leur face interne (bras locomoteurs), et de deux longs bras grêles, terminés en cuillers munies de ventouses, rétractiles dans deux poches latérales (bras préhensiles). [...]

La reformulation peut donner lieu soit à une condensation (donner une dénomination), soit — mécanisme inverse — à une expansion (définition). Tiré d'un livre de sciences naturelles, (57) illustre bien l'opération de reformulation par dénomination; opération qui porte soit sur le thème-titre, soit sur les parties ou sous-parties de l'objet considéré. On assiste, au début du premier paragraphe, à une reformulation du thème-titre par simple apposition : Lexème N1-énoncé source (Lexème N2-énoncé reformulé); soit une structure : [N1 (N2)]. Par la mise entre parenthèses, la ponctuation permet le passage de l'appellation en langue courante à la désignation en langue savante. Dans le paragraphe suivant, les trois autres reformulations obéissent au même mécanisme de changement de langue : N1-langue courante (N2-langue savante, terme technique), mais la reformulation porte, cette fois, sur des sous-parties de l'animal. Les «deux puissantes mâchoires cornées» (N1-énoncé source) deviennent un «(bec de perroquet)» (N2-énoncé reformulé); les huit bras courts (N1-énoncé source), des «(bras locomoteurs)» (N2-énoncé reformulé) et les «deux longs bras grêles» (N1-énoncé source), des «(bras préhensiles)» (N2-énoncé reformulé). Notons au passage que, dans ces trois cas, la reformulation joue un rôle évident de structuration textuelle : elle ferme la description d'une partie ou sous-partie de l'objet décrit; après chaque parenthèse reformulative, un nouvel objet est thématisé. En (57), on peut parler d'une opération de condensation-dénomination qui contraste avec l'opération inverse d'expansion-définition de (58) et (59) :

(58) [...] Ou bien on confie [les cocons] au tisserand du village. Il les plonge dans l'eau, les agite avec «l'escoubette» — un petit balai de genêt qui permet d'éliminer les premières couches irrégulières et impropres au filage de la soie — enroule le fil sur un dévidoir et le met enfin en écheveaux prêts à tisser.

(N. Robatel, *Au temps des métiers*)

(59) Le passementier fabrique et vend des articles de passementerie, C'EST-A-DIRE des dentelles, des parures en coton, laine et soie, tissées de fils d'or et d'argent, et parfois rehaussées de verroterie.

Ces opérations inverses de reformulation par CONDENSATION (dénomination) ou EXPANSION (définition) correspondent à la structure (hiérarchique) de base de la description : opération de condensation (57) en direction du thème-titre — objet du discours — ou d'une unité thématisée — nouvel objet du discours —, opération d'expansion (58) et (59) à partir du thème-titre ou d'un élément thématisé. Dans ce dernier cas, on a bien affaire au prédicat définitionnel de base : dénomination-sujet et définition-prédicat. Ceci confirme les affinités dont nous avons déjà parlé ailleurs entre description et dictionnaire de langue ou encyclopédique, affinité que souligne également Barthes («Le modèle (lointain) de la description n'est pas le discours oratoire (on ne «peint» rien du tout), mais une sorte d'artefact lexicographique», 1973 : 45). La paraphrase par A SAVOIR, qui souligne le caractère codé de certaines reformulations, devient difficile, sinon impossible, dès que l'on s'éloigne — comme le permet C'EST-A-DIRE — du code. Des structures implicatives tendent alors à se substituer aux définitions (paraphrases par DONC). Ceci doit nous inciter à rester dans le cadre d'une théorie unifiée du fonctionnement paraphrastique du type de celle que développe C. Fuchs, dans la perspective d'une théorie qui ne s'appuie sur les propriétés intrinsèques des expressions, mais part de l'activité métalinguistique des sujets parlants qui établissent «des relations d'identification entre séquences, activité dont les structures explicites de reformulation sont une ‹verbalisation›». C'est également la position de Charolles et Coltier : «On considérera qu'il y a reformulation dès qu'un locuteur/scripteur présente une expression comme explicitant (dans le contexte) la signification d'une autre ; que cette explicitation (qui peut être une expansion ou une condensation) soit justifiée par référence au lexique (reformulations proches de la dénomination) ou, à un lieu commun (topos) comme c'est le cas dans les reformulations proches de la consécution [...] ou de la correction [...]» (1986 : 57).

1.3.4. Reformulation, prise en charge et polyphonie

E. Roulet a proposé de distinguer les marqueurs de reformulation paraphrastiques, qui relient des N de même niveau hiérarchique et consistent en une simple paraphrase (1987 : 115), des marqueurs de reformulation «non paraphrastiques» comme AU FOND, EN SOMME, SOMME TOUTE, TOUT COMPTE FAIT, TOUT BIEN CONSIDERE, FINALEMENT, EN DEFINITIVE, EN FIN DE COMPTE, APRES TOUT, dont nous avons déjà parlé, et EN FAIT, DE FAIT, EN REALITE, EN TOUT CAS, DE TOUTE MANIERE, DE TOUTE FAÇON. Préférant cette appellation à celle de «conclusifs» (Spengler 1980 et Jayez 1983) ou de «réévaluatifs» (Schelling, 1982; Roulet *et al.* 1985, Roulet, 1986), E. Roulet justifie le maintien du terme «reformulation» en insistant sur le fait que l'énonciation «tente de mieux satisfaire à la complétude interactive en présentant l'intervention principale comme une nouvelle formulation, liée à un changement de perspective énonciative indiqué par le connecteur, d'un premier mouvement discursif (ou d'un implicite)» (1987 : 115). En insistant ainsi sur le changement de perspective énonciative, E. Roulet en vient à noter un fait essentiel :

> Les enchaînements de type reformulatif autorisent, du fait du changement de perspective attribué à l'énonciateur, des relations thématiques beaucoup plus lâches. C'est pourquoi il est souvent difficile de décider si la reformulation porte sur un constituant antérieur du discours ou sur un implicite et, dans le premier cas, de déterminer avec précision la dimension du constituant du discours qui est subordonné rétroactivement. Ce n'est pas gênant pour l'interprétation, car la reformulation vise souvent davantage à marquer un changement de perspective énonciative par rapport au discours antérieur qu'à reformuler (au sens étroit du terme) un constituant déterminé de celui-ci (1987 : 116).

C'est bien ce qui se passe, de façon exemplaire, en (38) et dans ce passage de style indirect libre de Zola :

> (60) Mais la cuisinière [...] déclara qu'elle n'acceptait plus la responsabilité du dîner, car elle attendait, de chez le pâtissier de Marchiennes, des croûtes de vol-au-vent, qu'elle avait demandées pour quatre heures. Evidemment, le pâtissier s'était égaré en chemin, pris de la peur de ces bandits. Peut-être même avait-on pillé ses mannes. Elle voyait les vol-au-vent bloqués derrière un buisson, assiégés, gonflant les ventres des trois mille misérables qui demandaient du pain. EN TOUT CAS, monsieur était prévenu, elle préférait flanquer son dîner au feu, si elle le ratait, à cause de la révolution.

> (*Germinal*, V, 6)

Ou encore, moins clairement certes, dans cet extrait du portrait de Philippine Leroy-Beaulieu proposée dans le magazine *Emois* :

> (61) [...] Décontractée dans l'expression, plutôt jolie, sensuelle, animale. EN TOUT CAS, très «physique».

Et dans cet autre passage de L. Bodard :

> (62) La vase spongieuse était littéralement tapissée de poissons : bêtes tachetées, noirâtres, suantes, difformes, bêtes triangulaires, crapaudines, couleuvrines, bêtes squaleuses, bêtes limaceuses, avec des branchies monstrueuses, bêtes inclassables, immenses, naines, puantes, tout cela aggloméré, emmêlé, se débattant, tout cela survivant ou expirant, EN TOUT CAS à ramasser par tonnes. La nappe de ces eaux lourdes et de leurs poissons-charognes butait contre la jungle.

> (*La chasse à l'ours*)

La structure séquentielle de la reformulation — N1 être un N2 — ne peut pas être appliquée simplement ici. En (61), la reformulation porte sur une propriété de l'actrice, mais laquelle (ou lesquelles) exactement? En (62), jusqu'où s'étend la portée de l'empan textuel candidat à la reformulation? Le marqueur interrompt l'énumération adjectivale des propriétés de l'actrice (61) ou des bêtes (62). La question est la suivante : quel rapport la propriété introduite par le marqueur (elle est «très ‹physique›» et bêtes «à ramasser par tonnes») entretient-elle avec les précédentes propriétés? On peut dire que le marqueurs de reformulation EN TOUT CAS donne l'instruction de sélectionner dans le cotexte certains aspects sémantiques — explicites ou à dériver — des propriétés précédentes. Si la formulation nouvelle (énoncé reformulé) est posée comme préférable, c'est que le marqueur fonde la correction reformulatrice sur une incertitude. E. Roulet décrit ce mouvement en ces termes :

> EN TOUT CAS subordonne rétroactivement un mouvement discursif impliquant une incertitude et présente l'intervention principale qu'il introduit comme indépendante de celle-ci; en d'autres termes, il annule rétroactivement une perspective énonciative évoquant une interrogation en SI (1987 : 122).

C'est très nettement ce qui se passe en (60) : le marqueur souligne la démarcation entre l'incertitude de la cuisinière sur le sort des vol-au-vent et ce qu'elle asserte, en revanche, avec fermeté, sur le ton même de la menace. En (61) et (62), l'idée d'incertitude est moins nettement lisible. Toutefois, la **prise en charge énonciative** est tellement affirmée dans les énoncés reformulés qui suivent EN TOUT CAS que, par contrecoup, ce qui précède semble moins nettement pris en charge voire même remis en cause.

Un marqueur comme C'EST-A-DIRE (QUE) peut également jouer un rôle de reprise interprétative en soulignant un changement — ici radical — de point de vue :

> (63) Car la Vérité, à l'usage, s'est révélée tout autre. Nous avons fait erreur sur la personne. C'EST-A-DIRE QU'il n'y avait personne. A-t-il vraiment existé, à la fin, ce Nouvel Homme...

(M. Fitoussi, *Le Ras-le-bol des Superwomen*)

Dans un article récent, consacré à C'EST-A-DIRE, M. Murat propose de distinguer la «reprise interprétative» et la reformulation stricte qui n'est jamais une rectification. Selon lui, C'EST-A-DIRE ne marque pas seulement des relations entre termes, mais un acte discursif complexe de «reprise interprétative» : «un énoncé de ce genre n'est informatif que si «ce qu'est» B est plus clair, plus compréhensible que «ce qu'est» A : c'est à cette condition qu'il peut servir à réaliser une reprise interprétative» (1987 : 6). Dans ces conditions, la structure notée plus haut : **formulation (énoncé source) de N1 + (marqueur de reformulation) + reformulation (énoncé reformulé) de N2**, donne à relire l'énoncé source-N1 comme une manière de dire inadéquate et l'énoncé reformulé-N2 comme conforme à une norme.

Même idée également chez B. Bosredon qui oppose C'EST-A-DIRE et AUTREMENT DIT à OU : «OU n'est [...] qu'un connecteur-correcteur de vocable, sans fonction énonciative propre qui intègre en bloc, dans une énonciation unique, les deux termes dont il a assuré la relation sémantique» (1987 : 83). Il souligne le statut ambigu de C'EST-A-DIRE (QUE) qui «peut tout à la fois reprendre et servir à expliciter des opérations pragmatiques, énonciatives et sémantiques» (1987 : 82). Précisons au passage qu'il ne faut pas oublier que, combiné sous la forme OU PLUTOT (marqueur d'une certaine certitude), OU peut avoir la valeur de AUTREMENT DIT. Il peut même marquer l'incertitude comme dans cet exemple de Claude Simon :

(64) Immédiatement au-dessus de la plinthe court un galon (OU bandeau?) dans les tons ocre-vert et rougeâtres [...].

(*Leçon de choses*)

La nécessité d'une prise en compte de la dimension énonciative des connecteurs est confirmée par les exemples de notre corpus qui fonctionnent avec le marqueur EN FAIT :

(65) Avec ses yeux porcins, son nez retroussé qui exhibe des narines caverneuses et sa panse qui affiche la prospérité de la quarantaine négligée, le portrait type du gigolo en demi-solde. EN FAIT, un digne coquin au rabais, qui aurait vu sa prestance prématurément s'avarier, tout à fait conforme aux possibilités séductrices restreintes de la dame tenancière.

(L. Bodard, *La Chasse à l'ours*)

Ou encore par ces extraits de récits de rêve :

(66) Je sors sur la plage. A ma droite, on tire de l'eau un énorme poisson, épineux et rouge. C'EST EN FAIT un petit sous-marin qui appartient à un vieux couple qui est là.

(J. Brosse, *L'Expérience du rêve*)

(67) Je crois découvrir dans mon appartement une grande pièce, mais EN FAIT elle n'est pas à moi, et même c'est la rue.

(G. Perec, *La Boutique obscure*, n° 84)

(68) Par la fenêtre haute et étroite, j'aperçois un tank immense. C'EST EN FAIT une falaise [...]. Je distingue bientôt, se déplaçant de gauche à droite, un petit garçon qui court sur le rebord supérieur du tank, en l'occurrence le long d'un sentier taillé dans l'à-pic de la falaise. Tout en bas de la falaise-tank, il y a un lac que je surplombe de la fenêtre.

(G. Perec, *La Boutique obscure*, n° 45)

Le signal de la réinterprétation et l'opposition de deux espaces sémantiques sont très nets avec des marqueurs de reformulation comme EN FAIT et EN REALITE. M. Charolles a noté, lui aussi, cette opposition des espaces sémantiques en soulignant que si chacun de ces deux marqueurs «en présente un comme plus déterminant que l'autre», la hiérarchie qu'il introduit «ne revient pas nécessairement à une dissociation entre les apparences et le réel, au moins dans le sens où l'on entend habituellement ces notions» (1984 : 88). Ainsi en (65) et surtout avec les trois extraits de récits de rêve, (66) à (68), où l'on peut dire que «l'énonciateur qui utilise EN FAIT ou EN REALITE présente la reformulation comme plus conforme aux faits ou à la réalité que le mouvement discursif antérieur» (Roulet 1987 : 124). Ce que E. Roulet désigne ici comme les «faits» ou la «réalité» et que M. Murat appelle pour sa part la conformité à une «norme» doit être situé dans le cadre plus vaste des espaces sémantiques dont il a été question dans la première partie (chapitre 2.2.).

Ce mouvement est tout à fait visible dans un tract électoral suisse que je cite un peu longuement en raison de l'extrême intérêt de sa structuration systématique :

(69) *L'initiative prétend protéger les exploitations paysannes, notamment les petites.*
DANS LES FAITS, elle créerait arbitrairement deux catégories d'exploitations [...]
• L'agriculture paysanne et, en premier lieu, les petits paysans payeront.

L'initiative prétend offrir une alimentation à meilleur compte.
EN REALITE, l'initiative pousserait à la hausse des prix agricoles. [...]
• Les consommateurs payeront.

L'initiative prétend supprimer les «fabriques d'animaux».
EN FAIT, celles-ci ne recevraient plus l'aide de l'Etat mais seraient également libérées des contraintes imposées aux exploitations paysannes. [...]
• L'écologie et les exploitations paysannes payeront.

L'initiative prétend libérer le contribuable et le consommateur des coûts inutiles provoqués par la mise en valeur de prétendus excédents.
A VRAI DIRE, l'obligation faite aux importateurs [...].
• Les consommateurs payeront.

L'initiative prétend améliorer la position de la Suisse au GATT.
EN REALITE, l'interdiction d'importer prévue par l'initiative ne pourrait être acceptée par nos partenaires [...]
• L'économie suisse payera.

L'initiative prétend libéraliser l'importation des produits agricoles.
En un tel cas [...]. C'EST DIRE QUE nous serions à la merci de l'étranger pour les viandes aux hormones ou d'autres produits de fabrication industrielle. [...]
• Les consommateurs payeront.

Le premier paragraphe (en italiques) de chaque nouvelle section est dominé par ce que j'ai appelé plus haut un verbe d'opinion («prétend»). Ceci permet de situer le propos en italiques dans un espace sémantique hétérogène, non pris en charge par le locuteur : l'espace des tenants de l'initiative combattue par le(s) signataire(s) du tract. La façon même dont le tract est présenté confirme cette mise à distance :

(69′) NON à l'initiative dite «en faveur des petits paysans».

L'usage des guillemets et du verbe introducteur («dite») signalent la parole hétérogène. Les énoncés chargés de réfuter les six paragraphes en italiques sont tous soulignés par un marqueur de reformulation : «DANS LES FAITS [...]. EN REALITE [...]. EN FAIT [...]. A VRAI DIRE [...]. EN REALITE [...]. [...] C'EST DIRE QUE [...]». Soit toute la série (ou presque) des marqueurs de reformulation possibles. Il s'agit, bien sûr, d'opposer deux espaces sémantiques en indexant celui de l'adversaire comme mensonger («prétend») et celui du locuteur comme conforme à la réalité, à l'ordre des faits eux-mêmes. Nous sommes en présence d'un phénomène polyphonique d'hétérogénéité montrée tout à fait conforme à ce qu'on a vu plus haut (chapitre 2.2. de la première partie).

Une pragmatique textuelle du type de celle que définit le présent ouvrage ajoute, on le voit, à la dimension séquentielle des marqueurs-connecteurs, ce que j'ai appelé plus haut leur dimension pragmatique — avec ses composants : sémantique-référentiel, énonciatif et argumentatif (orientation argumentative). Dans cette perspective, on peut dire que certains marqueurs-organisateurs ne possèdent pas de valeur argumentative. Ils comportent une fonction séquentielle et/ou une fonction sémantique et énonciative (marquer une prise en charge dans un espace sémantique donné). C'est bien ce que soulignent, à propos de EN FAIT, N. Danjou-Flaux : «EN FAIT ne peut [...] prendre une valeur argumentative» (1980 : 132) et E. Roulet : «Il n'y a pas de relation argumentative entre les deux constituants articulés par EN FAIT» (1987 : 123).

1.4. CONNECTEURS (POURTANT) ET ORGANISATEURS (ENFIN)

Afin d'illustrer ce qui différencie un connecteur introducteur d'une orientation argumentative et des marqueurs du type de ceux que je viens d'examiner, revenons, une dernière fois, sur l'exemple (8) (page 146) et le rôle de POURTANT.

Cet énoncé complexe donne à lire une première représentation descriptive non prise en charge par l'énonciateur (espace hypothétique ouvert par «on aurait dit», création d'un ordre du paraître). La représentation qui suit le connecteur se situe, elle, dans un espace sémantique différent, dominé par une modalité de l'être («c'était un véritable»). En fait, les deux phrases-séquences descriptives sont prises dans le mouvement d'une orientation argumentative que l'on peut décrire plus complètement ainsi : la reformulation est précédée d'une indication de prise en charge énonciative («on aurait dit»). La dernière macro-proposition descriptive de la phrase-séquence P3 fournit, d'un point de vue référentiel, une représentation descriptive non prise en charge énonciativement par le locuteur actuel (JE de P1), mais par un ON plus vague que le NOUS de P2. Le conditionnel ajoute encore à cette distance et m'incite à parler d'une validité restreinte (ordre du paraître dans un espace H) de la première séquence descriptive que la présence de POURTANT, à l'initiale de la phrase-séquence suivante, va permettre de préciser en cernant l'orientation argumentative sous-jacente.

Les reformulations introduites en fin de phrase-séquence résument les propositions descriptives précédentes sous forme d'un thème-titre (synthème plutôt que lexème, cette fois) substitut du premier. Elles garantissent, en quelque sorte, l'établissement d'une macro-structure sémantique (ou sens global de la phrase-séquence) chaque fois marquée énonciativement. L'orientation argumentative est soulignée par le connecteur concessif. Associées à lui, les marques d'évaluation-prise en charge donnent l'instruction de dériver de la première séquence (schéma 6, page 148) une macro-structure qui corresponde à une macro-proposition argumentative de contenu p (portrait d'un «défileur de carnaval») et de la seconde (schéma 7, page 150) une macro-structure qui corresponde, elle, à une macro-proposition argumentative de contenu q (portrait d'un «Seigneur de la guerre»). Les instructions propres à POURTANT et aux marques de prise en charge («on aurait dit» [paraître] VS [être] «c'était un véritable»), situent p dans un espace sémantique H différent de celui de q. Le fait que le boy chinois soit un «défileur de carnaval» exclut (nie) la possibilité même qu'il puisse être un «Seigneur de la guerre». La contradiction inhérente à l'orientation argumentative de la séquence s'explique, en fait, par une modalité du paraître opposée à une modalité de l'être. Le glissement de «on aurait dit» (espace H) au présentatif «c'était» (espace M) garantit l'orientation de la représentation discursive. La proposition p est valide comme argument pour une conclusion non-q — en d'autres termes, encore une fois, la première reformulation exclut la seconde — dans un espace sémantique H (où E1 ≠ L). Tandis que, dans un espace M (E1 = L), p et q coexistent, indexés toutefois comme paraître (F) et être (G), première apparence et identité posée comme réelle à un moment du passé du narrateur : «pourtant marque toujours un certain étonnement, celui de voir coexister F et G», écrit assez justement J.-C. Anscombre (1983). L'étonnement concerne ici le fait que le même individu (LE boy chinois) puisse supporter deux prédicats attributifs : être un N1 et être un N2. Avant que ne soit résolue cette double attribution sous la forme **paraître un N1**, mais **être un N2**. Ce mouvement est, en amont de P3-P4, annoncé par l'étonnement souligné en P1 et P2. En aval, cette fois, la continuation (P5) de cette séquence confirme l'orientation configurationnelle : seul le «Seigneur de la guerre» (être un N2) peut produire les effets décrits en P5 et être co-référentiel avec «un de ces hommes redoutables».

On le voit, ce texte met en jeu, en fait, trois espace sémantiques : R (espace de réalité du JE présent de P1), H (espace hypothétique contrefactuel du «on aurait dit» de P3) et M (espace de l'enfant, du JE passé de P4). Son orientation argumentative peut ainsi être résumée :

Schéma 10 :

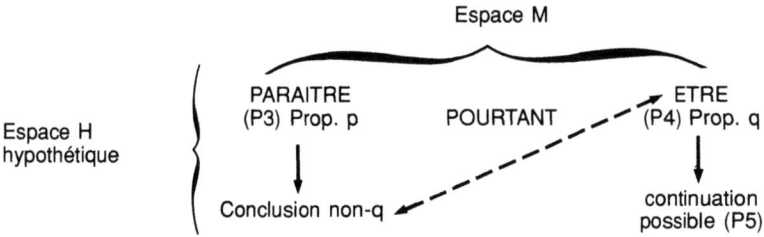

Des observations développées dans ce chapitre, pourraient peut-être découler des directions de classement des marqueurs, mais l'hétérogénéité des critères à prendre en compte me fait actuellement douter de l'opportunité d'une entreprise à visée totalisante. La polyfonctionalité de ces unités ne permet pas de tenir compte, dans un classement unique, de l'ensemble des paramètres comme la position, la fonction, les niveaux séquentiel (dans des types différents de séquences, de surcroît), énonciatif et argumentatif.

Le meilleur exemple de cette hétérogénéité est probablement fourni par un marqueur comme ENFIN :

a) Marqueur temporel, tout d'abord, comme en (70) et même dans la publicité (71) :

(70) [...] ENFIN les objets qui meublent ma chambre commencèrent à m'apparaître dans un brouillard et je parvins à m'éveiller.

(M. Morise, «Rêve» in *La Révolution Surréaliste*)

(71) ENFIN LE CHOCOLAT QUE TOUS LES CONNAISSEURS ATTENDAIENT

b) Marqueur d'intégration linéaire, il souligne le dernier élément d'une énumération. Ainsi, on l'a vu, en (12) et (18).

c) En rapport direct avec la reformulation, comme on l'a vu aussi, il peut jouer un rôle récapitulatif, ainsi en (4), (43) et dans ces extraits de Balzac (*Père Goriot*) :

(72) Madame Vauquer respire l'air chaudement fétide sans être écœurée. Sa figure fraîche comme une première gelée d'automne, ses yeux ridés, dont l'expression passe du sourire prescrit aux danseuses à l'amer renfrognement de l'escompteur, ENFIN toute sa personne explique la pension, comme la pension implique sa personne.

(73) [...] Pour expliquer combien ce mobilier est vieux, crevassé, pourri, tremblant, rongé, manchot, borgne, invalide, expirant, il faudrait en faire une description qui retarderait trop l'intérêt de cette histoire, et que les gens pressés ne pardonneraient pas. Le carreau rouge est plein de vallées produites par le frottement ou par les mises en couleur. ENFIN, là règne la misère sans poésie, une misère économe, concentrée, râpé. [...]

d) ENFIN peut également marquer une reprise énonciative avec une valeur proche de OU PLUTOT, comme dans (74), par lequel je terminerai :

(74) SuperWoman, cette femme de rêve? C'est vous, c'est moi. ENFIN, presque... ENFIN, on essaie. C'est Linda, 34 ans, avocate, 2 enfants; [...]

(M. Fitoussi, *Le ras-le-bol des Superwomen*)

NOTES

[1] Une première version de cette étude, menée avec la collaboration de Françoise Revaz, a été publiée dans le n° 81 de *Langue française* (1989).
[2] Je corrige ici la schématisation proposée page 178 de Adam et Petitjean 1989 ainsi que dans plusieurs articles antérieurs.
[3] Pour une analyse de détail, voir Adam et Petitjean 1989.
[4] Je reviendrai sur l'examen de cette séquence lors de l'étude, du groupe des marqueurs d'intégration linéaire de type D'ABORD, PUIS, ENSUITE, ENFIN.
[5] A ce sujet, Jean Ricardou (1978) a fait remarquer que «s'agissant de la pièce montée, la correspondance de l'ordre de la description et de l'ordre de la confection relève d'un certain *vraisemblable*».
[6] F. Revaz a montré (1987) que la présence d'une succession d'actions dans le temps n'était pas un critère suffisant pour parler de récit; de même la présence d'organisateurs temporels ne suffit pas non plus pour transformer une description d'action en véritable récit.
[7] Comme le rappelle le sous-titre de *Lector in fabula* : «La coopération interprétative dans les textes narratifs».

Chapitre 2
L'exemple des connecteurs :
MAIS et CERTES

J'ai choisi de ne m'occuper ici que des connecteurs (MAIS et CERTES), d'abord parce qu'ils apparaissent souvent ensemble dans le discours, ensuite parce que le premier est certainement celui qui a été le plus étudié ces dernières années et le second fort peu décrit, enfin parce que l'examen de ces deux connecteurs permet d'aborder un assez grand nombre de problèmes pragmatiques et textuels : phénomènes de prise en charge des propositions, de parenthésages et d'orientation argumentative.

Du fonctionnement de MAIS, le présent essai tentera de donner une description plus complète que celles qui existent actuellement. De CERTES, il s'agira d'entreprendre la description sur la base d'un corpus assez large pour échapper aux limites des analyses concessives. Ce dernier connecteur étant employé soit seul soit avec MAIS de façon privilégiée, nous pourrons entrer dans l'analyse de parenthésages et de phénomènes de prise en charge un peu complexes qu'illustreront quelques lignes d'un roman de Georges Perec et le poème de Raymond Queneau étudié au chapitre suivant.

2.1. DEUX OU CINQ FONCTIONNEMENTS DE MAIS EN FRANÇAIS?

Si l'on en croit O. Ducrot et J.- C. Anscombre (1977) ainsi que C. Plantin (1978) et leurs continuateurs, il n'y aurait que deux MAIS en français : un MAIS de réfutation qui se traduit en espagnol par SINO et en allemand par SONDERN («MAIS SN») et un MAIS d'argumentation qui se traduit en espagnol par PERO et en allemand par ABER («MAIS PA»). O. Ducrot propose de décrire de façon unifiée le MAIS de type «MAIS occupe-toi d'Amélie...» (Ducrot *et al.* 1980). Partant d'un corpus beaucoup plus vaste et surtout plus diversifié que celui de mes prédécesseurs, je distinguerai cinq fonctionnements de MAIS. On verra en conclusion si une description unifiée de ces cinq MAIS peut être envisagée[1].

2.1.1. MAIS <1> de renforcement-renchérissement

Ce MAIS est généralement négligé dans les descriptions des linguistes, c'est le MAIS des exemples suivants :

(1) Pour l'aventure, bien sûr, MAIS pour une leçon de cinéma AUSSI...

(Publicité pour *Indiana Jones et le temple maudit*)

(2) [...] NON SEULEMENT il [l'univers] parle des choses dernières (en ce cas-là, il le fait d'une manière obscure) MAIS AUSSI des choses proches, et alors là d'une façon lumineuse. J'ai presque honte de te répéter ce que tu devrais savoir. Au croisement, sur la neige encore fraîche, se dessinaient avec grande clarté les empreintes des sabots d'un cheval [...].

(Umberto Eco, *Le nom de la rose*, p. 36)

(3) Tel était mon maître. NON SEULEMENT il savait lire dans le grand livre de la nature, MAIS AUSSI de la façon que les moines lisaient les livres de l'Ecriture, et pensaient à travers ceux-ci. Dons qui, comme nous verrons, devaient s'avérer pour lui fort utiles dans les jours qui suivraient.

(*id.*, pp. 37-38)

(4) Il y a de tout dans notre bûcher
Des pommes de pin des sarments
MAIS AUSSI des fleurs plus fortes que l'eau.

(Eluard, *Le Phénix*)

A ces exemples littéraires, on peut ajouter ces quelques textes publicitaires :

(5) NON SEULEMENT le yogourt bifidus aux fruits est un vrai délice, MAIS il fait AUSSI du bien. DE PLUS, il est édulcoré au fructose, bien plus digeste que le sucre cristallisé. A goûter à tout prix !

(6) [...] Cet unique croisement de Tangerine et de pamplemousse a été élaboré NON SEULEMENT pour le connaisseur, MAIS EGALEMENT pour ceux qui tiennent à le devenir.
(7) Dites-le avec des mots : je t'aime. MAIS dites-le AUSSI en chiffres : chaîne en or 18 carats, longue de 42 cm, pesant 19 grammes, pour 750 FS. [...]
(8) Ces modèles sont des canapés-lits décontractés, MAIS AUSSI des lits-canapés confortables.
(9) NIVEA body est maintenant encore plus efficace, car NON SEULEMENT il hydrate abondamment la peau, MAIS il lui conserve AUSSI son humidité. [...]

Ce type de MAIS est généralement construit avec NON SEULEMENT dans la proposition P et combiné avec MEME, AUSSI, EGALEMENT, EN (DE) PLUS, dans la proposition Q. C'est dire qu'il apporte un argument supplémentaire pour une conclusion qui peut être exprimée (en (4) par le vers 1 et en (5) par la phrase exclamative finale) ou non. L'exemple (1) présente l'intérêt de bien mettre en évidence le fait que la proposition P est un argument pour une certaine conclusion implicite à dériver à partir de la situation discursive : *allez voir Indiana Jones* (pour l'aventure); MAIS introduit simplement un argument (proposition Q) qui va dans le sens de cette conclusion et qui est posé comme un argument de plus de poids (ce qu'une paraphrase par MEME confirmerait) : *allez voir Indiana Jones pour des raisons cinématographiques, en connaisseur.* Il est évident que (1') ne dit pas la même chose que (1), même si la conclusion demeure : *allez voir Indiana Jones pour l'aventure.*

(1') Pour une leçon de cinéma, bien sûr, MAIS pour l'aventure AUSSI...

Si (1) et (1') donnent bien deux raisons (arguments) pour aller voir le film, ils hiérarchisent les arguments de façon différente, révélant ainsi le système de valeur sur lequel s'appuie le locuteur.

Sur ce point, (2) et (3) révèlent aussi le système de valeur du maître et de son élève. En (2), le fait que l'univers parle des choses dernières fait partie des évidences (croyances métaphysiques de l'époque) et Guillaume insiste surtout sur le fait qu'il parle aussi des choses de la vie quotidienne. L'exemple (3) souligne également que la charge informationnelle des propositions P et Q n'est pas identique. En (3), c'est l'inverse de (2) : à la manière de Zadig (le début du premier jour du *Nom de la rose* — pages 35-37 du Livre de poche — reprend, en effet, très scrupuleusement et très sémiotiquement le chapitre «Le chien et le cheval» du conte de Voltaire), Guillaume décode les indices laissés par le cheval comme il décode, en bon moine, les saintes écritures.

Je suis tenté de dire que, dans tous les cas, MAIS indique que P est «connu» (cohésion-répétition) et Q «nouveau» (progression). MAIS aurait donc pour propriété d'introduire une dynamique communicationnelle comparable à l'ordre thème-rhème de la phrase de base. C'est, très évidemment, le cas en (5), (6), (7) et (9), moins nettement en (8) : l'appui de (7) sur les valeurs quantifiables est révélateur du contexte (publicité pour des bijoux qui doit bien les présenter et argumenter sur le rapport qualité-prix); (5) privilégie quant à lui la santé; avec (6), la focalisation sur le lecteur-consommateur ordinaire (pas le spécialiste) fait partie du processus argumentatif publicitaire; il semble, de même, possible de dire que (8) privilégie le lit-canapé sur le canapé-lit et (9) la conservation de l'humidité sur la simple hydratation momentanée.

Ce mouvement est perceptible également dans ces derniers exemples tirés du *Nom de la rose* :

> (10) [...] Souvent ce sont les inquisiteurs qui créent les hérétiques. NON SEULEMENT pour les imaginer quand ils n'existent pas, MAIS parce qu'ils répriment avec une telle véhémence la vérole hérétique que nombreux sont ceux qui l'attrapent par haine des inquisiteurs. (p. 71)
>
> (11) [...] Sous la torture tu dis NON SEULEMENT ce que veut l'inquisiteur, MAIS AUSSI ce que tu imagines qui peut lui être agréable, parce qu'il s'établit un lien — certes vraiment diabolique ce lien-là — entre toi et lui... [...] Sous la torture, Bentivenga peut avoir dit les mensonges les plus absurdes, parce que ce n'était pas lui qui parlait, MAIS sa luxure, les démons de son âme.

Le dernier MAIS de (11), employé après une négation, nous introduit au cas suivant. Soulignons auparavant, pour conclure cette première analyse, que la traduction de (1) et (4) par PERO (TAMBIEN) et celle de (2) et (3) par SINO (TAMBIEN) ne rendrait pas du tout compte du fonctionnement de MAIS <1>, mais seulement de l'influence d'une négation explicite. Comment distinguer ici un MAIS SN et un MAIS PA sans perdre l'essentiel : la similitude d'un fonctionnement argumentatif co-orienté ?

2.1.2. MAIS <2> réfutatif

Le dernier MAIS de (11) — «Ce N'était PAS lui qui parlait, MAIS sa luxure...» — est construit sur une négation et il se traduit, sans difficulté cette fois, en espagnol par *sino* et en allemand par *sondern*. Ce MAIS réfutatif est, à la différence du précédent, combinable avec NON PAS (PLUS ou POINT).

> (12) SI je voulais la guerre, je NE vous demanderais PAS Hélène, MAIS une rançon qui vous est plus chère.
>
> (Giraudoux, *La Guerre de Troie n'aura pas lieu*; exemple cité par Maingueneau 1986 : 136).

Soit : «... Je vous demanderais NON PAS Hélène, MAIS...»

(13) Ce n'était PAS un défilé unitaire, MAIS une juxtaposition de groupes aux slogans contradictoires et aux objectifs disparates.

(R.T.L., au sujet du 1er mai 1982)

Soit : «... NON PAS un défilé unitaire, MAIS...»
(14) NI A GAUCHE
NI A DROITE,
MAIS AU CENTRE
DE VOS PREOCCUPATIONS.

(Février 1986, pub du parti Ecologiste Vaudois)

Soit : «... NON PAS à gauche, NON PAS à droite, MAIS...»

(15) Si la tension se brise, si la tristesse et le délire s'installent pour longtemps, si la lumière se charge d'éclairs et de fièvres, si les visages parcourus de lueurs brûlantes laissent tout à coup apparaître le fond, ce N'est dû NI au ciel NI au temps. MAIS à la musique qui déchire et unit et compose avec un bonheur intense le dernier film d'Alain Tanner.

(Lorette Cohen, *L'Hebdo*, 28-3-1985).

(16) L'homme libre ne pense à rien moins qu'à la mort, et sa sagesse est une méditation NON de la mort MAIS de la vie.

(Spinoza, *L'Ethique*)

(17) Montrons-nous toutes deux, NON PLUS comme sujettes, MAIS telle que je suis et telle que vous êtes.

(Corneille, *Rodogune*)

(18) Oui, Prince, je languis, je brûle pour Thésée.
Je l'aime, NON POINT tel que l'ont vu les enfers,
Volage adorateur de mille objets divers,
Qui va du dieu des morts déshonorer la couche;
MAIS fidèle, MAIS fier, et même un peu farouche,
Charmant, jeune, traînant tous les cœurs après soi,
Tel qu'on dépeint nos dieux, ou tel que je vous voi.

(Racine, *Phèdre*)

(19) Voilà, il revient. Après quatorze mois de purgatoire. NON PAS sur TF1 où on avait cru l'attendre. MAIS sur FR3. Ça vaut bien une rencontre historique avec Guy Lux.

(*Télérama*, 2 Février 1983)

(20) NON PAS accuser, MAIS comprendre.
(titre d'un article d'Alain Rémond, Télérama 16-2-1983), commenté ensuite ainsi dans le corps de l'article :
On me dira que je parle à mon aise : né après la guerre, il m'est facile d'accuser mes aînés. Je n'accuse pas : j'aimerais *comprendre* ce qui a toujours été, à mes yeux, une véritable énigme. Claude Santelli, dans la deuxième partie de son *An 40*, a raconté comment le pays, à travers ses représentants élus, s'en est remis au «héros de Verdun». MAIS raconter ne suffit pas. Il faut aussi expliquer pourquoi.

Identifié par O. Ducrot (1978), J.-C. Anscombre (1977) et C. Plantin (1978), ce MAIS «SN» se trouve inséré — à la différence de MAIS <1> — dans une stratégie de dialogue conflictuel, dans un véritable conflit d'assertions. Il est lié à des phénomènes de prise en charge et de portée du type de ceux qui ont été envisagés dans la première partie (2.2.), à propos de la négation. L'assertion réfutée peut n'être pas explicitement attribuée et attribuable à un énonciateur précis, différent ou non du locuteur L, un effet de polyphonie est, de toute façon, lisible.

A la différence du MAIS <1> de renchérissement (ou d'insistance) qui articule des arguments qui vont dans le même sens en venant seulement en ajouter un nouveau présenté comme possédant plus de poids pour la même conclusion, le MAIS <2> réfutatif articule deux arguments anti-orientés et surtout, il introduit un conflit de paroles que MAIS <1> ne suppose pas du tout. Le mouvement énonciatif est le suivant :

• réfutation par la négation de la proposition P sous-jacente à NON-P;

• attribution de P à un énonciateur — c'est-à-dire à une norme, un système de valeurs normé, culturel, idéologique — avec lequel le locuteur ne s'identifie pas (ou plus), soit un effet dialogique ou polyphonique;

• passage de la réfutation (NON-P) à l'assertion d'une proposition Q jusqu'alors empêchée par la proposition P et qui, de plus, **justifie** la réfutation. En posant Q comme une proposition VRAIE-VALIDE (qu'il prend en charge, donc), le locuteur dénonce la NON-VALIDITE de P.

Les exemples suivants n'offrent pas la moindre ambiguïté :

(21) [...] Et si pour le jourdhuy vos beautez si parfaittes
Ne sont comme autresfois, je n'en suis moins ravy :
Car je N'ay PAS egard à cela que vous estes,
MAIS au doux souvenir des beautez que je vy.

(Ronsard, *Sonnets à Sinope*, I)

(22) Je NE démissionne PAS... MAIS je ne suis pas candidat à la prochaine élection au Conseil fédéral du 9 décembre prochain.

(Pierre Aubert, conférence de presse du 5-10-1987)

Ce dernier exemple peut être ainsi paraphrasé : on a dit (le bruit court que) {proposition P}, or il n'en est rien (= cela est FAUX) {proposition NON-P}, mais je peux, en revanche, vous dire (= cela est VRAI) que {proposition Q}.

A la fin du sonnet de Ronsard (21), les deux négations : «je n'en suis moins ravy» et «je n'ai pas egard à cela que vous estes» laissent bien entendre la proposition P et sa conclusion : *si j'avais égard à ce que vous êtes aujourd'hui, je pourrais être déçu par vos beautés disparues* (CAR souligne bien la remontée de la conclusion à l'argument). En d'autres termes : il est faux que je sois «moins ravy», MAIS il est VRAI que je suis toujours charmé CAR NON-P MAIS Q.

2.1.3. MAIS <3> «phatique» et/ou de démarcation de segments textuels

L'exemple suivant, construit grammaticalement sur le même modèle que les précédents, pose toutefois quelques problèmes (qui ne sont certes pas seulement linguistiques!) :

(23) Je NE dis PAS que les chambres à gaz n'ont pas existé. Je N'ai PAS pu moi-même en voir. Je N'ai PAS étudié la question. MAIS je crois que c'est un point de détail de l'histoire de la Deuxième Guerre mondiale.

(Le Pen, RMC, cité dans *24 heures* du 6-12-1987)

Ce MAIS ne se traduirait certainement pas, en espagnol, par SINO (comme MAIS <2>) mais plutôt par PERO et je pense qu'il s'agit, en dépit de la construction apparente sur une négation, d'un autre MAIS, un MAIS <3> «phatique» qui signale un changement de point de vue. L'enchaînement ne se fait pas ici sur la négation. Le connecteur MAIS signale une rupture après trois négations (intéressantes à analyser, par ailleurs...).

Le MAIS qui se trouve à la fin de (20) est également un MAIS <3> : il introduit un changement de point de vue en signalant le passage du récit («raconter ne suffit pas») à l'explication («Il faut aussi expliquer pourquoi»).

Ce type de MAIS, qui signale, comme MAIS <2>, une sorte d'opposition, dérive d'une forme «orale» que décrivent partiellement O. Ducrot *et al.* dans «Mais occupe-toi d'Amélie»[2]. Ce type de MAIS se trouve généralement en tête de réplique et il enchaîne soit sur une réplique soit sur du non verbal ; il peut aussi terminer une réplique sans suite explicite. Ainsi dans ces exemples littéraires qui reproduisent tous trois un échange oral (dialogal) :

(24) Tourmenté d'un soupçon et me sentant d'ailleurs souffrant, je demandais à Albertine, je la suppliais de rester avec moi. C'était impossible (et même elle n'avait plus que cinq minutes à rester) parce que cela fâcherait cette dame, peu hospitalière et susceptible, et, disait Albertine, assommante.
— MAIS on peut bien manquer une visite.
— Non, ma tante m'a appris qu'il fallait être polie avant tout.
— MAIS je vous ai vue si souvent être impolie.
— Là, ce n'est pas la même chose, cette dame m'en voudrait et me ferait des histoires avec ma tante. Je ne suis déjà pas si bien que cela avec elle. Elle tient à ce que je sois allée une fois la voir.
— MAIS puisqu'elle reçoit tous les jours. [...]

(Proust, *Sodome et Gomorrhe*)

(25) *Georges* — Je veux un service très simple. Pas du tout maison Chauvin. Vous voyez cela?
Le Maître d'hôtel — Très bien Monsieur, MAIS...
Georges lui donne encore cent francs — MAIS?
Le Maître d'hôtel fait disparaître prestement le billet — Il n'y a pas de MAIS.

(Anouilh, *Rendez-vous de Senlis*)

(26) [...] «Les hommes, dit l'ange Jesrad, jugent de tout sans rien connaître : tu étais celui de tous les hommes qui méritait le plus d'être éclairé.» Zadig lui demanda la permission de parler. «Je me défie de moi-même, dit-il; MAIS oserai-je te prier de m'éclaircir un doute : ne vaudrait-il pas mieux avoir corrigé cet enfant, et l'avoir rendu vertueux, que de le noyer?» Jesrad reprit : «S'il avait été vertueux, et s'il eût vécu, son destin était d'être assassiné lui-même avec la femme qu'il devait épouser, et le fils qui en devait naître. — MAIS quoi! dit Zadig, il est donc nécessaire qu'il y ait des crimes et des malheurs, et les malheurs tombent sur les gens de bien? — Les méchants, répondit Jesrad, sont toujours malheureux : ils servent à éprouver un petit nombre de justes répandus sur la terre, et il n'y a point de mal dont il ne naisse un bien. — MAIS, dit Zadig, s'il n'y avait que du bien, et point de mal? — Alors, reprit Jesrad, cette terre serait une autre terre; l'enchaînement des événements serait un autre ordre de sagesse; et cet autre ordre, qui serait parfait, ne peut être que dans la demeure éternelle de l'Etre suprême, de qui le mal ne peut approcher. Il a créé des millions de mondes dont aucun ne peut ressembler à l'autre. Cette immense variété est un attribut de sa puissance immense. Il n'y a ni deux feuilles d'arbre sur la terre, ni deux globes dans les champs infinis du ciel, qui soient semblables; et tout ce que tu vois sur le petit atome où tu es né devait être dans sa place et dans son temps fixe, selon les ordres immuables de celui qui embrasse tout. Les hommes pensent que cet enfant qui vient de périr est tombé dans l'eau par hasard, que c'est par un même hasard que cette maison est brûlée; MAIS il n'y a point de hasard : tout est épreuve, ou punition, ou récompense, ou prévoyance. Souviens-toi de ce pêcheur qui se croyait le plus malheureux de tous les hommes. Orosmade t'a envoyé pour changer sa destinée. Faible mortel, cesse de disputer contre ce qu'il faut adorer. — *MAIS*, dit Zadig...» Comme il disait MAIS, l'ange prenait déjà son vol vers la dixième sphère. Zadig, à genoux, adora la Providence, et se soumit. [...]

(Voltaire, *Zadig, ou la destinée*; fin du chapitre intitulé «L'ermite», partiellement cité et étudié par Maingueneau 1986 : 140-142)

C'est aussi le MAIS des bulles de bandes dessinées; celui du chef des pirates, dans *Astérix*, lorsqu'il est confronté, pour son malheur, aux invincibles gaulois :

(27) mais... MAIS ILS DETRUISENT ET ILS COULENT MON BATEAU!!!

(*Le grand fossé*, planche 43).

(28) mais?... MAIS c'est encore eux!

(*Le Tour de Gaule d'Astérix*, pl. 44).

Ou encore du guide d'*Astérix en Hispanie* :
(29) ATTENDEZ-MOI! MAIS ATTENDEZ-MOI! (pl. 30)

Celui des romains qui poursuivent Astérix et Obélix (30) et des gens allongés sur la plage et piétinés par les deux héros en fuite (31) :

(30) MAIS ARRETEZ-LES!!! (*Le Tour de Gaule d'Astérix*, pl. 29).
(31) MAIS FAITES DONC ATTENTION! (*ibid*).

C'est le MAIS d'un dessin de Plantu dans *Le Monde* du 1-4-1987, à l'occasion d'un voyage de F. Mitterand et de son ministre de l'intérieur de l'époque, Charles Pasqua, en Franche-Comté (la seconde réplique est mise dans la bouche du préfet de région qui accompagne le déplacement présidentiel) :

(32) — Dites!... N'ayez l'air de rien! Regardez discrètement! Depuis tout à l'heure, je suis suivi par un type louche!
— MAIS... c'est le ministre de l'intérieur M. le président!

A ces manifestations écrites d'un MAIS oral, A. Cadiot (*et al.* 1979) et Claudine Garcia (1980) ont opposé des exemples oraux authentiques :

(33) *Patricia* — OUAIS MAIS ça dépend d'abord il faut savoir ce que c'est la libération de la femme parce que...
Florence — MAIS je sais / je suis pas con à ce point
Patricia — NON MAIS c'est assez vaste/parce quand on dit la libération de la femme elle est jamais libre / parce que elle fait / euh elle a toujours le reste / du ménage et tout [...].

(34) *Pascal* — les femmes sont jaloux des hommes
Patricia — ah non c'est les hommes qui est jaloux
Pascal — C'est les femmes sont jaloux des hommes
Patricia — C'est les hommes qui est jaloux des femmes je le sais mieux que toi hein
Pascal — Bon si tu dis ça MAIS moi j'aurai quand même raison parce que je suis un homme
Patricia — OUI MAIS moi je suis une femme (rires féminins)

Dans ces échanges tout à fait caractéristiques de l'oral, comme le notent Cadiot *et al.* : «les MAIS représentent à la fois le rapport de forces entre les interlocuteurs et des agrippages de discours» (1979 : 98). Pour cerner ces deux aspects, il est utile de distinguer **structure dialogale** de l'échange (répliques qui s'enchaînent et se répondent) et **structure diaphonique** (Roulet *et al.* 1985 : 69-70) que le OUI/NON précédant MAIS souligne. Le locuteur ne se contente pas de réagir, sans y toucher, à une parole antérieure (immédiate ou plus lointaine), il commence par reprendre et réinterpréter, dans son propre discours, les paroles du destinataire. Cette sorte d'allusion au discours de l'autre est destinée à permettre de mieux enchaîner sur celui-ci. Constituant assurément une des «traces privilégiées de la négociation des points de vue qui caractérise toute interaction» (Roulet *et al.* 1985), la structure diaphonique est déjà sensible dans le dialogue proustien (24) et plus nettement encore dans les exemples oraux (33) et (34).

Avec MAIS <2> réfutatif, on avait déjà noté que la présence de la négation en NON-P laissait entendre un énoncé sous-jacent P et donc une réaction de type diaphonique à un énoncé antérieur. MAIS <3> apparaît comme une attaque complexe reliant plus des prises de paroles que des arguments. Ce MAIS <3> est généralement combiné : OUI MAIS DE TOUTE FAÇON, BEN MAIS OUI MAIS, AH BEN OUI MAIS JUSTEMENT, NON MAIS NON DE TOUTE MANIERE, OUI MAIS JUSTEMENT, NON MAIS FINALEMENT, etc. Les marques d'accord et de désaccord semblent quasi équivalentes, «on doit voir là une sorte de coup de force pour introduire, imposer ce qu'on a à dire (ou pour marquer simplement un désir de parole). Et c'est le MAIS qui sert à installer le dire, de façon privilégiée» (Cadiot *et al.* 1979 : 97). Avec la valeur phatique de MAIS <3>, peut-être plus nettement encore qu'avec le réfutatif MAIS <2>, on se trouve confronté à l'affrontement interactif des protagonistes.

Plutôt que de séparer radicalement les emplois oraux et scripturaux, il est intéressant de partir d'un MAIS comme celui de ce billet de Claude Sarraute dont on sait que l'écriture imite au plus près l'oralité (*Le Monde* du 25-11-1988) :

(35) HEMICIRQUE
NON, MAIS qu'est-ce que c'est que ce cirque ! Vous avez vu, hier, nos princes se donner en spectacle au Palais-Bourbon ? On se serait cru à Médrano. [...]

Bien qu'il s'agisse des premiers mots d'un article, on pourrait dire qu'ici aussi MAIS enchaîne sur les discours et les actes des députés français, observés la veille par tous les téléspectateurs des journaux télévisés. La valeur phatique de NON MAIS, mêlée à l'exclamation, l'emporte très nettement sur l'expression d'un contenu propositionnel. En fait, la valeur commune aux exemples (24) à (35) est certainement la valeur phatique d'établissement-prise de la parole, valeur évidente à l'oral — (33) et (34) — et mimée à l'écrit d'une façon intéressante. Ainsi dans les emplois journalistiques suivants :

(36) MAIS qu'est-ce qui se cache donc sous ce retour sournois de la musique d'il y a vingt ans ?

(article sur Paul Mc Cartney à Bercy)

(37) MAIS jusqu'où ira Hlasek ? C'est la question qu'on se posait lorsqu'on apprit que pour la première fois dans l'histoire du tennis un joueur suisse allait prendre part au Masters [...]

(38) MAIS comment Jakob a-t-il pu en arriver là ? [...]

(36) et (37) sont des débuts d'articles ; (38) apparaît, en cours de développement, à l'ouverture d'un paragraphe, pour signaler un change-

ment de perspective : le démarrage d'un récit. La même forme se rencontre donc soit en dialogue, soit pour ouvrir un paragraphe (valeur de segmentation évidente), avec un changement marqué de point de vue dans les deux cas. Les exemples publicitaires d'attaques interrogatives ou exclamatives ne manquent pas :

> (39) MAIS le prix direz-vous? Bonne question. Il est si intéressant que vous n'aurez pas à attendre de gagner à la loterie pour vous permettre une petite coupe. [...]
> (40) MAIS quel est le secret du coffret noir?
> (41) MAIS qui est la vedette de cette publicité : *Gorcy* ou moi ?
> (42) «MAIS, mon trésor... c'est de la folie!»
>
> (texte introducteur de l'exemple (7))

Les emplois écrits ne sont pas exclusivement et obligatoirement exclamatifs ou interrogatifs, mimes d'une oralité. En littérature, on trouve facilement ce type de début de paragraphe (page 31 de l'*Exposition coloniale* d'E. Orsenna) :

> (43) MAIS le pire, c'était la Seine. [...]

C'est, par exemple, le cas dans le poème de Baudelaire (texte (61) page 71) où MAIS, ET et ALORS se partagent la fonction de marquage des changements de macro-proposition (Pn1 [ET] Pn2 [MAIS] Pn3 [ALORS] Pn4 [ET] Pn5). Certes, ce MAIS peut être analysé comme un MAIS <5> argumentatif, mais la prégnance de la structure narrative sur l'organisation séquentielle argumentative le vide (partiellement) de sa valeur de départ pour lui faire jouer surtout un rôle démarquatif dans la segmentation du texte.

C'est également le cas dans cette quatrième de couverture de la collection Harlequin :

> (44) Petite fille du célèbre musicien Courland-Bell, Rosary arrive à Vozes do Mar pour enseigner le piano et la littérature à Gisela, fille du gouverneur. D'emblée, elle succombe au charme de cette petite île portugaise, colorée et fleurie, et ne souhaite qu'une chose : y demeurer le plus longtemps possible.
> MAIS l'éclatante blondeur et la nature indépendante de Rosary la rendent si différente des jeunes Portugaises...
> Son employeur, l'inaccessible et séduisant Dom Duarte, ne tarde pas à le lui faire comprendre...
>
> (Violet Wimspear, *Pour un rêve d'amour*)

MAIS souligne ici le passage de la «Situation initiale» du récit (Pn1) à son déclencheur (Complication-Pn2). L'interruption stratégique de la narration juste après la «Complication» garantit, bien sûr, la fonction apéritive de ce type de discours publicitaire. Il ne me paraît pas du tout nécessaire de passer par une analyse de type argumentative (MAIS <5>)

pour interpréter les inférences (surtout celles portées par l'intensif SI (que) du second paragraphe).

Il semble donc tout à fait possible de décrire les MAIS oraux et écrits qui, dans une structure dialogale, ouvrent ou poursuivent un échange et ceux qui apparaissent dans des énoncés monologaux comme des morphèmes qui perdent l'essentiel de leur(s) valeur(s) habituelle(s) à la manière des phatiques («tu vois», «tu sais», etc.). De cette façon, le MAIS que D. Maingueneau (1986 : 142-146) dit trop vaguement «romanesque» relève, en fait, exactement de la même description que le phatique de l'oral : il a pour fonction de souligner une transition, d'atténuer les effets de discontinuité dans la segmentation (entre deux paragraphes) et/ou la séquentialité (passage d'une description à une autre ou reprise du récit après une pause descriptive, par exemple). C'est bien cette segmentation du discours que soulignent presque parodiquement ces passages du *Nom de la rose* d'Umberto Eco :

(45) MAIS reprend le fil, ô mon récit, car ce moine sénescent s'attarde trop dans les marginalia. Dis plutôt que nous arrivâmes à la grande porte de l'abbaye [...]

(page 38, après un blanc marqué du texte)

(46) Il sortit, et fit tort à sa renommée d'homme prudent. Car le matin suivant... MAIS freine ton impatience, ô ma langue pétulante. Parce que le jour dont je parle, et avant la nuit, moult choses encore se passèrent qu'il sera bon de relater.

(fin du premier jour-Prime, dernier paragraphe)

On trouve encore, après une digression sur l'inquisition, au début d'un nouveau paragraphe (page 71 de l'éd. du livre de poche) : «MAIS je parlais de l'hérésie». Au milieu du troisième paragraphe du tout début de *Germinal*, on lit ceci :

(47) [...] Il fit environ deux cents pas. Brusquement, à un coude du chemin, les feux reparurent près de lui, sans qu'il comprît davantage comment ils brûlaient si haut dans le ciel mort, pareils à des lunes fumeuses. MAIS, au ras du sol, un autre spectacle venait de l'arrêter. C'était une masse lourde, un tas écrasé de constructions, d'où se dressait la silhouette d'une cheminée d'usine [...].

Ce type de marquage du passage d'une unité textuelle à une autre n'est pas réservé à l'écrit littéraire. J'en trouve la preuve au dernier paragraphe du Premier entretien de l'*Essai sur le récit* de l'abbé Bérardier de Bataut (1776) et, un siècle et demi plus tard, dans *les Jardins de corail* de Malinowski :

(48) MAIS je m'aperçois qu'on vient de nous avertir de nous mettre à table. La compagnie nous attend. Remettons à demain de continuer la matière que nous avons entamée.

(49) [...] Il est mauvais de commencer par les mots isolés — même s'il est vrai qu'à l'occasion ces mots puissent être énoncés isolément. MAIS je n'ai pas besoin d'insister sur ce point : c'est aujourd'hui une vérité première de la linguistique que la plus petite unité de la langue n'est pas le mot, MAIS la phrase.

Si le tout dernier MAIS de (49) correspond à l'emploi réfutatif envisagé plus haut (MAIS <2>), le premier marque métalinguistiquement un changement de point de vue, une articulation du discours. C'est pour cette raison que je propose de regrouper le MAIS phatique de l'oral (réel ou simulé) et le MAIS de démarcation-segmentation propre à l'écrit. La fonction de MAIS <3> consiste essentiellement à articuler des morceaux discursifs a priori hétérogènes : une parole sur une autre, à l'oral, un fragment textuel avec un autre, à l'écrit. MAIS <3> se traduit par PERO en espagnol et l'impossibilité de le rendre par l'anglais BUT semble confirmer sa spécificité. Par certains côtés, on peut dire qu'il rappelle le ET dit parfois «de reprise» que l'on trouve souvent en début de paragraphe et dont Proust parle à propos du style de Flaubert (1920-1987).

2.1.4. MAIS <4> concessif

Bien que construit sur une négation — comme MAIS <2> —, les exemples suivants ne peuvent pas être paraphrasés par NON PAS :

(50) Rodrigue n'est pas grand, MAIS il est très fort.
(50') ... NON PAS grand MAIS très fort.
(51) Il n'est pas linguiste, MAIS ce qu'il écrit est très intéressant.
*(51') ... NON PAS linguiste, MAIS...

En (50), l'énoncé NON-P («non grand») laisse prévoir une conclusion de type NON-Q. Malgré cette implication, (50) renverse la présupposition {non grand > non fort} pour affirmer NON-P, MAIS Q. Ce que l'on peut représenter en partant du carré de la logique classique[3] dans la mesure où les propositions placées en P et en Q sont toujours perçues comme contraires (comme le confirme le connecteur concessif possible à la place de — ou combiné avec — MAIS) :

Schéma 11 :

P ― ― ― ― ― ― Q   où :   P et Q sont contraires,
↓   P implique NON-Q,
↓   Q implique NON-P
NON-Q ~~~~ NON-P   NON-Q et NON-P sont
                                                     subcontraires[4]

Sur cette base, on peut décrire (50) et (51) de la façon suivante :

Schéma 12 :

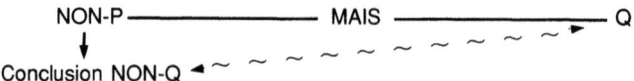

C'est bien le cas de (51) que l'on peut ainsi paraphraser : en vertu de présuppositions — sur lesquelles je n'ose insister ici —, tu aurais tendance à considérer NON-P {ne pas être linguiste} comme un argument pour la conclusion NON-Q {tenir des propos sans intérêt}, MAIS, justement, Q.

Dans ces deux exemples, l'utilisation du MAIS <4> que je propose d'appeler **concessif** est révélatrice des présuppositions du locuteur. L'existence de cette structure {la proposition NON-P est un argument pour la conclusion NON-Q} révèle un système de normes sous-jacentes. On peut dire que MAIS <4> a pour fonction de renverser une présupposition {NON-P > NON-Q}.

Dans les exemples (50) et (51), MAIS pourrait être soit combiné avec POURTANT, soit remplacé par ET POURTANT :

(50'') Rodrigue n'est pas grand ET/MAIS POURTANT il est très fort.
(51'') Il n'est pas linguiste ET POURTANT ce qu'il écrit est très intéressant.

Il en va de même dans ces publicités pour des aspirateurs :

(52) Petit MAIS puissant.
(52') Petit ET/MAIS POURTANT puissant.
(53) Un appareil silencieux, MAIS très puissant.
(53') Un appareil silencieux ET/MAIS POURTANT très puissant.

Le second vers du «Spleen» LXXVII de Baudelaire explicite le type de MAIS concessif par le parallélisme avec le ET POURTANT du second hémistiche :

(54) Je suis comme le roi d'un pays pluvieux
Riche, MAIS impuissant, jeune ET POURTANT très vieux.

C'est sur un tel fonctionnement que s'appuie ironiquement ce texte journalistique :

(55) [...] Nul ne peut me soupçonner d'avoir quelque sympathie fasciste que ce soit, MAIS Mussolini a QUAND MEME asséché les marais Pontins, reçu le grade de docteur honoris causa de l'Université de Lausanne et fait que les trains italiens sont arrivés eux aussi à l'heure pendant quelques années.

(J. Rüf, *Fémina* du 6.9.87)

Ici, MAIS se trouve renforcé par le connecteur concessif QUAND MEME. La présence de ce connecteur inverse généralement le sens du schéma 12, conformément au dispositif logique du schéma 11 (où Q implique NON-P) :

Schéma 13 :

Le locuteur peut tout à fait, malgré la proposition NON-P et en raison des assertions Q + Q' + Q", être soupçonné de sympathies fascistes (P). En d'autres termes, Q, Q' ET Q" sont autant d'arguments qui vont plutôt dans le sens de (DONC) P. L'assertion NON-P a toutes les caractéristiques d'une dénégation révélée au grand jour par MAIS QUAND MEME. C'est exactement à ceci que le journaliste fait lui-même allusion dans le premier paragraphe de son article : «La conjonction «mais» [...] permet à votre interlocuteur de constater avec sûreté que vous êtes en train de dire le contraire de ce que vous pensez». Soulignons que QUAND MEME pourrait être effacé sans que change la valeur concessive de MAIS <4> en (55).

Dans cette manchette de *La République du centre* (27-6-1980), il me semble qu'on hésite entre deux interprétations concessives, c'est-à-dire deux orientations argumentatives du discours :

(56) O.T.A.N.
Fermeté sur le problème afgan MAIS maintien du dialogue avec Moscou.

(56') Fermeté sur le problème afgan MAIS maintien QUAND MEME du dialogue avec Moscou.

(56") Fermeté sur le problème afgan ET POURTANT maintien du dialogue avec Moscou.

D'un point de vue strictement logique, il me semble qu'avec (56'), on conclut dans le sens de NON-P, c'est-à-dire qu'on souligne (dénonce?) le manque de fermeté de la décision prise, tandis qu'avec (56"), au lieu d'aller dans le sens de NON-Q (la fermeté impliquant la fin du dialogue avec Moscou), l'orientation argumentative du discours va résolument dans le sens de Q.

On peut dire la même chose de la différence qui existe entre (52') et (52''), (53') et (53'') :

(52'') Petit MAIS QUAND MEME puissant

(53'') Un appareil silencieux MAIS QUAND MEME très puissant.

Avec MAIS QUAND MEME, on insiste sur NON-P (généralement bruyant, généralement volumineux), tandis qu'avec ET (MAIS) POURTANT on souligne NON-Q (généralement peu puissant).

(57) C'est un pur littéraire, MAIS ce qu'il écrit est intéressant.

En revanche, avec (57) on peut hésiter entre une interprétation concessive (conclusion signalée : NON-Q = ce qu'il écrit n'est pas intéressant) et une interprétation argumentative dont la conclusion non signalée explicitement pourrait être : «tu pourrais conclure de P : ce n'est pas la peine d'acheter ce livre» (Conclusion C), MAIS Q «et DONC je te conseille vivement de l'acheter» (Conclusion NON-C). Ce qui nous introduit aux caractéristiques de MAIS <5>. Ajoutons que certains linguistes (Moeschler 1989 : 64-67) parlent de MAIS <4> comme d'un MAIS de «relation directe» et de MAIS <5> comme d'un MAIS de «relation indirecte» pour souligner qu'avec l'exemple concessif classique :

(58) C'est une maison ancienne MAIS petite.

on accède à la conclusion impliquée par l'adjectif «ancienne» directement à partir de la proposition Q. La présupposition est la suivante : les maisons anciennes ne sont (généralement) pas petites (NON-Q). Ce qui n'est, en revanche, pas aussi facile avec le premier vers des «Colchiques» d'Apollinaire qui est fondé sur une relation argumentative «indirecte» :

(59) Le pré est vénéneux MAIS joli en automne.

2.1.5. MAIS <5> argumentatif

La différence entre les exemples suivants permet de distinguer MAIS <4> concessif de MAIS <5> argumentatif, forme indéniablement la plus complète et complexe de fonctionnement de MAIS :

(60) C'est un étudiant intelligent MAIS il échoue à tous ses examens.

(61) C'est un étudiant intelligent MAIS paresseux.

Alors que les MAIS de (60) et de (58) apparaissent comme des MAIS <4> concessifs, paraphrasables par ET POURTANT, ceux de (61) et de (59) ne supporte pas la même paraphrase :

(61')* C'est un étudiant intelligent ET POURTANT paresseux.

(59')? Le pré est vénéneux ET POURTANT joli en automne.

En effet, P (la propriété «intelligence») ne saurait impliquer NON-Q (la propriété «ne pas être paresseux»). Il en va de même dans cette appréciation d'un carnet scolaire de Léonid Brejnev (rapporté dans *Jour de France* du 20-26.11.1982) :

(62) [...] Moyennement doué, MAIS courageux.

Comparons les deux exemples suivants :

(63) Film helvétique MAIS intéressant, avec de belles images.
(*Télé top Matin* à propos de *Dans la ville blanche* d'Alain Tanner)

(64) Des pâtes... oui MAIS des Panzani.

Le connecteur de (63) correspond à un MAIS <4> dans la mesure où la conclusion attendue (NON-Q) est accessible directement, à partir de la proposition qui suit MAIS (Q). La norme : «film helvétique donc non intéressant» appartient à l'univers de l'auteur (pourtant suisse) de l'article. C'est du moins l'avantage de ce type de MAIS que de dévoiler le système de normes du locuteur. L'exemple (64) correspond, lui, à un MAIS <5> : il oppose deux univers accessibles à la lumière du contexte du spot publicitaire télévisuel (parodie du Don Camillo interprété par Fernandel). Ce dernier exemple impose à l'interprétant un traitement plus complexe que celui induit par MAIS <4>. Les instructions donnée par MAIS <5> peuvent être ainsi résumées :

a) Assigner au segment textuel qui précède MAIS («ce ne sont que des pâtes, Seigneur») un contenu sémantique P et à celui qui suit («des pâtes Panzani») un contenu Q.

b) Poser ces propositions P et Q comme valides dans des espaces sémantiques différents : espace de Don Patillo et espace de Dieu qui fait remarquer que ces pâtes ne sont pas ordinaires du tout.

c) Rechercher dans le co-texte (ou le con-texte) les inférences permises par P (c'est-à-dire les inférences pour lesquelles, dans un espace sémantique donné, P apparaît comme un argument) : Don Patillo prétend ne manger que des pâtes ordinaires. Construire, de la même façon, celles pour lesquelles Q peut être un argument dans un espace sémantique du locuteur : pour Dieu, ces pâtes ne sont pas de simples pâtes.

d) Ne conserver que l'(les) inférence(s) C de P qui entre(nt) dans un rapport de négation NON-C avec celle(s) de Q. Soit l'établissement d'une conclusion C niée par une conclusion NON-C, c'est-à-dire d'une distorsion, d'une incompatibilité. Ici de «Des pâtes...» (P) on conclut : *ce n'est pas un péché de gourmandise* (au reproche divin, Don Patillo réplique qu'il ne mange que des pâtes, de simples pâtes : conclusion C), et de «... des Panzani» (Q), on conclut que *c'est bien un péché de gourmandise* que commet Don Patillo (conclusion NON-C).

e) Considérant que P est présenté comme un argument pour la conclusion C dans au moins un espace sémantique possible, mais distinct de l'espace pris en charge par le locuteur (Dieu) où Q entraîne la conclusion NON-C; fonder la suite du discours (ou les décisions qu'il entraîne) sur cette conclusion NON-C : Don Patillo s'excuse et accepte le reproche divin : «Pardon Seigneur!».

Soit un carré argumentatif assez évident pour (64) et qui diffère du carré logique dans la mesure où les subcontraires C et NON-C ne sont pas construits, respectivement, à partir de Q et de P. Avec le carré de l'argumentation, nous passons de relations logiques, où les quatre pôles sont liés, à des relations d'implication (>) entre propositions (P et Q) et conclusions qu'on en peut tirer. Je ne garde donc que la relation entre les (sub)contraires (C et NON-C), et l'idée d'implication (P > C, Q > NON-C). Soit le schéma suivant qui introduit les espaces sémantiques (ou Univers) dans lesquels la proposition P est un argument pour la conclusion C et la proposition Q un argument pour la conclusion NON-C :

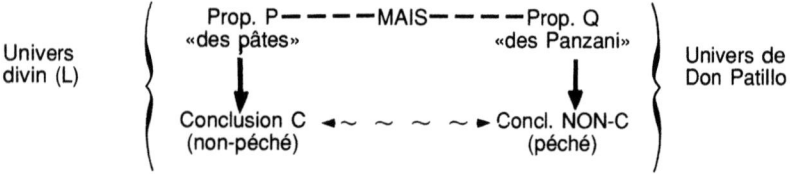

MAIS <5> signale que le discours est orienté argumentativement dans le sens de la conclusion NON-C. Retenons surtout, par rapport aux plans d'organisation textuelle, que la prise en charge des deux systèmes de normes (celles qui mènent de P à C et celles qui mènent de Q à NON-C) est signalée par MAIS <5> comme non assumée d'un côté par L — L(Dieu) ≠ E1(Don Patillo) : Dieu cite en quelque sorte Don Patillo dans la proposition P — et assumée seulement de l'autre — L = E2 : c'est Dieu qui déclare que ces pâtes sont des pâtes exceptionnellement bonnes. Inutile d'insister sur la pertinence publicitaire d'une telle assertion divine sur le produit à vendre!

La différence de fonctionnement de MAIS <4> et de MAIS <5> apparaît mieux à présent : MAIS <4> facilite le travail interprétatif en donnant directement (logiquement) accès aux conclusions contraires. Ainsi, dans ces exemples attestés, paraphrasables par ET(MAIS) POUR-

TANT/CEPENDANT, l'accès au sens de l'énoncé est-il rendu possible par une simple reconstruction rétroactive d'un système sous-jacent de normes :

(65) Propre, MAIS pas rêche.
(66) Il est intelligent MAIS calme.

On perçoit aussitôt que, pour le locuteur, la proposition P est, en réalité, habituellement, un argument pour une conclusion NON-Q : le linge propre est, avec les autres lessives, toujours rêche, l'intelligence est par définition turbulente, c'est-à-dire, non calme aux yeux de l'enseignant responsable de cette assertion. C'est sur un tel mécanisme inférentiel que cette petite annonce assez exceptionnelle semble s'appuyer pour ironiser :

(67) [...] Un peu plus de 40 ans, ni grand (175), ni brun, MAIS CEPENDANT intelligent, tendre, physiquement et psychiquement bien.

Les deux suivantes, en revanche, donnent immédiatement à lire les implications supposées des propriétés énumérées :

(68) Barbu MAIS pas écolo. Mâle MAIS pas macho. Latin-lover, MAIS pas Narcisse. Cultivé, MAIS pas intello. Soleil, MAIS pas inactif. Cinéma, MAIS hors sable! Jacques Weber, MAIS avec le regard Art Malik! (suite prochain numéro).

(69) Pulpeuse, MAIS pas ronde. Gourmande, MAIS pas cuisine. Intello, MAIS pas pédante. Indépendante, MAIS pas égoïste. Ouverte, MAIS pas bavarde. Active, MAIS pas sportive. Passionnée, MAIS pas fanatique. [...]

Le traitement de MAIS <5> est assurément d'autant plus difficile que la conclusion C reste implicite. Ce qui n'était ni le cas de l'exemple (75) ni du poème de Queneau (1) déjà cités dans la première partie (respectivement pages 81 et 38). Comme l'a bien vu J. Moeschler (1985 : 53), la question qui se pose est celle de l'accessibilité de la conclusion (accès au thème chez A. Auchlin qui souligne que C et NON-C ont un thème en commun, ce que n'ont pas P et Q; dès lors, la recherche du lien P > C, Q > NON-C est un calcul de rapports d'inclusion thématique, ce qui veut dire d'inscription dans des espaces sémantiques) : «L'interlocuteur doit disposer, de par le contexte ou le cotexte dans lequel l'énoncé apparaît, de suffisamment d'informations pour pouvoir rétablir la conclusion lorsque celle-ci est implicite. Le défaut de ce principe l'autorise à poser la question : ‹pourquoi tu dis ça ?›».

2.1.6. Un fonctionnement unique de MAIS?

Est-il intéressant de parler de deux MAIS, en s'appuyant sur les traductions de l'espagnol et de l'allemand, ou de cinq et pourquoi pas de sept MAIS (deux MAIS <3> et deux sortes de concessifs)? Quels regroupements opérer en vue d'une description unifiée?

En «surface», ces 5 MAIS comportent généralement deux éléments explicites (propositions P et Q), rarement moins (le MAIS <3> phatique sans co-texte à gauche, voire à droite), rarement plus (la conclusion C parfois exprimée aussi bien pour MAIS <1> que pour MAIS <5> argumentatif). De façon évidente, deux MAIS se distinguent des autres : le MAIS <1> de renforcement-renchérissement est le seul à s'inscrire dans un seul espace sémantique (les propositions P et Q entraînent la même conclusion dans un même espace sémantique) alors que les trois autres (<2>, <4> et <5>) sont marqués polyphoniquement; le MAIS <3> de démarcation phatique diffère, quant à lui, des quatre autres par une sorte d'affaiblissement de sa (ses) valeur(s) d'origine.

Le plus complexe est indéniablement le MAIS <5> argumentatif avec ses quatre termes (deux arguments explicites et deux conclusions généralement implicites et toujours contraires). Le MAIS <4> concessif correspond à une sorte d'affaiblissement de ce schéma de base puisqu'il ne comporte plus que trois termes (deux arguments et une conclusion déductible par négation de l'un ou l'autre de ces arguments). MAIS <1> et MAIS <2> s'opposent très nettement dans la mesure où les deux arguments du premier mènent à une seule et même conclusion tandis que le second argument permet de justifier la négation engagée par le premier argument dans le MAIS <2> réfutatif : au mouvement inférentiel progressif (gauche > droite) de MAIS <1> s'oppose le mouvement régressif de MAIS <2>.

Ces quelques observations ne me permettent pas de proposer une description unifiée de MAIS. Il me semble que l'on gagne plus à distinguer ces fonctionnements procéduraux qu'à les assimiler en les réduisant à tout prix. Ainsi, pour ne considérer que les plus proches en apparence, MAIS <4> diffère de MAIS <5> par l'accès direct ou indirect à la conclusion qui détermine l'orientation argumentative; le second argument (proposition Q) se contente de justifier la proposition négative qui précède MAIS <2> alors qu'il implique une conclusion qui nie cette même proposition avec MAIS <4> de type (MAIS) QUAND MEME; enfin, le fonctionnment progressif de MAIS <1> contraste nettement avec le fonctionnement régressif déclenché par MAIS <2> : remonter de NON-P à P, puis revenir (justification) de Q à NON-P. La seule constante de fonctionnement identifiable de MAIS <1> à MAIS <5>, en passant même par MAIS <3>, réside dans l'importance argumentative accordée au contenu propositionnel qui suit MAIS au détriment — en quelque sorte — de celui qui précède. Soit un schéma très grossier [Prop /-/ MAIS Prop /+/] conforme à la règle de progression textuelle, au dynamisme communicatif et à l'orientation argumentative du discours.

2.2. CERTES : DE L'ASSERTION A LA CONCESSION

Les analyses pragmatiques de CERTES portent toutes sur des enchaînements de type CERTES P MAIS Q (Ducrot 1984 : 229-230, Nguyen 1985, Maingueneau 1987 : 122-123). M. Charolles (1986 : 87-90) est le seul à envisager le cas des emplois absolus de CERTES dans des énoncés de type CERTES P. Il ressort de toutes ces descriptions que CERTES est un connecteur concessif et que les énoncés de type CERTES P ouvrent une suite de propositions qui a besoin d'être fermée (principe même des parenthésages). En d'autres termes, une contrainte de complétude s'exercerait sur ce type d'énoncé.

Se demander si CERTES peut être considéré comme supportant une «contrainte d'incomplétude» (Charolles 1986 : 88), c'est rapprocher son fonctionnement de celui, par exemple, de BIEN dans des énoncés du type :
(1) On achève BIEN les chevaux (Culioli 1979).

ou dans cet exemple d'une campagne publicitaire pour la collection Gallimard-Jeunesse :
(2) Tôt ou tard un enfant doit BIEN découvrir qu'il y a d'autres grands hommes que son père.

Dans ces deux énoncés, l'incomplétude est telle qu'on peut proposer la description suivante : «PUISQU'on achève (bien) les chevaux, ALORS pourquoi pas les hommes?», «PUISQU'un enfant doit (bien) découvrir (tôt ou tard) qu'il y a d'autres grands hommes que son père, ALORS autant lui présenter des livres qui l'aideront dans cette démarche» (en l'occurrence, la campagne présente des livres sur Dieu, Mozart et Picasso!). On peut dire que BIEN entraîne PUISQUE pour imposer au destinataire une conclusion à laquelle il ne peut pas échapper étant donné ce qu'il sait et admet déjà (Lane 1989 : 242).

Dans le cas de BIEN, on peut réellement parler d'incomplétude : la conclusion ALORS Q est toujours implicitée et il faut reconstruire le mouvement argumentatif pour comprendre (1) ou (2). La question qui se pose pour CERTES est donc la suivante : ce connecteur peut-il être décrit de façon comparable à BIEN et ainsi considéré comme soumis à la contrainte d'incomplétude dont parle un peu vite M. Charolles? Peut-on dire, avec ce dernier, que CERTES manifeste *toujours* l'existence de certaines réserves dans l'esprit du locuteur?

O. Ducrot (1984 : 229-230), quant à lui, n'examine CERTES que dans les parenthésages propositionnels CERTES P, MAIS Q. Dans ces enchaînements, CERTES permet certainement — on va le voir — de souligner la polyphonie en attribuant la proposition P à un énonciateur (E1) dont le locuteur (L) se distancie (L ≠ E1) tandis que MAIS introduirait la proposition Q prise en charge, elle, par un énonciateur (E2) avec lequel le locuteur s'associe (E2 = L). Le premier mouvement, marqué par CERTES, est considéré par O. Ducrot comme un «acte de concession» :

> Il consiste à faire entendre un énonciateur argumentant dans un sens opposé au sien, énonciateur dont on se distancie (tout en lui donnant, dans le cas au moins des concessives introduites par *certes*, une certaine forme d'accord). De cet acte on tire profit [...]. Grâce à sa concession, on peut se construire le personnage d'un homme à l'esprit ouvert, capable de prendre en considération le point de vue des autres : tout le monde sait que la concession est, parmi les stratégies de la persuasion, une des plus efficaces, essentielle en tout cas au comportement dit «libéral». (1984 : 230-231)

Au lieu de partir de ce type de parenthésage qui relie obligatoirement CERTES à MAIS et qui amène à considérer les emplois autonomes de CERTES comme des exceptions, je propose d'examiner d'abord ces derniers emplois pour essayer de cerner la valeur propre du connecteur. La question devient ainsi : y a-t-il un ou deux CERTES, l'un assertif et l'autre concessif, par exemple? De plus existe-il d'autres combinaisons concessives que CERTES-MAIS?

2.2.1. Emplois isolés : la valeur assertive de CERTES

En dépit de ce que les descriptions des linguistes pourraient laisser croire, CERTES n'apparaît pas toujours en compagnie d'autres connecteurs dans des parenthésages concessifs. CERTES peut, à lui tout seul, constituer une réplique d'un dialogue (3), il peut ouvrir une réplique (4) et même se trouver seul dans une argumentation, c'est-à-dire dans un emploi non plus dialogal mais monologal (5) :

(3) — Alors, Monsieur reprend son cheval, dit l'Anglais.
— CERTES, dit d'Artagnan.
— Alors, il n'y a pas de revanche?

(Ed. Garnier-Flammarion, p. 316)

(4) — [...] Il considérait sans déplaisir mes rapports avec Ethel... Si cela peut vous intéresser...
— Euh... Oui, CERTES. D'après ce que m'a dit Olivia, cette jeune personne pense beaucoup au mariage. [...]

(Floch et Rivière, *Le dossier Harding*, Dargaud, p. 25, vignettes 2 et 3)

(5) LA DOUCEUR DE VIVRE :
Parce que cocoonner, c'est aussi câliner. La danse en boîte privilégiait la séduction à distance, le nid privilégie la séduction rapprochée. CERTES, les chemises de nuit pigeonnantes se sont fait doubler par les pyjamas en pilou, et les dessous affriolants souffrent de la concurrence des sous-vêtements chauds. Les valeurs virent, les femmes changent d'ambition. [...]

(*Fémina-Le Matin*, 12.2.89)

La valeur première de CERTES apparaît dans tous ces emplois. Littré définit cet adverbe comme équivalent à CERTAINEMENT, EN VERITE, A COUP SUR auxquels on peut ajouter BIEN SUR, EVIDEMMENT et la périphrase IL EST VRAI QUE. En témoignent, par exemple, ces emplois absolus des pages 46 et 47 du *Nom de la rose* d'Umberto Eco qui apparaissent comme strictement équivalents :

(6) «— Oh! CERTES», se hâta d'assurer l'Abbé. [...]

(7) [...] C'est parce qu'ainsi en a décidé le Seigneur...
— CERTAINEMENT, admit l'Abbé.

Il faut partir de ces emplois «monorème» pour comprendre le statut du connecteur. Charles Bally (1965b : 99) range CERTES dans les adverbes modaux (avec PEUT-ETRE, NATURELLEMENT, etc.) qui, pour la plupart, sont d'anciennes coordonnées adjointes ou incises du type :

(8) Paul a — malheureusement (ou : hélas!) — échoué à ses examens.

(Bally 1965b : 57)

L'analyse du linguiste genevois est la suivante : «Il s'agit partout de phrases monorèmes, plus ou moins exclamatives, qui interrompaient le courant de la phrase et ont fini par y être absorbées. Mais elles reprennent, à l'occasion, leur indépendance : Vous avez — oh! sûrement — entendu parler de la chose» (1965b : 57). La définition de l'énoncé monorème comme une «phrase à un seul terme articulé» (: 53) et «exposant d'une pensée logiquement complète» (: 54) permet de rendre compte des emplois autonomes (absolus) de CERTES :

(9) Le capitaine questionna le pilote :
— Connaissez-vous ces voiles?
— CERTES! répondit Gacquoil.
— Qu'est-ce?
— C'est l'escadre.

(*Capitaine Fracasse*, Gauthier, p. 61)

(10) — Est-ce toujours moi qui commande les douze?
— CERTES.
— Alors, mon commandant, merci. Car je suis de l'avant-garde.

(*id.*, p. 293)

Elle permet aussi de rendre compte des emplois dans des répliques un peu plus développées :

(11) — Qu'allons-nous faire de ce corps ? interrompit le Tyran, nous ne pouvons le laisser là sur le revers de ce fossé pour que les loups, les chiens et les oiseaux le déchiquettent, encore que ce soit une piteuse viande où les vers mêmes ne trouveront pas à déjeuner.

— Non CERTES, dit Blazius; c'était un bon et loyal camarade, et comme il n'est pas bien lourd, tu vas lui prendre la tête, moi je lui prendrai les pieds, et nous le porterons tous deux jusqu'à la charrette. [...]

(*Capitaine Fracasse*, chap. 3, p. 167)

(12) — [....] Cher Francis, je suppose que la présence ici de M. Forbes n'avait rien d'absolument nécessaire ?

— Euh... Non, CERTES. Sans doute pouvez-vous me dire à sa place en quoi consistaient ses activités auprès de votre époux ces derniers temps ?

(Floch et Rivière, *Le dossier Harding*, Dargaud, p. 18, vignette 2)

(13) [...] Je ne l'ai jamais vu, ce qui ne l'empêche pas d'être mon maître.

— Et si tu le voyais, lui obéirais-tu ?

— CERTES. Je serais donc un païen, si je ne lui obéissais pas! on doit obéissance à Dieu, et puis au roi qui est comme Dieu, et puis au seigneur qui est comme le roi.

(Hugo, *Quatre-vingt-treize*, p. 70)

Cette analyse s'applique parfaitement aussi aux emplois de CERTES à l'intérieur d'une réplique : dans ce cas, l'incise monorème se fond progressivement dans le reste de l'énoncé par la suppression des marques de son insertion (pause et intonation à l'oral, ponctuation forte à l'écrit). Cet effacement progressif est sensible entre les exemples (11), (12), (13) — marqués par une ponctuation forte : verbe attributif de parole, point ou point-virgule —, (14) et (15 première occurrence) — marqués par l'exclamation —, (15 seconde occurrence) et (16) — seulement isolés par une virgule ou un couple de virgule —, (17) enfin :

(14) [...] Cette idée insupportable détermina Léandre. «Mais, se dit-il, si cette belle pour qui je vais m'exposer à me faire rompre les os et jeter en quelque oubliette allait être une douairière plâtrée de fard et de céruse, avec des cheveux et des dents postiches ? Il ne manque pas de ces chaudes vieilles, de ces goules d'amour qui, différentes des goules de cimetière, aiment à se repaître de chair fraîche ! Ho! non; elle est jeune et pleine d'appas, j'en suis sûr. Ce que j'apercevais de son col et de sa gorge était blanc, rond, appétissant, et promettait merveille pour le reste! Oui, j'irai, CERTES! je monterai dans la carrosse. Un carrosse! rien n'est plus noble et de meilleur air!».

(*Capitaine Fracasse*, p. 254)

(15) Boisberthelot repartit :
— A défaut d'un prince français, on prend un prince breton.
— Faute de grives...

— Non, faute d'un aigle, on prend un corbeau.
— J'aimerais mieux un vautour, dit Boisberthelot.
Et La Vieuville répliqua :
— CERTES! un bec et des griffes. [...]
[...] — C'est que cette chienne de révolution nous gagne, nous aussi.
— Une gale qu'a la France!
— Gale du tiers état, reprit Boisberthelot. L'Angleterre seule peut nous tirer de là.
— Elle nous en tirera, n'en doutez pas, capitaine.
— En attendant, c'est laid.
— CERTES, des manants partout; [...].

(*Quatre-vingt-treize*, pages 41-42)

(16) «Jurez de ne plus vous battre pour moi. Jurez-le si vous m'aimez comme vous le dites.
— C'est un serment que je ne puis faire, dit le Baron; si quelque audacieux ose vous manquer de respect, je le châtierai, CERTES, comme je le dois, fût-il duc, fût-il prince.

(*Capitaine Fracasse*, p. 269)

(17) Après le potage la servante apporta une poule bouillie; magnificence qui fit dilater les paupières des convives, de telle façon qu'elles semblaient prêtes à se fendre.
— On voit que vous aimez votre famille, Madame Coquenard, dit le procureur avec un sourire presque tragique; voilà CERTES une galanterie que vous faites à votre cousin.

(*Id.*, page 348)

Dans tous ces emplois dialogaux, le connecteur a pour fonction de marquer l'accord du locuteur avec un autre énonciateur. Si CERTES a bien quelque chose à voir avec la polyphonie, c'est ici dans le marquage de la prise en charge, par le locuteur, d'une proposition (ou d'un ensemble de propositions) attribuables à un énonciateur. Soit la formule de prise en charge L = E1 dont il a déjà été question dans la première partie du présent ouvrage.

En passant des emplois dialogaux aux emplois monologaux, on observe que CERTES peut occuper différentes places. Il est souvent localisé en début de phrase ou de paragraphe :

(18) Tout allait pour le mieux. Les écrivains écrivaient, les maisons d'édition publiaient, les critiques faisaient semblant de critiquer, les jurys couronnaient, les intrigues fleurissaient, les potins potinaient, les foires foiraient, les télévisions tournaient. CERTES, le niveau baissait, et le délit de littérature, le vrai délit d'initié, était de plus en plus rare. On commémorait, on s'arrachait les vieillards survivants, on les photographiait [...].

(*Le Monde*, 3.3.89, début d'un article de Ph. Sollers)

(19) Pour ses créateurs, il sera un «surdoué des mers», plus gros que le «Redoutable», mais n'emportera que le même nombre de missiles : seize. CERTES, ces missiles seront améliorés par rapport aux fusées actuelles. Ils seront «durcis», sur le plan élec-

tronique, pour résister aux contre-mesures adverses. Et le nombre de têtes nucléaires dans chaque fusée pourra atteindre huit, permettant d'un seul coup une dispersion sur huit objectifs différents.

(*La Nouvelle république du centre-ouest*, 16.3.90, article consacré à la construction du sous-marin nucléaire «Triomphant»)

(20) CERTES, si tous ces processus sont considérés comme des cas où le texte laisse ses contenus à l'état virtuel en attendant du travail coopératif du lecteur leur actualisation définitive, on peut alors continuer à parler de présupposition parce qu'il existe bien quelque chose pour unifier ces processus si différents : c'est le fait qu'un texte est toujours, en quelque sorte, *réticent*.

(*Lector in fabula*, U. Eco)

(21) [...] Le franc s'est inscrit à son plus haut cours vis-à-vis de la devise allemande depuis près de deux ans.

CERTES, le mark n'est pas en très bonne posture actuellement, à la veille de la fusion monétaire entre la R.F.A. et la R.D.A., qui fait craindre une surchauffe et un regain d'inflation.

Par ailleurs, les capitaux étrangers, y compris japonais, affluent à Paris, attirés par les taux d'intérêt français [...].

(*Le Monde*, 30.3.90)

Le début de la dernière strophe du «Reniement de Saint Pierre» de Baudelaire prouve que cette forme d'emploi de CERTES n'est pas réservée à l'usage d'une langue écrite non littéraire :

(22) — CERTES, je sortirai, quant à moi, satisfait
D'un monde où l'action n'est pas la sœur du rêve;
Puissé-je user du glaive et périr par le glaive!
Saint Pierre a renié Jésus... il a bien fait.

(*Les Fleurs du mal*)

Plus rare, mais aussi plus proche de l'incise monorème, ces exemples de parenthèses de M. Tournier dans «Barbedor», d'U. Eco (exemple (11) du corpus sur MAIS) et de J. Starobinski :

(23) A travers le masque du vieillard majestueux qui s'effritait, il voyait reparaître — plus accusés, plus marqués CERTES — les traits du jeune homme imberbe qu'il avait été.

(*Les Rois mages*)

(24) [...] Il s'établit un lien — CERTES vraiment diabolique ce lien-là — entre toi et lui...

(*Le Nom de la rose*)

(25) La stylistique des chefs-d'œuvre n'est qu'une application — CERTES privilégiée — d'un savoir qui cesse de se confiner dans une neutralité prudente.

(*La Relation critique*)

Ou encore dans cette incise d'un ouvrage de stylistique :

(26) De ces définitions, CERTES un peu désuètes, nous retiendrons un certain nombre de points.

(P. Guiraud, *Essais de stylistique*)

CERTES peut aussi se fondre dans l'énoncé, comme dans ce compte rendu de *A l'ami qui ne m'a pas sauvé la vie* d'Hervé Guibert :

(27) Des détours, Guibert en impose CERTES à son lecteur. En maître tisserand, il prend plaisir à entrecroiser le fil des existences, on serait tenté de dire : des anamnèses.

C'est également le cas des fréquents emplois de CERTES dans une négation :

(28) Qu'est-ce qui a pu conduire le docteur Jean-Pierre Vincent, spécialiste des hormones du cerveau, à autopsiser ce fripon de Vénitien? Le choix de Casanova comme champ d'expérience N'est CERTES PAS innocent.

(*Nouvel Observateur*, n° 1327, 1990)

Dans tous ces emplois, la structure polyphonique est certainement moins sensible. En (18), le fait de commencer une nouvelle unité typographique par CERTES souligne le passage de l'euphorie béate à la critique. On perçoit, comme en (5) et (22), le surgissement d'un point de vue différent sans qu'une différence de prise en charge soit évidente. Dans les exemples (19) à (28), c'est aussi un changement plus ou moins net de point de vue et une réorientation du propos qui sont signalés.

Il n'existe qu'un emploi oral très explicitement polyphonique — et marqué par une distanciation — de CERTES, c'est son emploi ironique, emploi souligné par l'intonation et généralement par le redoublement du connecteur. Ainsi dans cette publicité pour le champagne :

(29) Ne vous fiez pas aux apparences : j'ai des goûts très simples.

[première page avec photographie d'une jeune femme fort élégante]

CERTES, CERTES.

[deuxième page avec photographie, cette fois, d'une bouteille de champagne PIPER-HEIDSIECK]

Ce mouvement ironique permet de feindre l'adhésion à l'énoncé qui précède CERTES (propos attribué à une jeune et jolie snobe) en présentant la bouteille de champagne comme une (contre) preuve. Ceci ressemble fort à l'ironique «Quel temps magnifique!» proféré dans la pluie et le froid.

Ce dernier emploi est certainement le seul à marquer nettement la rupture des points de vue. Il ne la marque, en fait, qu'en feignant de l'ignorer et souligne par là même la valeur principale — assertive — de

CERTES : dans tous les cas examinés, ce connecteur indique la prise en charge par le locuteur (L) d'un énoncé plus ou moins nettement attribuable à un énonciateur (E1). Dans des exemples comme (5) ou (18), CERTES marque que le locuteur adhère plus à ce qui suit le connecteur qu'à ce qui le précède.

Pas du tout ironique, en revanche, cet emploi de CERTES par la presse sportive relève plus de la modalisation («il est vrai») que de la concession :

(30) La Squadra azzura n'a pas fait
le détail devant l'U.R.S.S.,
CERTES à court de compétition
• ITALIE-U.R.S.S. 4-1 (3-1)

Dans cet emploi monologal et encore autonome (hors parenthésages), la proposition introduite par le connecteur («certes à court de compétition») apparaît comme la reconnaissance, par le locuteur, d'une objection possible. La conclusion qui pourrait être tirée des deux premières lignes et du score final de ce match de football (*la supériorité des joueurs italiens a été totale, ils sont vraiment très forts*) est, en quelque sorte, révisée, atténuée par CERTES Q. La comparaison avec (30') permet de mieux comprendre les effets de sens liés à l'emploi du connecteur :

(30') Devant une équipe d'U.R.S.S. à court de compétition, la Squadra azzura n'a pas fait de détail
• ITALIE-U.R.S.S. 4-1 (3-1)

En (30') l'ampleur de la victoire italienne est relativisée d'entrée. Avec CERTES, cette remise en cause n'est pas mise en avant, mais placée en incise. CERTES ne fait que modaliser le propos initial. Néanmoins, le locuteur adhère aux deux aspects de l'information donnée : à l'évidence du bon résultat comme à l'objection restrictive ; en d'autres termes, il prend acte du bon résultat tout en le modalisant.

2.2.2. Un CERTES concessif ?

Le connecteur CERTES peut-il acquérir une valeur concessive dans des parenthésages particuliers ? Le fait que CERTES apparaisse plus souvent accompagné que seul aboutit au fait que lorsqu'on lit le début de cet éditorial — même si l'on ignore qu'il est signé par Alain Peyrefitte dans le *Figaro Magazine* (5 mai 1984, p. 159) — :

(31) Le Président a CERTES fait preuve d'une louable détermination en se rendant sans délai à Beyrouth après l'attentat qui avait coûté la vie à plus de cinquante de nos militaires. L'opinion est sensible au panache. [...]

on attend un renversement qui ne manque pas de venir aussitôt :

(31') [...] Le Président a su faire diversion en jouant sur la fibre patriotique. Il a satisfait dans le public un désir instinctif de vengeance en ordonnant des représailles. MAIS n'aurait-il pas dû se montrer ferme *avant* les attentats, plutôt qu'en être réduit, *après*, à frapper des innocents — le chauffeur de camion étant mort et les responsables à l'abri?

Le connecteur MAIS marque aussi un tel renversement dans les exemples suivants :

(32) Elmex est CERTES une pâte dentifrice qui coûte chère. MAIS elle vaut largement son prix! Car elle a fait l'objet de recherches intensives et bénéficie d'une association d'agents actifs exceptionnelle. [...]

(33) On ne s'est CERTES pas ennuyé, samedi en fin d'après-midi, au Cornaredo où la lutte pour les points fut d'une intensité certaine, MAIS sur le plan de la qualité du jeu, on restait singulièrement sur sa faim. Une débauche d'énergie indiscutable et constante CERTES, un engagement physique total, chaque acteur s'appliquant à donner le meilleur de lui-même, MAIS relativement peu de réflexion dans l'ébauche des actions et beaucoup trop de fébrilité de part et d'autre.

(24 heures du 30.10.1989)

(34) C'est en lisant Bally, et spécialement le début de *Linguistique générale et linguistique française* [...], que j'ai été amené à esquisser une théorie linguistique de la polyphonie — sur laquelle je travaille depuis plusieurs années. CERTES, il me semble que, sur certains points, Bally n'est pas allé assez loin dans la direction où il s'est engagé, MAIS il reste qu'il a ouvert cette direction.

(O. Ducrot 1989 : 165)

(35) — Pas tout à fait, cher Adso, me répondit le maître. CERTES ce type d'empreintes m'exprimait, si tu veux, le cheval comme verbum mentis, et me l'eût exprimé partout où je l'aurais trouvé. MAIS l'empreinte en ce lieu précis et à cette heure du jour me disait qu'au moins un cheval, parmi tous les chevaux possibles, était passé par là. Si bien que je me trouvais à mi-chemin entre l'acquisition du concept de cheval et la connaissance d'un cheval individuel.

(U. Eco, *Le nom de la rose*, p. 42)

Très souvent, la segmentation souligne le parenthésage pour mieux indiquer le mouvement concessif. Ainsi dans ce passage d'un catalogue des éditions de Minuit :

(36) [...] Les projecteurs des émissions culturelles ou les haut-parleurs des grandes surfaces ont CERTES leur utilité et personne n'a le droit de mépriser la foule des lecteurs de la onzième heure, qui contribue aussi, et souvent de façon décisive, aux activités de l'édition.

MAIS, à mi-chemin du silence de la feuille manuscrite et du vacarme des moutons de Panurge, quelques lieux de commerce permettent aux amateurs de livres de se rencontrer librement dans le calme. [...]

(Jérôme Lindon, «Les livres ont aussi besoin de silence»)

De même dans cet éditorial d'un quotidien helvétique :

(37) [...] Du côté suisse, c'est pour l'instant la politique d'entre deux trains. CERTES les Genevois, à partir d'une étude privée, ont eu le mérite de croire au raccourci par Cluse et Nantua. CERTES les Vaudois, avec abnégation ou résignation, leur ont laissé la priorité pour ce maillage au réseau T.G.V. CERTES tous les cantons jurassiens ont soutenu les efforts des régions françaises pour une liaison Paris-Mulhouse. MAIS de tout cela ne se dégage pas une politique. [...]

(A. Gavillet)

Pour comprendre les ressources du mouvement concessif, il suffit de considérer les exemples suivants. A la suite de l'assassinat d'un jeune marocain, à Menton, Jacques Lesinge, dans *Le Figaro* du 28 mars 1985, écrit :

(38) [...] Un aspect raciste CERTES, MAIS surtout une querelle entre voyous tard dans la nuit à propos d'une femme.

Dans son éditorial du 1er avril 1985, évoquant un attentat à la bombe, à Paris, contre un festival du film juif, Max Clos prolonge le propos :

(39) Nous sommes en présence, très probablement, d'un acte terroriste à l'initiative de mouvements arabes hostiles à la politique israélienne. Crime scandaleux et inacceptable, CERTES. MAIS en quoi constitue-t-il une manifestation antisémite dans le cadre de la communauté nationale?

On ne peut pas dire que CERTES marque à lui seul la concession. C'est la combinaison de CERTES et d'un MAIS argumentatif qui rend possible le mouvement concessif suivant : CERTES souligne que la proposition P («un aspect raciste...» et «Crime scandaleux et inacceptable...») est un argument pour une conclusion (C) implicite. Dans le contexte de (38) et de (39), l'interprétant est invité à formuler des inférences du type : *il faut/on doit/on peut dénoncer ces crimes*. A lui tout seul, CERTES ne peut que souligner le mouvement d'adhésion à l'enchaînement [proposition P > conclusion C]. La combinaison CERTES-MAIS place CERTES sous l'influence du mouvement argumentatif dont il a été question plus haut à propos de MAIS <5>.

Espace sémantique (L ≠ E1) Mouvement concessif	Prop. P — — — MAIS — — — — Prop. Q ｜　　　　　　　　　　　　　　　｜ CERTES ↓　　　　　　　　　　　　　　　↓ Conclusion C ◄~ ~ ~ ~► Concl. non-C	Espace sémantique (L = E2) Orientation argumentative

CERTES ne souligne que le constituant-argument le plus faible, la cause présentée comme non déterminante. En soulignant un premier mouvement d'adhésion aux normes qui régissent l'espace sémantique d'un énonciateur E1, CERTES n'acquiert une valeur concessive que parce que cet espace sémantique est précisément celui que le locuteur — après en avoir admis l'existence et reconnu la pertinence — ne va pas prendre en charge. C'est MAIS qui assure le mouvement argumentatif général en plaçant CERTES au service du premier mouvement — concessif — et en orientant le discours dans le sens de la conclusion NON-C. L'argument déductible de la proposition Q («... MAIS surtout une querelle entre voyous tard dans la nuit à propos d'une femme» et «MAIS en quoi constitue-t-il une manifestation antisémite dans le cadre de la communauté nationale?») vient, en fait, nier la conclusion admise dans un premier temps. Le recours au parenthésage [[CERTES P] MAIS Q] sert à commenter l'énonciation comme une option en faveur, non pas de la norme de cohérence qui mène de P à la conclusion C, mais en faveur de celle qui mène à la conclusion NON-C. CERTES permet de ne pas disqualifier d'entrée le contexte normatif qu'il s'agit pourtant de contester. La description polyphonique — qui présente l'immense avantage de réunir une analyse des parenthésages et une analyse de la prise en charge des propositions — permet seule de rendre compte de la stratégie concessive comme d'une relation entre un acte stratégique de concession et un acte stratégique d'affirmation (orientation) argumentative (Nguyen 1984). Comme le dit O. Ducrot dans la citation déjà donnée plus haut : «De cet acte on tire profit [...]. Grâce à sa concession, on peut se construire le personnage d'un homme à l'esprit ouvert, capable de prendre en considération le point de vue des autres» (1984 : 231).

Les deux journalistes du Figaro ne peuvent contester le caractère «raciste», «scandaleux» et «inacceptable» des faits qu'ils relatent. Ne pouvant nier les arguments adverses, ils adoptent une stratégie hypocrite : souscrire dans un premier temps à ces arguments, puis nier la conclusion que d'autres en tirent. En d'autres termes, nier l'implicite conclusion C et non pas l'explicite (trop explicite) proposition P. La perception de cette stratégie permet à Gabriel Macé, dans le *Canard enchaîné* du 3 avril, d'intituler son article «Un aspect raciste, certes...» et d'ironiquement commenter ainsi (38) et (39) :

> [...] Un aspect raciste CERTES... MAIS quels connards, aussi, ces deux tueurs, Podolski et Piovano, qui ont avoué tout de suite avoir agressé Aziz Madak «parce qu'ils voulaient se faire un Arabe». Pouvaient pas trouver autre chose?
>
> [...] Max Clos préfère ne pas attendre les résultats de l'enquête qui suit, pour le moment, plusieurs pistes brouillardeuses.
>
> D'ailleurs, hein, M. Clos, qui nous dit que la bombe n'a pas été posée par un type qui, tout simplement, exècre le cinéma?
>
> Hypothèse hardie, CERTES. MAIS qui aurait l'avantage de faire taire tous ces mouvements antiracistes qui commencent à nous casser les pieds.
>
> CERTES.

Un autre exemple, littéraire cette fois et caractéristique de l'écriture des *Choses* de Pérec (1965 : 77 de l'éd. *J'ai lu*), me permettra de décrire la complexité du double mouvement concessif et argumentatif inhérent au parenthésage [[CERTES P] MAIS Q] :

> (40) Hélas, pensaient souvent et se disaient parfois Jérôme et Sylvie, qui ne travaille pas ne mange pas, CERTES, MAIS qui travaille ne vit plus.

La première proposition (prop P) est constituée par un enchaînement [non-C > non-B], dont la cohérence n'apparaît qu'à la lumière du rétablissement du syllogisme suivant :

> Pour vivre (= A) il faut manger (= B)
>
> OR pour manger (= B), il faut travailler (= C)
> (= qui ne travaille pas [non-C] ne mange pas [non-B])
>
> DONC pour vivre (= A), il faut travailler (= C).

CERTES marque la reconnaissance provisoire — c'est en ce sens qu'il y a bien acte de concession — de cet enchaînement argumentatif, mais également, dans un second mouvement, l'association de CERTES et de MAIS laisse entendre que Sylvie et Jérôme concluent probablement dans le sens inverse : de A vers la conclusion NON-C. A cette contrainte d'orientation argumentative, les deux connecteurs ajoutent une indication sur la prise en charge et donc sur la validité de tel argument dans tel ou tel espace sémantique-contexte normatif. Le double sens du verbe «vivre» (A) — vivre-biologique lié au verbe «manger» (B) et vivre-exister défini en termes de «liberté» (D) par les deux protagonistes — est clairement indiqué dans ces lignes :

> [...] ils aimaient leurs longues journées d'inaction, leurs réveils paresseux, leurs matinées au lit, avec un tas de romans policiers et de science-fiction à côté d'eux, leurs promenades dans la nuit, le long des quais, et le sentiment presque exaltant de liberté qu'ils ressentaient certains jours, le sentiment de vacances qui les prenait chaque fois qu'ils revenaient d'une enquête en province» (p. 79).

Le double sens du verbe «vivre» correspond à chacun des deux espaces sémantiques, aux deux systèmes de croyances subjectives que deux syllogismes différents permettent de cerner : le premier a pour moyen terme «manger» (B), le second la «liberté» (D). Ceci permet de comprendre où se situe la contradiction vécue par les personnages, le conflit des représentations du monde qui les déchire.

1. RAISONNEMENT SELON LA LOGIQUE (NORMES) DE LA DOXA :

«Hélas! [...] qui ne travaille pas ne mange pas, CERTES» (prop P : non-C, non-B)

Prémisse d'un syllogisme à reconstruire pour accéder à la conclusion :

Pour vivre (A) il faut manger (B)
OR Pour manger (B) il faut travailler (C)
DONC : pour vivre (A) il faut travailler (C)

2. RAISONNEMENT SELON LES NORMES (LA LOGIQUE) DE JEROME ET SYLVIE :

«MAIS qui travaille ne vit plus» [prop Q]
Conclusion d'un syllogisme dont il faut rétablir les prémisses :
Pour vivre (A) il faut être libre (D)
Qui travaille (C) n'est plus libre (non-D)
DONC : Pour vivre (A) il ne faut pas travailler (non-C)

Ce court texte éclaire bien mon propos : les propositions P et Q représentent les fragments de deux logiques différentes, matérialisées clairement par deux syllogismes. La proposition P (marquée par CERTES) est la prémisse mineure d'un premier syllogisme attribué à un énonciateur (E1) différent du locuteur représenté par les deux personnages (L); la proposition Q est la conclusion d'un autre syllogisme et MAIS signale que le raisonnement de Jérôme et Sylvie va dans le sens de cette conclusion.

Le premier enchaînement, qui conclut à la nécessité du travail (C), est attribué au discours de tout le monde (E1 ≠ L). C'est de cette norme même que Jérôme et Sylvie veulent se distinguer par leur façon de vivre en travaillant le moins possible. La fonction de MAIS est d'introduire l'argument [C > NON-A] qui permet effectivement d'aller dans le sens de la conclusion NON-C. Cette orientation argumentative est confirmée pages 79-80 en des termes qui prouvent que Jérôme et Sylvie — comme CERTES le dit clairement et comme «Hélas!» le souligne — sont convaincus de la pertinence du premier enchaînement, mais que néanmoins ils optent pour l'autre choix, l'argument et la conclusion introduits après MAIS :

> Ils étaient au cœur de la situation la plus banale, la plus bête du monde. Mais ils avaient beau savoir qu'elle était banale et bête, ils y étaient cependant; l'opposition entre le travail et la liberté ne constituait plus, depuis belle lurette, s'étaient-ils laissé dire, un concept rigoureux; mais c'est pourtant ce qui les déterminait d'abord.

Le renversement argumentatif qui suit l'acte préalable de concession peut être marqué par d'autres connecteurs que MAIS :

> (41) [...] Mais qui donc a souligné les relations étroites et efficaces, qui unissent tant de conseillers nationaux à des sociétés financières ?
>
> CERTES, on peut espérer que ces entreprises gagnent honnêtement leur argent. Elles profitent NEANMOINS des informations recueillies à Berne par «leur» député dans la confidentialité d'une commission ou grâce à d'amicaux contacts avec tel ou tel département. [...]
>
> (A. Dupraz : «Hans, Elisabeth et les autres», *L'Echo Magazine*, p.7, n° 51-52, 24 déc. 1988)

(42) CERTES il n'existe pas de relations simples entre les catégories d'acheteurs et les catégories de voitures. L'être humain est un ensemble complexe de motivations nombreuses qui peuvent se combiner d'innombrables façons. NEANMOINS on admet que les différentes marques et modèles aident les gens à exprimer leur propre personnalité.

(P. Martineau, *Motivation et publicité*)

(43) Les hommes de la DISTILLERIE JACK DANIEL'S sont très fiers de fabriquer leur whiskey selon les mêmes méthodes que leurs prédécesseurs d'il y a dix générations.

En effet, depuis 125 ans, notre whiskey est distillée fidèlement selon le procédé Tennessee traditionnel ; il est filtré goutte après goutte à travers des fûts de charbon de bois, avant de mûrir patiemment dans des foudres de chêne blanc. Le résultat : un whiskey incomparable et non coupé que les Américains appellent «sippin' smooth».

CERTES, il existe des méthodes de fabrication plus rapides. Et bien moins coûteuses. Nous sommes NEANMOINS convaincus qu'à la première gorgée, vous ne pourrez qu'approuver avec enthousiasme et admiration la formule d'antan que nous respectons fidèlement. A Lynchburg, Tennessee.

JACK DANIEL'S TENNESSEE WHISKEY

(44) [...] c'est en s'éloignant de la philologie que la plupart des linguistes ont oublié ou délaissé les problèmes de l'interprétation. CERTES la philologie a eu tort de postuler l'unicité du sens ; DU MOINS est-ce grâce à elle que l'on peut penser aujourd'hui l'insertion historique des textes.

(U. Eco, *Lector in fabula*)

(45) [...] CERTES [l'enfant] en sait moins que nous tant sur le réel que sur les mots savants de la métalangue. AU MOINS quand un enjeu est là il est parfois capable d'avoir mieux accès que nous à la réalité de la «paraphrase naturelle».

(F. François, «Qu'est-ce qu'un ange ? ou définition de la paraphrase chez l'enfant», 1985).

(46) S'il est CERTES vrai que toute parole, pour violente que soit sa déviation, s'inscrit inévitablement dans un contexte socio-historique, si l'observateur a le droit permanent d'interpréter cette déviation en fonction de l'époque et de ses conflits, IL N'EN RESTE PAS MOINS qu'à son origine subjective, depuis le romantisme, intervient le désir d'affirmer la qualité unique de l'expérience personnelle [...].

(J. Starobinski, *La Relation critique*).

A ce type de parenthésage fondé sur NEANMOINS et ses variantes AU MOINS, DU MOINS, [[CERTES P] NEANMOINS Q], on peut ajouter [[CERTES P] TOUTEFOIS Q] et [[CERTES P] POURTANT Q] voire même [[CERTES P] SI Q] :

(47) CERTES, c'est bien dans les limites d'une certaine terre que l'œuvre s'inscrit ; CERTES, les personnages qui habitent ses «tableaux» sont toujours des paysans, les scènes qu'ils peignent sont ces travaux et ces fêtes qui furent déjà la matière d'Hésiode, de Virgile (mais aussi des *Solitudes* de Gongora...). TOUTEFOIS, quelqu'un erre dans ces campagnes et se mêle (mêle sa distance, mêle sa séparation) à ce qu'il regarde. Alors, il faut comprendre que toute la perspective change. Ce qui compte, au sein de

cette matière, c'est le mouvement de l'errant, de celui qui apparaît, dès le premier grand poème, comme un rôdeur, comme un homme traqué.

(Ph. Jaccotet, au sujet de Gustave Roud)

(48) — CERTES, je comprends votre point de vue, déclare le président, TOUTEFOIS, compte tenu des...

Sa voix n'est plus qu'un chuchotement, pareil à celui qu'il émet quand il use du téléphone rouge pour demander à son prédécesseur de lui rappeler le numéro du marchand de vins de l'Elysée.

(San Antonio, *Remouille-moi la compresse*)

(49) [...] Les «qualités» supposées d'un militaire dans la vie professionnelle (conduite des hommes, discipline et assiduité) ne pèsent plus très lourd devant l'effort d'imagination exigé actuellement.

CERTES, pendant la crise horlogère, l'armement a sauvé passablement d'emplois. POURTANT, les industries ne vivent pas exclusivement des commandes de l'armée [...].

(Présentation d'une émission («Temps présent»)
de la Télévision suisse romande consacrée à l'armée suisse)

(50) [...] Mais cela est-il bien vrai? CERTES, les modèles hérités du XIXe siècle semblent avoir perdu leur valeur, du moins certains d'entre eux, puisque d'autres au contraire retrouvent un attrait (la philologie, l'herméneutique). Chacun est retourné sur son terrain, on se méfie des essais de synthèse. POURTANT, les constats de faillite des grands systèmes, les dénonciations provoquées par les explications totalisantes font déjà figure de stéréotypes. La critique des structuralismes et de leurs suites est devenue le marchepied des médiocres [...]

(C. Reichler, *L'interprétation des textes*)

(51) Pour son Emma, Claude Chabrol n'eut pas les mêmes inquiétudes. Isabelle Huppert lui paraît idéale. CERTES, Flaubert, S'il ne décrit jamais réellement le physique de son héroïne, évoque une brune aux yeux noirs.

(*Liberté Dimanche*, 16.9.1990)

2.2.3. En conclusion

Avec Charles Bally, il faut d'abord souligner la valeur assertive d'un CERTES qui rentre dans le paradigme des différentes façons de dire OUI signalées par le linguiste genevois : «Certes! Ma foi oui! Mais oui! Pourquoi pas? Parfaitement! A qui le dites-vous? Je l'avoue! J'en conviens! D'accord! C'est dit! Soit! Amen! etc.» (Bally 1965 : 20). Pour cette raison, CERTES permet seulement l'attribution d'une proposition à un énonciateur (E1). L'effet polyphonique réside dans le fait que CERTES P (ou P, CERTES) signale que le locuteur adhère à la logique qui mène de la proposition P à certaines conclusions (L = E1). Bien sûr, le fait que la proposition P soit, dans la concession, assertée indirectement par L (son assertion mentionne celle de E1), rend très facile l'opération de distanciation propre à l'acte de concession. La valeur concessive ne peut qu'exceptionnellement être attribuée en propre au connecteur CERTES employé isolément. Dans cet article sportif, CERTES (à cause de PAS MOINS) peut être paraphrasé par BIEN QUE :

> (52) CERTES deuxième, le FC Barcelone n'en est PAS MOINS à dix points de son grand rival madrilène, le Réal, intouchable en Espagne saison après saison.

Ce dernier exemple, trouvé dans un ouvrage de stylistique, nous laisse, quant à lui, hésiter entre une interprétation assertive et une interprétation concessive. Le fait que CERTES soit ici employé isolément est certainement à la source de cette ambiguïté :

> (53) Cette conception du style inspirera toute une série de définitions du style qui représentent la même tradition, selon laquelle, suivant le mot de Buffon, «le style, c'est l'homme même». CERTES, le contexte dans lequel figure cette phrase en limite quelque peu la portée.
>
> (F. Deloffre, *Stylistique et poétique françaises*)

La valeur concessive de CERTES résulte dans la majorité des cas d'un effet de parenthésage, c'est-à-dire de l'action sur CERTES d'un autre connecteur (MAIS, TOUTEFOIS, NEANMOINS, POURTANT). Tout dépend, en fait, du degré de prise en charge par L du propos attribué à E1 : moins l'adhésion est forte, plus l'interprétation concessive devient plausible. Cette dernière observation démontre l'intérêt théorique de la prise en compte des phénomènes de parenthésages.

NOTES

[1] Je laisse de côté le MAIS adverbial lié à l'origine latine (MAGIS) et que l'on trouve en français médiéval ainsi que dans l'expression archaïsante contemporaine «n'en pouvoir mais».

[2] Article paru dans les *Actes de la Recherche en Sciences Sociales*, n° 6, déc. 1976, repris au chapitre 3 de Ducrot *et al.* 1980 et critiqué à partir d'un corpus oral authentique par Cadiot *et al.* 1979, Garcia 1980, Chevalier *et al.* 1980.

[3] Voir à ce sujet Grize 1988.

[4] Moeschler 1989 adopte un type de schématisation comparable.

Chapitre 3
Analyses textuelles : un poème de Raymond Queneau et le début d'une chanson d'Eddy Mitchell

Ce n'est certainement pas l'auteur de «Si tu t'imagines...» qui me reprochera de le placer à côté d'Eddy Mitchell en cette fin de deuxième partie. Ces analyses textuelles d'un poème et du début d'une chanson ont pour premier objectif de proposer une synthèse appliquée de ce qui a été dit de la textualité à travers l'étude des parenthésages et des phénomènes de prise en charge.

Il s'agira aussi, à la faveur de ces deux exemples, d'approfondir certaines notions. Il sera ainsi de nouveau question de MAIS et de CERTES, mais également de SI, de PUISQUE, d'UN PEU et de QUAND MEME, c'est-à-dire : de concession, de polyphonie et d'orientation argumentative, thèmes centraux de cette deuxième partie.

3.1. APPROCHE PRAGMATIQUE ET TEXTUELLE D'UN POEME DE RAYMOND QUENEAU [1]

«Seul le déclic analogique nous passionne : c'est seulement par lui que nous pouvons agir sur le moteur du monde. Le mot le plus exaltant dont nous disposions est le mot COMME, que ce mot soit prononcé ou tu», déclare André Breton dans la préface de *Signe ascendant* (1947) et il ajoute : «Le mot le plus haïssable me paraît être le mot DONC, avec tout ce qu'il entraîne de vanité et de délectation morose». Avec DONC, c'est la logique argumentative que Breton oppose à une logique poétique fondée sur la métaphore. J'ai choisi un poème de Raymond Queneau qui, avec son enchaînement argumentatif SI + CERTES + MAIS, tombe sous l'anathème du pape du surréalisme. Il me paraît intéressant d'examiner de près la façon dont la poéticité se manifeste ici à travers (malgré?) l'argumentation.

VEILLE

Si les feux dans la nuit faisaient des signes certes
la peur serait un rire et l'angoisse un pardon
mais les feux dans la nuit sans cesse déconcertent
le guetteur affiné par la veille et le froid.

Bien que ce poème se trouve sur un manuscrit sans date et sans titre, on situe sa rédaction entre 1939 et 1940. Seul le premier vers semble avoir subi une correction sur laquelle il me faudra revenir (je souligne) :

vers 1' : Si les feux dans la nuit **avaient un sens** — certes

3.1.1. Segmentation métrico-rythmique du poème

En raison de sa place dans le recueil poétique des *Ziaux*, mais également à cause des blancs typographiques (alinéas) vi-lisibles qui le structurent, ce texte se donne à lire immédiatement comme un poème. Il comporte, d'une part, un **titre** — lexème morphologiquement ambigu : impératif du verbe veiller ou indicateur temporel (la veille VS le lendemain) — et, d'autre part, quatre vers dépourvus d'autre ponctuation que la majuscule initiale et le point final, soit la marque d'une modernité poétique postérieure au *Coup de dés* mallarméen et à l'initiative systématique d'Apollinaire dans *Alcools*. Seul le réglage par le blanc typographique signale la présence de vers : il manque en effet la structure canonique : majuscule à l'initiale et rime en finale de ligne. Toutefois, la décision d'interpréter ces quatre lignes comme quatre vers et ce poème comme constitué d'une seule strophe (un «quatrain») est facilitée par le choix du mètre français le plus symboliquement classique : l'alexandrin césuré très régulièrement en deux hémistiches de 6 syllabes. Il reste aussi une rime : «*certes*» / «*décon*certes».

Ajoutons encore une autre mise en évidence du fait poétique qui empêche de considérer ces lignes comme de la prose : le décalage entre le mètre et la syntaxe qui aboutit aux enjambements[2] des vers 1-2 («certes») et 3-4 (verbe à la rime et SN2 (objet) renvoyé dans le vers suivant, soit une cassure peu classique du syntagme verbal). Ce que l'on peut ainsi résumer en soulignant le parallélisme entre mètre, syntaxe et structure sémantique propositionnelle :

Mètre (v. 1) : *Phrase* : *Proposition* :	6 SN Individu (thème)	/ / / A = **Proposition p** [1]	6 SV Propriété (propos)
Mètre (v. 2) : *Phrase* : *Propositions* :	6 SN + XV Individu + Propriété **prop. B** [2]	/ et et et	6 SN + SV Individu + Propriété **prop. B'** [3]
Mètre (v. 3) : *Phrase* : *Proposition* :	6 SN Individu (thème)	/ / / **proposition q...** [4...]	6 SV (mod. + V...) Propriété (propos...) xy
Mètre (v. 4) : *Phrase* : *Proposition* :	6 Individu + propriété [patient]	/ suite SV / suite **proposition q** [...4]	6 [agent]

Deux structures se dessinent : l'une engendrée par les rimes, l'autre par les propositions :

[v. 1 & v. 3 = rime a] + [v. 2 = b] + [v. 4 = c]
[v. 1 = prop. 1] + [v. 2 = prop. 2 & 3] + [v. 3 & 4 = prop. 4]

Le seul parallélisme de construction concerne les vers impairs reliés par la rime et construit sur une structure semblable : Individu (ou thème) dans le premier hémistiche et Propriété(s) (ou propos) dans le second. Le couplage des vers impairs introduit donc un parallélisme v.1 // v.3, mais ne confère pas aux vers 2 et 4 un statut comparable. Disons que les enjambements et l'absence de parallélisme entre v.2(b) et v.4(c) engendrent un couplage plus complexe des deux premiers vers, d'une part, et des deux derniers, d'autre part :

(1 (+ 2)) [prop 1+2+3] // (3 (+ 4)) [prop 4].

Cette structure est formellement appuyée par le fait qu'au parallélisme des rimes (a) s'ajoute, pour les vers impairs, la reprise, à la césure, du même lexème («nuit»). En fait, le parallélisme est encore plus net : le premier hémistiche du vers 1 est presque intégralement repris au premier hémistiche du vers 3 : «(Si/mais) les feux dans la nuit».

Les vers pairs, en revanche, ne présentent, dans chaque hémistiche, que des parallélisme phoniques mineurs en position non marquée :
v. 2 : la p**EUR**...... / ..... **PAR**don
v. 4 : le guett**EUR**... / **PAR** la veille....

L'examen superficiel du plan morphologique vient renforcer les observations métrico-rythmiques. Les vers impairs sont en effet seuls à comporter des connecteurs : SI et CERTES pour le vers 1, MAIS pour le vers 3. De plus, les morphèmes verbo-temporels permettent d'identifier aux vers 1 et 2 un couple imparfait et conditionnel, caractéristique des structures hypothétiques (Si A, alors B), qui s'oppose au verbe au présent du vers 3, mis en relief par sa position à la rime.

On passe ainsi du plan formel au plan sémantique : la morphologie se situe entre les deux plans et elle sémantise le parallélisme en introduisant une opposition :

v.1 (+ v.2) VS v.3 (+ v.4)

En conclusion de ce premier point, disons qu'une approche linguistique et textuelle doit absolument prendre en compte tout ce que nous venons de mettre en évidence. Dans cette perspective, je dirai que les parallélismes formels jouent ici leur rôle organisateur propre à l'ordre même de la segmentation poétique du texte. Ils assurent une lisibilité, ils induisent un parcours du sens en donnant à voir-lire un cadre formel précis. J'ai rappelé ailleurs (1985 : 214) qu'on pouvait définir le poème comme :

– **superposition** d'une organisation métrico-rythmique (structure du vers et de la strophe ici) sur les principes grammatico-sémantiques de la langue ;

– et **tension** entre les contraintes de la manifestation linguistique (ordre de la phrase française et linéarité de l'énoncé grammatical) et le statut tabulaire du texte poétique[3].

Ce poème a beau comporter une structure textuelle linéairement contrainte par les connecteurs argumentatifs, il ne peut être lu comme poème que si l'on rend compte de la superposition-tension entre l'orientation linéaire et les parallélismes poétiques dont il vient d'être question. La production de sens doit donc être examinée en deux temps : observation de la consistance et de l'orientation argumentative, puis, ensuite, retour sur une segmentation spécifique qui, on le verra, donne à ce texte argumentatif toute sa dimension poétique.

3.1.2. Parenthésages et orientation argumentative

Les connecteurs SI, CERTES et MAIS assurent, à la fois, le lien des propositions et la progression de la séquence vers une fin : terme du poème et orientation argumentative de l'ensemble.

Les deux premiers vers correspondent à un schéma inférentiel classique : [Si A, (alors) B]. D'un point de vue sémantique, l'imparfait de la proposition A et le conditionnel de la proposition B-B' posent l'espace représenté comme un espace hypothétique contrefactuel. Combiné à l'introducteur (SI) d'un espace hypothétique, l'imparfait du vers 1 peut être défini comme fictionnel. Dans cet espace hypothétique (H), l'individu («les feux dans la nuit») possède une propriété («faire des signes») et il s'ensuit pour d'autres individus («peur») et («angoisse») les propriétés respectives suivantes : («être un rire») et («être un pardon»). Soit la mise en place d'un certain espace peuplé d'individus spécifiques et dans le cadre duquel l'argumentation va se développer.

La présence du connecteur CERTES, entre les propositions A et B-B', introduit des contraintes de cohésion-progression et une nouvelle série d'instructions de décodage. CERTES appuie le mouvement argumentatif qui, dans le cadre (espace H) de la proposition A, reconnaît la validité de B-B'. [Si A], comme introducteur de l'espace hypothétique, suspend les conditions de vérité qui sont celles de notre espace sémantique de référence (R) et CERTES reconnaît que, dans cet espace fictif particulier, on puisse conclure B-B' de A. Mais, à ce premier mouvement argumentatif, la combinaison de CERTES avec MAIS ajoute deux instructions :

– une contrainte séquentielle d'orientation argumentative ;

– des indications sur la prise en charge de l'énonciation et donc la valeur d'un argument pour une conclusion dans un espace particulier.

Combiné à MAIS, CERTES marque le constituant le plus faible ou la cause non-déterminante et laisse entendre que l'argumentation est probablement orientée, non pas dans le sens de la conclusion B-B', mais non-B-B'. MAIS est chargé, lui, de redresser l'argumentation en introduisant un argument explicite en faveur de non-B, dans un autre espace sémantique.

A cette contrainte textuelle, CERTES ajoute l'indication d'une prise en charge (point de vue d'un énonciateur E1) que MAIS signale comme n'étant pas celui du locuteur (L). CERTES souligne par là une première norme de cohérence : celle d'un espace contrefactuel où [Si A] entraîne la conclusion B-B'. En d'autres termes, l'enchaînement [A (alors) Conclusion B-B'] n'est pas contesté dans sa validité, mais dans sa pertinence argumentative ici-maintenant (dans l'espace de référence ou de «réalité» de l'énonciation actuelle où E2 = L). C'est clairement le sens de l'argument introduit, avec la proposition 4, par MAIS (vers 3 et 4) et exprimé au présent, c'est-à-dire dans un espace sémantique, cette fois, «actuel».

Les instructions de lecture qu'apporte MAIS d'argumentation sont, conformément à ce qui a été vu au chapitre précédent, les suivantes :

a) Assigner au segment textuel qui précède MAIS (vers 1) un contenu sémantique P et à celui qui suit (vers 3 et 4) un contenu Q.

b) Poser ces propositions P et Q comme valides dans des espaces sémantiques différents (H et R).

c) Rechercher dans le co-texte (ou le con-texte) les inférences permises par P (c'est-à-dire les inférences pour lesquelles, dans un espace H, présenté comme contrefactuel, P apparaît comme un argument). Opération facilitée ici par le vers 2. Construire, de la même façon, celles pour lesquelles Q peut être un argument dans un espace de réalité (R) du locuteur.

d) Ne conserver que l'(les) inférence(s) C de P qui entre(nt) dans un rapport de négation NON-C avec celle(s) de Q. Soit l'établissement d'une conclusion C niée par une conclusion NON-C, c'est-à-dire d'une distorsion, d'une incompatibilité.

e) Considérer que P est présenté comme un argument pour la conclusion C dans au moins un espace sémantique possible, mais hypothétique (H) et distinct de l'espace de réalité du locuteur (R) où Q entraîne la conclusion NON-C.

f) Fonder, enfin, la suite du discours (ou les décisions qu'il entraîne) sur cette conclusion NON-C.

Cette structure séquentielle argumentative se laisse décrire par le carré argumentatif suivant qui souligne les liens et l'articulation dynamique des propositions :

```
                 ( (Si A) Prop. P ── MAIS ──── Prop.Q   )
                 (  (vers 1)                  (vers 3 & 4) )   Espace de
Espace (H)       (     ↓                           |       )   réalité du
hypothétique  {  (   CERTES                        |       }   locuteur (R)
                 (     ↓                           ↓       )
                 ( (B-B') Concl. C ◄~ ~ ~ ~► Concl. NON-C  )
                 (  (vers. 2)                              )
```

Ou encore, pour mieux respecter la progression linéaire du poème :

```
v. 1      Si A            CERTES                        )
          =P                  ↘                         )  Plan
v. 2                            B-B' = conclusion C     }  explicite
v. 3      MAIS Q                                        )
v. 4                 ↘                                  )
                       (conclusion NON-C)               }  Plan implicite
```

Dans le poème, la conclusion NON-C reste implicite; MAIS et CERTES indiquent seulement que le texte est orienté vers cette fin que le lecteur doit inférer. Le caractère procédural du traitement que déclenchent les connecteurs permet de comprendre que le contenu sémantique, pourtant vague, des vers 3 et 4 puisse être, malgré tout, sémantisé comme un argument qui entraîne la négation de la conclusion du vers 2. L'étude de l'orientation argumentative de ce poème confirme l'importance d'une conception dynamique de la textualité que les parenthésages permettent de décrire avec une certaine précision.

3.1.3. De l'argumentation au poème : retour sur un ordre spécifique de production de sens

Une contradiction apparaît à la lecture de ces quatre vers : en dépit d'instructions procédurales précises et d'une progression fort proche des usages les plus quotidiens de l'argumentation, le texte reste opaque au niveau essentiel du sens à accorder aux items lexicaux. On ne peut prétendre étudier ce texte sans prendre en compte cette hésitation du sens qui rappelle qu'il s'agit d'un poème, c'est-à-dire d'un discours soumis à un mode d'interprétation esthétique. Le lecteur est tenu de dépasser le mouvement interprétatif orienté par les marqueurs d'arguments pour entrer dans un ordre spécifique de la signifiance qui lui impose d'observer comment le poème est fait, quels échos le structurent.

Les différents individus mis en scène («feux», «nuit», «peur», «angoisse», «guetteur», «veille» et «froid») sont tous déterminés de la même manière par un défini à valeur générique. Le caractère systématique de cette opération de détermination produit un effet référentiel tout à fait singulier : une remontée en direction de ce que Mallarmé appelle la «notion pure» :

> A quoi bon la merveille de transposer un fait de nature en sa presque disparition vibratoire selon le jeu de la parole, cependant; si ce n'est pour qu'en émane, sans la gêne d'un proche et concret rappel, la notion pure. (Œ.C. p. 368)

C'est aussi le sens de cette autre célèbre affirmation :

> Je dis : une fleur! et, hors de l'oubli où ma voix relègue aucun contour, en tant que quelque chose d'autre que les calices sus, musicalement se lève, idée même et suave, l'absente de tous bouquets.

Dans l'énonciation poétique, il semble que l'opération référentielle ait lieu en direction de notions (au sens de Culioli qui prend l'exemple de l'énoncé ordinaire : «une femme, femme»). Les déterminants génériques signalent alors le parcours des individus d'une classe, sans arrêt sur un de ses éléments précis. On comprend mieux ainsi qu'Yves Bonnefoy puisse dire du poème qu'il «reflète un instant — mais c'est hors du temps — l'irreflétable du monde» (1987 : 231) et René Char, dans *La Parole en archipel*, que «Dans le poème, chaque mot ou presque doit être employé dans son sens originel».

Toutefois, comment raisonner et argumenter dans un univers plus notionnel que référentiel-accidentel? La répétition, à l'initiale des vers 1 et 3, du même objet du discours («feux dans la nuit») assure le lien des deux représentations, mais les propriétés liées, elles, changent et il faut absolument monter d'un degré au moins dans l'abstraction du sens : au **cosmos** traversé de «signes» (ou de «sens» dans la première version qui met moins nettement l'accent sur la dimension sémiotique) du vers 1, c'est-à-dire à la médiation d'un **logos** entre le monde et les métonymies de l'**anthropos** («peur»-«rire» et «angoisse»-«pardon»), succède l'absence de communication et, dès lors, l'inversion négative des propriétés de «la peur» (non-«rire») et de «l'angoisse» (non-«pardon»). A ceci s'ajoute le fait que, dans l'espace contrefactuel (H), le changement sémantique de la dysphorie («peur» et «angoisse») en euphorie («rire» et «pardon») se double d'une transformation profonde des catégories : le féminin («la peur» et «l'angoisse») devenant, de façon en quelque sorte anti-naturelle, son contraire masculin («le rire» et «le pardon»).

Cette analyse peut sembler un peu trop mallarméenne et peu adaptée à la poétique de Raymond Queneau, mais la lecture d'un étonnant quatrain en SI de «L'explication des métaphores» (toujours dans le recueil des *Ziaux*) confirme, me semble-t-il, ma lecture :

Si je parle du temps, c'est qu'il n'est pas encore,
Si je parle d'un lieu, c'est qu'il a disparu,
Si je parle d'un homme, il sera bientôt mort,
Si je parle du temps, c'est qu'il n'est déjà plus.

On ne peut mieux traduire l'évocation poétique comme transposition d'un «fait de nature» (quand? où? qui?) «en sa presque disparition vibratoire», comme absence (Mallarmé) ou comme sortie «hors du temps» (Bonnefoy).

Dans le contexte [Si A] de la première proposition, la médiation assurée par le **logos** entre l'homme et le monde est le moteur de la conclusion euphorique. Il s'agit probablement d'une norme de cohérence très profonde, décrite dans *Rhétorique de la poésie* mais que ce poème pose comme un imaginaire provisoire renversé par l'union de CERTES et de MAIS. Avec la proposition Q des vers 3 et 4, les individus «feux dans la nuit» (**cosmos**) et «guetteur» (**anthropos**) se retrouvent face à face sans aucune médiation cette fois. Reste seulement l'incertitude soulignée par le verbe «déconcerter», introducteur d'une propriété active (déconcerter) comme passive (être déconcerté par) et marqueur surtout d'une véritable **crise de la communication poétique** : absence de «sens» (premier état du vers 1) et absence de «signes».

Dans un discours ainsi dégagé de l'ancrage dans un lieu et dans un temps, dans cet ensemble de «notions pures», le sujet de l'énonciation s'efface. Le procès de cette mise en retrait est décrit par Mallarmé en ces termes :

> L'œuvre pure implique la disparition élocutoire du poëte, qui cède l'initiative aux mots, par le heurt de leur inégalité mobilisés ; ils s'allument de reflets réciproques comme une virtuelle traînée de feux sur des pierreries, remplaçant la respiration perceptible en l'ancien souffle lyrique ou la respiration personnelle enthousiaste de la phrase.

Dans «Le Texte poétique et le changement d'horizon de la lecture», H. R. Jauss insiste sur la même idée :

> La découverte du caractère esthétique du texte poétique — qui le distingue du texte théologique, juridique ou même philosophique — se fait selon l'orientation donnée à la perception par la construction du texte, la suggestion du rythme, la réalisation progressive de la forme (1982 : 98).

S'appuyant sur les thèses de W. Iser, Jauss met l'accent sur des effets figuraux irrécupérables, sur des agrammaticalités où du sens est proposé de façon ouverte, sur des lacunes mimétiques (référentielles) du type de celles que manifeste le quatrain de Queneau.

Si les connecteurs sont la marque d'une activité argumentative, les marqueurs référentiels, eux, viennent débrancher ou disjoindre le texte de la situation d'énonciation qui pourrait éventuellement donner le sens pragmatique de l'état de chose représenté. A la place, il ne reste plus à lire qu'une partition, un travail poétique de la langue : redistribution métrico-rythmique des unités et virtualité de sens des signes.

Ceci me semble bien signalé par O. Mannoni :

> La poésie n'est pas une simple imitation de [la] parole parentale, elle est un art qui a la littéralité pour matière et qui nous promet un sens sans jamais tout à fait le donner (1980 : 114).

ainsi que par ces mots de Mallarmé dans «Crise de vers» :

> Qu'une moyenne étendue de mots, sous la compréhension du regard, se range en traits définitifs, avec quoi le silence. (Pléiade, Œ.C. P.364)

Il me semble que le «silence» dont parlent le psychanalyste et le poète concerne, à la fois, la conclusion NON-C implicite — ce sens promis sans être tout à fait donné — et le verbe du vers 3, c'est-à-dire le prédicat de la proposition qui suit MAIS : la propriété accordée, dans le monde actuel, aux feux nocturnes. Ce verbe («déconcertent») introduit un trouble, une hésitation explicite du sens et, opposé par la rime au connecteur, il déconstruit littéralement les certitudes de CERTES.

Comme l'écrit encore Mallarmé :

> Toute la langue, ajustée à la métrique, y recouvrant ses coupes vitales, s'évade, selon une libre disjonction aux mille éléments simples; et [...] pas sans similitude avec la multiplicité des cris d'une orchestration, qui reste verbale (Œ.C. p. 361).

Dans cette orchestration verbale, le langage revient sur lui-même moins pour abolir la construction logique du discours — comme c'est le cas dans certains textes des *Ziaux* — que pour la réduire à un moule qui mène à un sens absent, à un silence tragique où, en état de veille pourtant, le guetteur lui-même ne parvient plus à décoder les signes (le sens) du monde. Ce poème m'apparaît comme une mise en scène de la crise moderne de la communication poétique. En dépit de sa critique constante des approches universitaires du poème, Yves Bonnefoy va dans le même sens :

> Aussi peu le poème est-il le relèvement, le dévoilement de la Présence, autant il a été, en son commencement, et demeure — c'est là sa qualité négative, mais qu'il ne faut pas méconnaître — le dégel des mots, la dispersion des notions qui figent le monde, en bref un état naissant de la plénitude impossible : et s'il ne peut s'y tenir, il en dit au moins l'espérance. Le début du poème, c'est le mot à nouveau «vierge» et «vivace»; son corps, c'est l'idée préservée, malgré l'oubli général, de l'unité qui nous manque; et le vœu du poète, c'est moins d'être compris, apprécié, placé à quelque niveau, que de relancer les esprits sur la voie où il piétine lui-même. (1988 : 39)

W. Krysinski, dans une étude de «L'Explication des métaphores»[4], considère cet autre texte des *Ziaux* comme révélateur de la modernité de l'écriture de Queneau : «La poésie s'y reflète dans son propre désir, double et ambigu, de vouloir s'interroger elle-même et de vouloir manifester ce qu'elle est grâce à cette interrogation». C. Debon, dans son édition des œuvres complètes de Queneau dans la collection de *La Pléiade*, est très proche aussi de mes conclusions : «Dès ce premier recueil, la poésie de Queneau apparaît comme un mélange aigre-doux, tendue entre le malheur et le désir, en quête d'un «feu qui transforme/le ciel/la terre» (1989 : 1148). Quelle meilleure traduction de ce désir que la structure hypothétique des deux premiers vers et quelle meilleure traduction du malheur que la perte du sens manifeste dans les deux derniers?

3.2. PARENTHESAGES ET PRISE EN CHARGE DES PROPOSITIONS : LE DEBUT D'UNE CHANSON D'EDDY MITCHELL[5]

Cette dernière étude va me permettre de revenir sur un aspect de la polyphonie de Bakhtine : la façon dont le locuteur «s'introduit dans la perspective étrangère de son interlocuteur, construit son énoncé sur un territoire étranger, sur le fond aperceptif de son interlocuteur» (1978 : 105). Cette opération doit être distinguée, d'une part, de la **structure dialogique** où les voix des interlocuteurs se répondent en restant distinctes et, d'autre part, de la **structure polyphonique** où deux voix se combinent dans la même intervention, mais où la voix à laquelle se réfère le discours n'est pas celle du destinataire de l'intervention. Dans la **structure diaphonique** : «L'énonciateur ne se contente pas de réagir, sans le toucher, à une parole présente ou de se référer à des paroles absentes, il commence par reprendre et réinterpréter dans son propre discours la parole du destinataire, pour mieux enchaîner sur celle-ci. La structure diaphonique est ainsi une des traces privilégiées de la négociation des points de vue qui caractérise toute interaction» (Roulet 1985 : 71).

En choisissant une intervention monologale (écrite de surcroît), je ne me donne pas les moyens d'examiner comment sont imposées les contraintes discursives des propos de TU sur ceux de JE (linéairement *avant*) et de JE sur ceux de TU (linéairement *après*). En l'absence d'énoncés immédiatement adjacents, je devrai, en amont, reconstruire les contraintes du discours de TU sur celui de JE. En aval, je prendrai surtout appui sur une information fournie, dans le monologue de JE lui-même, à la fin de la chanson. En d'autres termes, sans moyens pour examiner les stratégies interactionnelles (liées aux contraintes inter-interventions dont je ne dispose pas), je porte mon attention sur les contraintes intra-intervention et interprétatives qui guident les stratégies interactives et interprétatives. Afin d'examiner de près ces contraintes, je décrirai la façon dont l'orientation argumentative est inscrite dans les parenthésages.

Si le présent ouvrage a tendu à démontrer qu'une pragmatique linguistique doit être textuelle et peut s'édifier sur l'examen de textes écrits, c'est que ces derniers explicitent, au moins en partie, les données situationnelles (Martin 1983 : 237). Je pars du principe suivant : dans les premiers mots de la chanson considérée (plus encore qu'au cours des premières scènes d'une pièce de théâtre), une situation discursive initiale est posée; situation à partir de laquelle une argumentation s'engage. Cette situation et cette argumentation fictionnelles doivent être interprétables par le tiers, destinataire réel des énoncés, que constitue l'auditeur de la chanson. Le fait que je puisse occuper moi-même cette position est un avantage méthodologique non négligeable.

Je postule, de plus, que la stratégie interactive et interprétative mise fictivement en scène reflète certaines virtualités fonctionnelles des unités de la langue ordinaire et des normes d'utilisation du discours. Dans cette perspective, un morphème argumentatif — un connecteur — est à envisager comme un «signal d'argument» (Martin 1985 : 305). Dans la terminologie d'A. Berrendonner dont j'ai déjà dit que je me sentais proche : «c'est tout simplement la marque d'un assujettissement consenti à une norme de cohérence. Par lui, l'énoncé commente son énonciation comme acte d'allégeance à un code de rationalité publique» (1981 : 235). Partageant le questionnement, par A. Berrendonner, d'une autonomie de la structure langue qui débouche trop souvent sur «une *libre prétention* du discours à orienter la suite des événements, par le choix non contraint d'indicateurs *ad hoc*» (1981 : 236), j'ai plus le sentiment d'une «forme de soumission, (de) reconnaissance, par leur inscription dans le discours, de *lois d'orientation* préexistantes, normes dont la source est étrangère aux structures proprement linguistiques» (*ibid.*). C'est aussi la position de R. Martin qui, ramenant la fonction des connecteurs à un rôle de signal d'argument, considère que «le reste peut fort bien découler ou de contenus particuliers de nature informative ou de lois générales du discours» (1985 : 305).

L'étude de cette chanson, écrite et mise en musique par C. Moine et P. Papadiamandis, va me permet d'interroger, au passage, les limites de la notion de locuteur intentionnel de la pragmatique classique, cette sorte de chef d'orchestre, maître absolu de la polyphonie-diaphonie de son discours. Dans cette perspective, je me référerai à une étude d'O. Mannoni : «Je sais bien, mais quand même...» (1969). En essayant de tenir compte de propos présentés par le psychanalyste lui-même comme radicalement extérieurs à la linguistique, je compte voir s'il n'est pas possible de faire bouger l'évidence pragmatique du sujet source et maître de son dire.

Dans *Clefs pour l'imaginaire* (1969) comme dans *Un commencement qui n'en finit pas* (1980), O. Mannoni renvoie sans ménagements le linguiste au système et pas du tout à son utilisation :

L'objet de la linguistique positive s'est constitué au moment même où on l'a débarrassé de toute adhérence sémantique. [...] La linguistique s'est mise à marcher d'un pas allègre, une fois qu'elle eût déposé comme un fardeau, le souci de savoir ce que *signifie* le *signifiant* [...].

Il y a là un fait de méthodologie scientifique, extrêmement fécond, et dont les exemples abondent dans l'histoire des sciences (1969 : 34-35).

Si le linguiste a quelque chose à dire, c'est sur les paroles de quelqu'un de qui il n'y a pas à s'occuper de savoir s'il avait, lui, quelque chose à dire (1969 : 55).

«La linguistique a l'air de faire *parler* le langage, mais c'est à condition de ne lui faire rien *dire*», écrit encore le psychanalyste (1980 : 53) en posant que notre travail se fonde nécessairement sur l'exclusion du *dire*. Il me semble que certains travaux accomplis dans les champs de l'énonciation et de la pragmatique linguistique vont, quand même, un peu plus loin. J'ai certes du mal à me satisfaire de la simple allusion d'O. Ducrot à la dénégation freudienne (1980 : 50-56) et je préfère la façon dont J. Authier-Revuz (1982) aborde la question de l'hétérogénéité montrée et de l'hétérogénéité constitutive. Il me semble qu'on dispose, avec des concepts de ce genre, d'un cadre de réflexion qui nous évite de reconduire le modèle du locuteur source stable et unique d'un discours tellement maîtrisé qu'il débouche sur la «mise en scène» polyphonique que l'on sait. A la lumière de l'exemple choisi, je souhaite questionner l'idéal de maîtrise sous-jacent à une définition du genre : «Le locuteur, responsable de l'énoncé, donne existence, au moyen de celui-ci, à des énonciateurs dont il organise les points de vue et les attitudes» (Ducrot 1984 : 205).

Soit donc ce début d'une chanson :
**C'est pas perdu puisque tu m'aimes
Un peu moins fort un peu quand même [...]**

Cette chanson se termine, selon les interprétations, de deux façons : soit par la seule reprise du titre («M'emmener au cimetière des éléphants»), soit par une reprise du titre et du premier vers :
**[...] M'emmener au cimetière des éléphants
C'est pas perdu puisque tu m'aimes**

Assurément, la thématique habituelle des chansons d'amour est respectée et si des esprits chagrins, épris de plus haute littérature, sont tentés de déplorer la banalité de ce texte, qu'ils portent leur attention sur les connecteurs : le traitement de «tu m'aimes» par PUISQUE, UN PEU et QUAND MEME est ici tout à fait intéressant. On connaît d'assez subtiles analyses de «Je t'aime» — Barthes et Finkielkraut s'y sont illustrés et Nathalie Sarraute s'est attaquée récemment à «Tu ne t'aimes pas» (Gallimard 1989) —, il reste à amorcer celle de ce *«puisque tu m'aimes»* qui me paraît presque aussi riche et linguistiquement descriptible.

3.2.1. La segmentation des unités textuelle (propositions)

La chanson, comme type de mise en mots, présente des rimes et une mesure, soit une application-superposition exemplaire d'une segmentation métrico-rythmique sur les principes d'organisation morpho-syntaxiques et sémantico-pragmatiques de la langue. Les deux premiers vers sont découpés métriquement comme des octosyllabes réguliers : 4/4 (rime a) et 4/4 (rime a). Soit la segmentation suivante du signifiant, accentuée par la rime /mɛm/ :

Positions
métriques : 1   2   3   4   5   6   7   8
             c'est / pas / per- / -du // puis- / -que / tu / m'aimes //
             un / peu / moins / fort // un / peu / quand / même //

La rime introduit un parallélisme sémantique intéressant des positions 7 et 8 : «tu m'aimes quand même». La segmentation métrico-rythmique vient travailler la linéarité de la syntaxe : à la lecture continue d'un énoncé qui paraîtrait alors mal recevable («C'est pas perdu puisque tu m'aimes un peu moins fort, un peu quand même»), le découpage métrique substitue une suite de segments qui correspondent à des propositions et qui mettent en évidence un caractère progressif de la textualité dont il a déjà été question plus haut et qu'il s'agit de décrire avec précision :

Proposition 1 : C'est pas perdu (= NON-P)
Proposition 2 : puisque tu m'aimes (= Q)
Proposition 3 : un peu moins fort (= Q')
Proposition 4 : un peu quand même (= Q")

Les propositions 3 (Q') et 4 (Q") apparaissent comme des propositions comportant des ellipses recouvrables tout à fait classiques :

Proposition 3 : (tu m'aimes) un peu moins fort
Proposition 4 : (mais tu m'aimes) un peu quand même

Ceci reste à préciser, mais retenons que le dernier vers de la chanson (dans la variante la plus intéressante, selon moi du moins) vient confirmer l'autonomie relative du premier vers par rapport à la proposition 3. De plus, pour décrire ces deux vers, il faut tenir compte de la segmentation poétique qui met en relief les connecteurs en début de chaque proposition (fragment de vers). Dans la proposition 4, la reprise de UN PEU est compensée par l'apparition de QUAND MEME, ce qui aboutit à un surprenant énoncé constitué uniquement de connecteurs.

3.2.2. La proposition 1 : «C'est pas perdu»

Le présentatif et la négation mettent l'accent sur un phénomène de reprise et sur la question délicate du constituant sur lequel le locuteur a choisi d'enchaîner son énoncé.

• *Le présentatif*

C'EST signale ordinairement le renvoi à un segment plus ou moins long, explicite ou implicite, de la mémoire discursive. A l'ouverture de la chanson, ce renvoi fonctionne de façon contextuelle. Il semble articuler l'énoncé sur une situation discursive dont la proposition 1 pourrait marquer la reprise. Dans le co(n)texte de cette chanson, C'EST fonctionne plutôt de façon cataphorique et il doit être rapporté, en aval, à la proposition «M'emmener au cimetière des éléphants» (huit vers plus loin). Ce fonctionnement est confirmé par les deux derniers vers où C'EST retrouve sa position anaphorique classique (renvoi cotextuel en amont, au vers précédent). Le titre de la chanson peut, après tout, fort bien jouer le rôle de cotexte antérieur, C'EST apparaissant alors comme la marque de l'articulation du premier vers sur le titre. Soit : «Le cimetière des éléphants, c'est pas perdu...»

Je n'insiste pas sur la métaphore, signal, elle aussi, d'une interprétation à construire, d'une sélection à opérer dans le co(n)texte. Il semble possible de postuler une interprétation du type : «finir notre vie ensemble, c'est pas perdu...» Le flou que la métaphore imprime à l'interprétation n'empêche pas l'argumentation de se construire entièrement autour de cet usage figural de la langue.

• *Aspects de la négation*

Avec la négation, si l'on suit les pages 50-56 des *Mots du discours* (Ducrot 1980), une reprise polyphonique est signalée. Sans revenir sur ce que j'ai dit plus haut (page 82) de la négation polémique (réfutative), je rappelle seulement qu'O. Ducrot fonde sa conception de la polyphonie sur ce type de négation :

> L'élément positif que je déclare sous-jacent à l'énoncé négatif n'est pas un énoncé (c'est-à-dire une suite de mots), imputable à un *locuteur*, mais une attitude, une position prise par un *énonciateur* vis-vis d'un certain contenu, c'est-à-dire d'une entité sémantique abstraite. Quand je parle d'une proposition sous-jacente à «Pierre n'a pas fait grand-chose», il ne s'agit pas d'une proposition grammaticale, mais d'une proposition au sens logique, c'est-à-dire d'un objet de pensée, de l'opinion selon laquelle Pierre aurait beaucoup fait. (Ducrot 1984 : 218-219)

Le locuteur (JE de l'énoncé, marqué «M'» dès la proposition 2) se distancierait donc d'un énonciateur E1 auquel il attribuerait un objet de pensée du type : «C'est perdu», tandis qu'il fusionnerait avec l'énonciateur E2, responsable de l'acte de négation : «C'est pas perdu». Pour Ducrot : «IL faut voir dans tout énoncé négatif une sorte de dialogue cristallisé» (1980 : 50); l'énoncé de la proposition 1 serait donc à considérer comme une énonciation comportant, à la fois, l'assertion de P et le rejet de cette assertion : NON-P.

Si la polyphonie paraît utile pour décrire la maxime de La Rochefoucault déjà citée plus haut (page 44), c'est que cette maxime exhibe un interdiscours responsable de l'assertion : «La pauvreté est un vice», c'est que «Pauvreté n'est pas vice» a la forme d'une hétérogénéité montrée : l'expression simultanée de deux voix antagonistes. Comme le souligne O. Ducrot : «Il est propre à la négation que l'on déchiffre en elle l'assertion de ce qu'elle nie» (Ducrot 1980 : 53). Il me semble possible de parler ici — avec F. Nef et conformément à ce qu'a posé le chapitre 1 de la première partie du présent ouvrage —, de révision d'une représentation discursive par une autre. La notion d'«image d'univers», avancée par R. Martin (1985), s'applique assez bien ici également : «L'image est la représentation dans le discours, directe ou allusive, d'un quelconque univers de croyance[6] (1985 : 309). Dans la terminologie exposée plus haut, je parlerai ici de l'image d'un espace sémantique. Asserter la maxime de La Rochefoucault, c'est déclarer que cette proposition appartient à un espace sémantique (ou univers de croyance) que la maxime pose comme ON-VRAI. L'énoncé NON-P suggère que P était possible — valide — dans un autre espace. La proposition P n'est plus présente dans la maxime de La Rochefoucault que sous forme d'image d'un espace sémantique hétérogène.

La proposition 1 semble plus difficile à analyser dans la seule perspective polyphonique, même si les enchaînements :
(1) C'est pas perdu; au contraire tout reste possible.
(2) C'est pas perdu.
— Si!
laissent bien débusquer dans la proposition 1, pour la confirmer ou la réaffirmer, l'assertion primitive «C'est perdu», seule explication du caractère non-contradictoire des enchaînements (1) et (2) : «au contraire» ne peut s'appliquer, tout comme «Si», qu'à la proposition «C'est perdu» pour la rejeter (1) ou la confirmer (2).

Asserter la proposition 1 (NON-P), c'est déclarer que NON-P est pris en charge par le locuteur. C'est, en même temps, suggérer que P était possible, c'est-à-dire VRAI-VALIDE dans un espace sémantique non pris en charge par le locuteur et que l'on peut attribuer à un énonciateur qui est certainement l'interlocuteur (interlocutrice) de JE, mais qui pourrait tout aussi bien être le locuteur lui-même en un temps antérieur à celui de son énonciation présente, voire même l'anonyme et indéfinissable ON de la norme. La proposition 1 construit donc une représentation discursive qui en révise une autre (valeur réfutative de la négation).

3.2.3. La proposition 2 : fonctions et fonctionnement de PUISQUE

> La fonction des connecteurs de la langue ne peut être simplement décrite comme étant de signaler certaines relations logico-sémantiques entre des contenus propositionnels, mais pourrait être conçue comme celle d'*instructions* données à l'auditeur, commandant le *type de traitement* qu'il y a à effectuer sur ces contenus pour se conformer aux «intentions du locuteur». En d'autres termes, cette fonction ne serait pas d'ordre *déclaratif*, mais *procédural*. (Caron 1984 : 151)

La mobilité structurale de la proposition introduite par PUISQUE (proposition Q) éclaire sa fonction et l'incertitude qui pesait sur l'interprétation isolée de la proposition 1. On pourrait avoir aussi bien les suites :
- PUISQUE proposition 2 (Q), proposition 1 (NON-P).
- Proposition 1 (NON-P), PUISQUE proposition 2 (Q).

Quelle que soit sa position, la proposition Q, introduite par PUISQUE, apparaît comme déterminante : la proposition NON-P est présentée comme énoncée dans le champ ouvert par la proposition Q. En d'autres termes, la proposition 2 vient éclairer ce qui a rendu possible l'énonciation négative initiale.

Pour cerner le fonctionnement de PUISQUE, il semble utile de repartir de la description classique et étymologique. La relation [NON-P + justification + Q] est, par exemple, bien vue dans la grammaire de G. et R. Le Bidois (1938) :

> Très souvent la proposition introduite par *puisque* marque moins la cause proprement dite que le point de départ d'où le raisonnement tire une conclusion.

Ceci est conforme au PUIS QUE de l'ancien français où PUIS avait le sens temporel de APRES. Il est probablement plus juste de se dégager de ce sens temporel — comme le suggère, dès le XVIIIe siècle, Beauzée dans l'*Encyclopédie méthodique : Grammaire et Littérature*, à l'article «Mot» — afin de dériver PUISQUE de POSITO QUOD plutôt que de POSTQUAM. En d'autres termes, PUISQUE «veut dire *par la raison supposée* ou *posée que*». La proposition 2 (Q) est donc présentée comme «antérieure» (plus logiquement que temporellement) à la proposition 1

(NON-P). Le mouvement procédural déclenché par le connecteur PUISQUE est donc le suivant : considérer la proposition qu'il introduit (Q) comme l'origine de l'autre (NON-P).

La différence entre CAR et PUISQUE éclaire le rôle de signal d'argument de ce dernier connecteur. Tous deux marquent la présence d'une hétérogénéité par rapport à laquelle ils se situent de façon différente. Avec CAR, l'accord sur Q domine, alors que PUISQUE permet surtout de rappeler le discours d'autrui sous forme d'une image d'un espace sémantique hétérogène. Comme on l'a vu plus haut, la proposition Q n'appartient pas forcément à la représentation discursive construite antérieurement par le co-énonciateur TU, le locuteur-énonciateur de PUISQUE Q peut fort bien faire *comme si cela était* en tentant un coup de force discursif. La proposition Q appartient seulement à un espace sémantique imputable à TU. Comme le note F. Nef (1986 : 86) : Q n'appartient qu'à la «sphère d'accessibilité» des croyances de l'allocutaire, sphère reconstructible à partir de l'ensemble de ses autres croyances.

On comprend mieux ainsi que PUISQUE apparaisse comme un moyen privilégié de mise en évidence, sinon d'un désaccord, du moins d'une négociation des points de vue. Alors qu'avec PUISQUE, le locuteur-énonciateur s'efforce de s'imposer, avec CAR — comme le note Ducrot — il se trouve en position défensive de recherche d'une justification Q pour une proposition P (ou NON-P), ce qui explique certainement la contrainte de position de P CAR Q. PUISQUE apparaît chaque fois qu'il s'agit de convaincre ou de forcer l'adhésion, de prendre l'initiative, d'agir sur l'autre, voire de le contraindre par un coup de force.

La structure diaphonique est la suivante : «PUISQUE tu m'aimes» est l'image d'un «Je t'aime» antérieur. PUISQUE Q, d'une part, affirme la *présupposition d'existence* (A. Berrendonner) de Q et, d'autre part, l'utilise comme marquée d'une valeur pragmatique intéressante pour poser NON-P. La paraphrase naïve de la présupposition d'existence imaginée par A. Berrendonner s'applique bien ici : «Q a déjà fait l'objet d'une énonciation antérieure et cette énonciation a été admise pour vraie» (1983 : 229). Paraphrase qu'on peut revoir dans le cas d'une proposition attribuée, prêtée plus qu'assertée réellement : Q, dans l'espace sémantique (monde ou univers) de TU, peut être admise pour VRAIE. La négociation des points de vue propre à la structure diaphonique s'explique par le fait qu'il ne s'agit pas seulement d'incorporer à son propos un propos antérieur (réel ou imaginaire), mais bien de nommer l'état de chose qui, pour les interlocuteurs, «résulte de la validation de ce propos» (Berrendonner 1983 : 230).

Avec l'hypothèse de Berrendonner, on peut ne pas se limiter à la simple mention polyphonique de E1(Q) («Je t'aime», énoncé ainsi ou non par TU) dans E2(Q) : entre l'énonciation de Q («Je t'aime») par TU et celle de Q («... tu m'aimes») par JE, il est nécessaire de poser tout un processus de validation. Pour Berrendonner, ce processus repose — entre autres — sur le silence de TU; un TU qui, ici, n'aurait pas infirmé un «je t'aime» proféré ou un comportement (verbal ou non verbal) permettant d'inférer une telle proposition. Ceci a pour effet de créer une situation discursive (la représentation discursive initiale sur laquelle se fonde le début de la chanson) fondée sur la validité intersubjective (NOUS-VALIDE) de Q. Cette notion de validité intersubjective semble plus manipulable, plus souple et liée aux représentations partielles et momentanées des (univers de) croyances dans le texte. Berrendonner ajoute une autre idée essentielle pour la théorie du texte : toute interaction verbale prend place dans une situation discursive qui comporte une «mémoire discursive» ou ensemble des savoirs consciemment partagés par les interlocuteurs. Toute interaction opère sur (et avec) cette mémoire discursive en y provoquant des changements.

Une proposition comme Q appartient à la mémoire discursive si une énonciation (E1) de Q peut être acceptée comme vraie-valide d'un commun accord par les partenaires de l'échange si NOUS-VALIDE (E1(Q)) (Berrendonner 1983 : 230). La mémoire discursive est alimentée en permanence, certes par les événements extra-linguistiques, mais surtout par les énonciations successives de propositions. Ceci en raison du processus de validation signalé plus haut : toute énonciation, sitôt accomplie, fait l'objet d'une transaction complexe entre les interlocuteurs : «Une énonciation qui n'est pas récusée sur le champ se trouve automatiquement validée, et non seulement elle et son contenu littéral, mais encore toutes les conclusions logiques, argumentatives, etc., qui peuvent en découler» (Berrendonner 1983 : 231). C'est la loi du «qui ne dit mot consent», loi de la validité intersubjective (NOUS-VALIDE) ou accord implicite sur une représentation discursive non révisée significativement.

PUISQUE met précisément en évidence le caractère NOUS-VALIDE de Q, qui devient un élément de la situation discursive. En tant que connecteur, PUISQUE donne non seulement l'instruction de passer de NON-P à Q, mais de fonder NON-P sur le caractère NOUS-VALIDE de Q, en remontant à la présupposition d'existence d'une E1(Q) acceptée et sur laquelle se fonde le discours engagé. La finalité stratégique de l'enchaînement NON-P PUISQUE Q est claire : en se référant à une situation discursive antérieure (E1(Q)), il s'agit de créer une représentation discursive où les relations entre les co-énonciateurs (JE-TU) et le référent

(AIMER) soient conformes à la fin visée. La force illocutoire de la proposition initiale NON-P vient de l'usage qui est fait du discours d'autrui. Le texte apparaît clairement, dans sa structure diaphonique, comme une opération entreprise avec les croyances (plus que les mots eux-mêmes) du co-énonciateur et ceci à des fins stratégiques de conviction.

Il me semble que ce «puisque tu m'aimes» permet d'avoir barre sur l'autre en introduisant une «violence de la réciprocité», à la manière du «je t'aime» si bien décrit par A. Finkielkraut :

> Outre l'aveu du sentiment, la déclaration a aussi pour finalité seconde (mais non subalterne) de créer une symétrie, une polarité des personnes. En un sens, le verbe aimer n'est que la copule qui unit les deux pronoms : je et tu. Sous leur innocence linguistique, ces signes vides véhiculent la plénitude d'une responsabilité. Ils investissent les êtres qu'ils désignent et les transforment en partenaires. Disant «je t'aime», il s'agit à la fois pour moi d'avoir barre sur l'Autre et de le mettre à égalité. [...] Il se trouve inclus dans cette parole que je lui donne pour qu'il la prenne, s'y prenne et s'y tienne en me la rendant. Il y a une violence de la réciprocité. (1976 : 521-522)

3.2.4. La proposition 3 : «... un peu moins fort»

> Bientôt (ou en même temps) la question n'est plus : «pourquoi ne m'aimes-tu pas?», mais : «pourquoi m'aimes-tu seulement *un peu*?» Comment fais-tu pour aimer «*un peu*»? Qu'est-ce que cela veut dire, qu'aimer «*un peu*»? Je vis sous le régime du *trop* ou du *pas assez*; avide de coïncidence, tout ce qui n'est pas total m'apparaît parcimonieux; ce que je cherche, c'est à occuper un lieu *d'où les quantités ne se perçoivent plus*, et d'où le bilan soit banni.
>
> Ou encore — car je suis nominaliste : *pourquoi ne me dis-tu pas que tu m'aimes?*
>
> (Barthes, *Fragments d'un discours amoureux*.)

La démonstration précédente serait relativement limitée si le travail opéré sur la mémoire discursive n'était pas de nouveau signalé par cette troisième proposition qui, ajoutée à l'enchaînement NON-P PUISQUE Q, aboutit à l'énoncé non recevable : «C'est pas perdu puisque tu m'aimes un peu moins fort».

Retenons, pour le moment, que, d'un point de vue textuel, l'introduction de «un peu moins fort» vient modifier l'état de la mémoire discursive et annuler la valeur d'argument de Q pour NON-P (contrainte argumentative introduite par PUISQUE). Tout le processus de validation décrit plus haut est à revoir, un peu comme si le co-énonciateur TU, au lieu de se taire, disait : «Je ne t'ai pas dit que je t'aime, mais que je t'aime **un peu moins fort**». Assurément, dans cet énoncé monologué, l'ajout de chaque proposition revient à introduire progressivement une modification de la représentation qui se trouve en mémoire. La façon dont le texte progresse est révélatrice, à la fois, de l'existence de cette mémoire discursive et de l'action engagée pour modifier progressivement la représentation. Ceci correspond à ce qui a été dit au début de cet ouvrage : la représentation discursive que crée l'énonciation n'est jamais stable, jamais à prendre comme une configuration statique : c'est une **construction orientée et dynamique**. C'est bien ainsi que j'ai défini la textualité.

Pour calculer, du point de vue de la cohérence textuelle, où mènent les enchaînements des trois premières propositions, il faut d'abord examiner la différence d'effet scalaire qu'introduit UN PEU par rapport à PEU. Il suffit, pour cela, de comparer les exemples suivants :

(3) J'ai PEU d'amour pour toi.
(3') Je t'aime PEU, à la vérité.
(4) J'ai UN PEU d'amour pour toi.
(4') Je t'aime UN PEU, c'est vrai.

Avec PEU, l'amour est présupposé et, en (3) et (3'), ce qui est posé c'est que cette quantité d'amour reste faible. Cette restriction apparaît comme la fin d'un mouvement régressif et elle n'est possible qu'en présupposant l'existence préalable de l'amour : on ne peut restreindre que ce qui, dans la mémoire discursive, était déjà admis comme un fait.

En (4) et (4'), en revanche, UN PEU pose l'amour en en délimitant, certes immédiatement, la quantité, en inscrivant cet amour dans les limites quantitatives dénoncées par l'extrait de *Fragments d'un discours amoureux* de Barthes, cité plus haut. Le mouvement est donc un mouvement d'atténuation de ce qui est posé. Soit la situation inverse de la précédente : UN PEU marque le début d'un mouvement progressif. Ce que l'on peut, après R. Martin (1969), décrire ainsi :

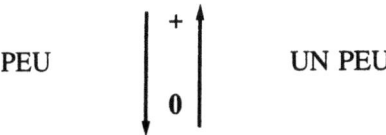

UN PEU n'interdit pas une poursuite du mouvement progressif. C'est d'ailleurs le sens du classique jeu de dévidement — ou plus exactement parcours de l'échelle — : elle m'aime un peu, beaucoup, passionnément, à la folie,... pas du tout.

Avec l'ajout de l'adverbe VRAIMENT, les différences notées apparaissent nettement :

(3") Je t'aime VRAIMENT PEU / j'ai VRAIMENT PEU d'amour pour toi.

(4''') J'ai VRAIMENT UN PEU d'amour pour toi / Je t'aime VRAIMENT UN PEU.

Inutile d'insister : tous les espoirs semblent permis en (4''), alors qu'en (3'') toute les illusions s'écroulent irrémédiablement. Le mouvement scalaire et le cinétisme mis en évident par le schéma proposé plus haut expliquent le fait que PEU serve à limiter et UN PEU à affirmer. Ceci se complique dans notre exemple en raison du fait que deux échelles apparaissent : l'une régressive (MOINS fort), l'autre progressive (UN PEU). UN PEU pose «(aimer) moins fort» en limitant seulement la perte, en atténuant, en fait, ce qui est posé. Avec «moins fort», l'échelle n'est plus celle que je considérais plus haut («un peu... à la folie»), mais une échelle descendante, cette fois, de la pente de la passion. Le co(n)texte ne permet pas de choisir ici entre deux interprétations opposant deux espaces co-présents (en (5) : espace de JE et espace de TU) ou disjoints dans le temps (en (6) : espace de JE présent et de JE passé) :

(5) Je t'aime un peu moins fort que toi (tu ne m'aimes).
(6) Je t'aime un peu moins fort que par le passé.

Nous pouvons seulement noter que «moins fort» rend impossible la proposition 1 (NON-P). En fait, la question de la représentation présente sous l'assertion NON-P s'éclaire à présent : l'enchaînement proposition 2 + proposition 3 entraîne le rétablissement de la conclusion P («c'est perdu»). Ceci rejoint le propos de Barthes cité plus haut. Tout le mouvement qu'il décrit peut être repris pas à pas : de «... tu m'aimes un peu moins fort» ne peut être déduite que l'implication négative attribuée par Barthes à «je t'aime un peu». Dire MOINS FORT, et même UN PEU, c'est déjà ne plus aimer dans une logique passionnelle du tout ou rien. La logique amoureuse que décrit Barthes est celle de la norme et, selon cette norme du tout ou rien, aimer moins fort, et même un peu moins fort, c'est déjà ne plus aimer. C'est précisément le sens de P, mais, à la différence du prototype de Barthes, l'amoureux de la chanson (au début du moins) n'occupe pas ce «lieu d'où les quantités ne se perçoivent plus». Tout au contraire, il s'accroche aux quantités à partir desquelles il tente de réaffirmer le «je t'aime», tout court, à lui destiné. Au lieu de l'enchaînement inéluctable décrit par Barthes et qui mènerait tout droit à P («C'est perdu»), la présence de UN PEU apparaît comme une faille exploitée par le locuteur. Si l'on considère le mouvement marqué par MOINS FORT, UN PEU se situe au début du processus de perte ou de déperdition. Le locuteur s'accroche au fait que UN PEU mette l'accent sur les limites quantitatives de MOINS FORT. Aimer, même «moins fort», c'est conserver une quantité d'amour et «un peu moins fort» seulement peut être perçu comme moins négatif par celui qui s'efforce d'ignorer la logique décrite par Barthes.

3.2.5. La proposition 4 : «... un peu quand même»

Le dernier mot livre le sens global du mouvement argumentatif entrepris depuis la première proposition et qui sera confirmé par la fin de la chanson. La complexité des parenthésages des deux premiers vers s'explique si l'on replace les propositions dans le carré de l'argumentation décrit au chapitre précédent. J'ai déjà insisté plus haut sur la nécessité de prêter attention aux normes de cohérence inhérentes aux rapports Argument > Conclusion, dans des espaces sémantiques définis. C'est une position proche de celle qu'A. Berrendonner explique en ces termes :

> Qu'est-ce qu'un argument [P] en faveur de [C], sinon une énonciation assujettie à une norme, au terme de laquelle il n'est pas cohérent d'accomplir [P] sans refuser, exclure, renoncer à [NON-C]? En tant qu'énonciation, un argument n'est ainsi rien d'autre qu'un acte locutoire soumis à une norme de compatibilité qui le rend isotope par rapport à une classe d'énonciations possibles, et nécessairement anisotope par rapport à une autre classe, disjointe de la précédente. Il y a argument chaque fois que, à un moment donné du discours, une règle institutionnelle de cohérence partage l'ensemble des énonciations possibles en deux sous-ensembles disjoints, conclusion [C] VS conclusion [NON-C]. (1981 : 234)

Avec le connecteur concessif QUAND MEME, c'est précisément une telle incompatibilité entre des classes d'énonciations possibles que le texte tente de déplacer, de résoudre : faire coexister deux espaces opposés. Les parenthésages peuvent être ainsi schématisés :

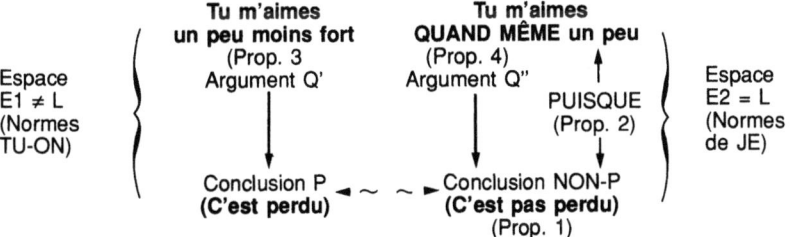

Avec la proposition 4 et le connecteur concessif, le locuteur ne remet pas en cause la cohérence de la norme admise par TU et ON. Soit un mouvement d'approbation de type : *D'accord, je sais bien que la proposition 3 (Q') entraîne, par implication, la conclusion P*. C'est précisément ce mouvement que toute l'argumentation engagée vise à (dé)nier. Soit un second mouvement, de désapprobation cette fois, qui s'attaque au fait que la proposition 3 soit un argument pour la conclusion P. Le texte engage ce mouvement en dissociant les deux parties de la proposition 3 et en reprenant UN PEU dans la proposition 4. Le signal d'argument UN PEU va se trouver ainsi déplacé de l'espace de la norme admise à celui du locuteur pour y jouer un tout autre rôle.

Dans *Clefs pour l'imaginaire*, O. Mannoni décrit un mouvement psychologique classique que l'on peut ainsi résumer et adapter :

JE SAIS BIEN QUE   MAIS c'est   QUAND MEME   PUISQUE tu
tu m'aimes moins   pas perdu   m'aimes UN PEU
(Q')   (NON-P)   (Q'')

De cette façon, il me semble qu'on évite de séparer l'orientation argumentative et la complexité des parenthésages de l'«hétérogénéité constitutive» de l'énonciation.

O. Mannoni part du concept de *Verleugnung*[7] que Freud avance en 1923 et 1927 et que l'on peut traduire par *désaveu* ou, avec Laplanche et Pontalis, «*déni de réalité*». Ceci débouche, en 1938, sur la notion de *clivage du moi*. L'exemple célèbre est le suivant : un patient de Freud s'était vu prédire par une devineresse quelconque que son beau-frère mourrait pendant l'été, empoisonné par des crustacés. L'été fini, le patient revient, le beau-frère en question se porte, bien sûr, comme un charme et ceci amène le patient à formuler cet énoncé : «JE SAIS BIEN que mon beau-frère n'est pas mort, MAIS QUAND MEME, cette prédiction était formidable». Ce qui est intéressant dans ce genre d'énoncé, et le psychanalyste a été le premier à le montrer, c'est que la contradiction demeure. Quelque chose de la croyance subsiste et se reconnaît dans le sentiment (assez absurde) de satisfaction.

Cette description est compatible avec une approche en termes de prise en charge des espaces sémantiques. L'espace dépassé — et même contredit par la réalité — subsiste sous forme d'image. C'est en ce sens que l'on peut dire que quelque chose de la croyance subsiste en dépit de la réalité de l'espace sémantique actuel. Nous sommes bien confrontés à une énonciation qui dépasse l'opposition du vrai et du faux. Le JE SAIS BIEN se situe dans le cadre de l'espace ouvertement pris en charge par le locuteur (E2 = L) tandis que MAIS QUAND MEME redonne à l'espace dépassé, devenu contrefactuel, une validité, une persistance, dans le discours : E1 ≠ & = L (le locuteur adhère et n'adhère pas à l'énonciation première).

O. Mannoni note l'extrême fréquence de cette formule en analyse. Comme il le souligne, ceci permet de remettre en cause une psychologie qui s'accrocherait au JE SAIS BIEN en se débarrassant du MAIS QUAND MEME. Le clivage, ici manifeste, du *moi* fait proprement éclater les conceptions trop unitaires et moralisatrices du sujet. La formule manifeste moins l'inconscient profond que la persistance du désir et des lois du processus primaire : «La découverte de Freud, c'est que le désir agit à distance sur le matériel conscient et y fait se manifester les lois du processus primaire» (1969 : 22). La description pragmatique et textuelle qui vient d'être proposée présente l'avantage d'être compatible avec l'analyse de Mannoni. Il me semble, de plus, qu'elle rend linguistiquement compte des contradictions et des mouvements complexes du dire.

L'originalité et l'intérêt du début de la chanson d'Eddy Mitchell résident, pour moi, dans cette structure qui scinde les propositions 3 et 4 et réutilise autrement le même morphème UN PEU. Il suffit de comparer le vers 2 à l'exemple (7) :

(7) (Tu m'aimes) un peu moins fort, un peu seulement.

Alors que l'emploi de «seulement» maintient l'application de UN PEU sur «moins fort», l'introduction du connecteur QUAND MEME déplace UN PEU de «(aimer) moins fort» à «aimer» (tout court). Le schéma proposé plus haut permet de constater que les connecteurs QUAND MEME, PUISQUE et UN PEU sont tous utilisés contre la relation d'implication dans l'espace de la norme générale où MOINS FORT (Q') > P. Comme le note encore O. Mannoni, «le bon sens est toujours du côté du *je sais bien*, jamais du *mais quand même*» (1969 : 27). Ce qui correspond bien à la description linguistique : la norme commune — l'isotopie du «bon sens» — impliquerait le passage de l'argument Q' à la conclusion P, à cet énoncé qui nous embarrassait au début de l'analyse.

Dans le premier vers de la chanson, je préfère parler d'hétérogénéité — diaphonique — montrée plutôt que de recourir à la description polyphonique de Ducrot qui risque trop de mettre à plat les opérations énonciatives en ne glissant pas de l'hétérogénéité montrée à l'hétérogénéité constitutive. En effet, comme le dit J. Authier-Revuz, le locuteur marque explicitement dans son discours des points d'hétérogénéité qui lui permettent de localiser et de circonscrire le discours de l'autre. Ainsi dans les propositions 1 et 2, comme je l'ai décrit plus haut. Mais en passant du vers 1 au vers 2, le discours de l'autre cesse d'être mentionné sous forme d'image d'un espace hétérogène pour qu'apparaisse une toute autre hétérogénéité polyphonique, ou plutôt, la trace de cette autre hétérogénéité, constitutive celle-là, qui aboutit à un éclatement profond de l'unicité du sujet. Avec son implicite : «Je sais bien que tu m'aimes un peu moins fort, mais tu m'aimes un peu quand même», le locuteur est engagé dans un déni de réalité que Laplanche et Pontalis décrivent comme un mode de défense consistant en un refus par le sujet de reconnaître la réalité d'une perception traumatisante. A ce moment, le locuteur n'est plus tant aux prises avec le discours de l'autre qu'avec ce que J. Authier-Revuz appelle d'une belle formule : «l'impénétrable étrangeté de sa propre parole» (1982 : 144). A la fin de la chanson, en revanche, l'unité peut être rétablie. Non seulement l'anaphore vient éviter l'hésitation initiale sur le référé de C'EST, mais PUISQUE TU M'AIMES est rétabli dans son extériorité diaphonique simple. Cette forme d'hétérogénéité montrée garantit l'illusion d'un locuteur maître du concert où viennent se dire ses propres mots et ceux de l'aimé(e). Cette dernière occurrence du verbe aimer n'est plus entachée de «moins fort» ou de «un peu». L'amoureux, qui vit bien alors «sous le régime du *trop* ou du *pas assez*» envisagé par Barthes, occupe, cette fois, un lieu d'où les quantités ne se perçoivent plus. Grâce au mouvement argumentatif de PUISQUE, le discours substitue au «pourquoi ne me dis-tu pas que tu m'aimes ?» la certitude du «puisque tu m'aimes».

Il me semble que l'argumentation — la chanson dans son ensemble — vise à rétablir le locuteur en cette place centrale qui n'est qu'illusion et fantasme au regard de la complexité de l'hétérogénéité constitutive. L'hétérogénéité diaphonique montrée permet de localiser l'autre en le désignant et donc de conforter le statut de l'UN. La chanson ne peut pas se terminer autrement, ni mieux. Le désir l'emporte sur la réalité d'une perception traumatisante. L'autre dans l'UN, qui surgissait au vers 2, a été soigneusement écarté.

3.3. POUR CONCLURE... QUAND MEME

Lorsque J. Moeschler note, dans *Dire et contredire*, la relation étroite entre l'emploi strictement réfutatif (dialogal) de QUAND MEME et son emploi concessif (monologal), il souligne le caractère «relativement atténué» de la réfutation produite par ce connecteur et il ajoute :

Celle-ci vise plutôt à refuser une schématisation du monde de l'interlocuteur (c'est-à-dire un certain type de relation argumentative entre contenus) de par l'existence d'un monde normé dans lequel les conclusions déductibles des contenus assertés entrent en contradiction avec les faits observés. (1982 : 85-86)

Il me semble qu'il est tout proche ici de la conception de l'argumentation sur laquelle je m'appuie, mais il est encore loin, comme tous les pragmaticiens, de signaler le passage d'une polyphonie *intentionnelle* à une polyphonie plus complexe dans laquelle la contradiction traverse le sujet lui-même. Il me semble beaucoup plus pertinent de parler ici d'une argumentation fondée sur le «déni de réalité», d'une argumentation marquée par la persistance du désir et donc traversée par l'hétérogénéité constitutive. Dans la logique du présent ouvrage, cette analyse complète celle de la citation de V. Giscard d'Estaing : la pragmatique textuelle n'interdit pas un franchissement momentané des limites fixées par le schéma de la page 21; franchissement en direction de l'analyse des formations imaginaires (domaine psychologique-psychanalytique) et/ou des institutions (domaine socio-politique); franchissement momentané en direction de l'analyse littéraire (on l'a vu avec la fin de l'étude du poème de Raymond Queneau). Il est certain que c'est à cette seule condition que l'analyse linguistique échappe à l'exclusion du *dire*. Le mélange d'exposés théoriques et d'analyses textuelles qui caractérise le présent ouvrage avait pour but de favoriser le contrôle de tels glissements.

*
* *

Bien que je ne me sois pas situé dans la perspective théorique qu'il dessine, c'est à Antoine Culioli que j'emprunterai un constat épistémologique proche de mes propres conclusions : «Le texte écrit nous force, de façon exemplaire, à comprendre que l'on ne peut pas passer de la phrase (hors prosodie, hors contexte, hors situation) à l'énoncé, par une procédure d'extension. Il s'agit en fait d'une rupture théorique, aux conséquences incontournables. On ne règle pas un problème de cette portée par une valse terminologique ou par l'insertion, à point nommé, de tel concept sans statut théorique qui, par quelque miracle, transformerait la phrase en énoncé. Un énoncé n'est pas une phrase plus du discursif, ou une phrase agrémentée de subjectivité; le paragraphe n'est pas une variété d'énoncé transphrastique; l'énoncé (ou le paragraphe) n'est pas une unité plus haute (ou plus basse, si l'on conçoit l'énoncé comme la descente dans l'empirique) à laquelle on accéderait comme on gravit une échelle» (1984 : 10). C'est bien en direction d'une telle rupture et pour donner un statut théorique aussi précis que possible aux concepts linguistiques que j'ai présenté ici quelques éléments de pragmatique textuelle.

NOTES

[1] Je développe et corrige ici une partie du texte de ma leçon inaugurale : «Connecteurs et fonctionnement du poème» (*Etudes de Lettres*, vol. 1, 1987, Université de Lausanne) ainsi qu'une étude plus complète parue dans le n° 48 du *Bulletin de la CILA* (Neuchâtel, 1988 : 57-65 surtout).

[2] Comme le souligne J.-C. Milner : «L'enjambement, c'est-à-dire la non-coïncidence des limites syntaxiques et des limites phonologiques pertinentes dans le vers — et, par là, le réajustement poétique qui détermine cette non-coïncidence, tels sont les universels de substance qui caractérisent les données poétiques» (1982 : 301).

[3] Forme historique de la superposition d'une exigence de rythme et de mesure aux principes grammaticaux et sémantiques, le vers, étymologiquement «versus», est par définition «retour», induisant, de ce fait, une lecture plus tabulaire que linéaire, une lecture toujours attentive à la globalité de la signifiance dans un espace textuel.

[4] Cahier de l'Herne consacré à Queneau, 1975 : 200-209.

[5] Je reprends et modifie substantiellement ici un article publié dans les *Cahiers de linguistique française* n° 7 (Université de Genève, 1986).

[6] «Univers de croyance» défini comme l'ensemble des propositions, explicites ou implicites, que le locuteur, au moment où il parle, tient pour vraies ou qu'il veut accréditer comme telles. Cette notion est proche des «espaces sémantiques» dont je parle pour ma part.

[7] Voir *Die Verneinung* (1925), traduction française dans la *Revue Française de psychanalyse* n° 7, 1934 : 174-177.

Bibliographie

ADAM J.-M., 1981, «Votez Mir Rose, achetez Giscard : analyses pragmatiques», *Pratiques*, n° 30, Metz.
— 1984, *Le Récit*, Que sais-je?, n° 2149, P.U.F., Paris.
— 1985a, *Le Texte narratif*, Paris, Nathan.
— 1985b, *Pour lire le poème*, Bruxelles, De Boeck-Westmael.
— 1986, «Dimensions séquentielle et configurationnelle du texte», *Degrés* n°ˢ 46-47, Bruxelles.
— 1987a, «Textualité et séquentialité. L'exemple de la description», *Langue Française*, n° 74, Paris, Larousse.
— 1987b, «Types de séquences textuelles élémentaires», *Pratiques*, n° 56, Metz.
— 1987c, «Approche linguistique de la séquence descriptive», *Pratiques*, n° 55, Metz.
ADAM J.-M. et PETITJEAN A., 1989, *Le Texte descriptif*, Paris, Nathan.
ALBALAT A., 1900 (1896), *L'Art d'écrire enseigné en vingt leçons*, Paris, A. Colin.
ANSCOMBRE J.-C., 1983, «Pour autant, pourtant (et comment) : à petites causes grands effets», *Cahiers de linguistique française*, n° 5, Université de Genève.
ANSCOMBRE J.-C. et DUCROT O., 1983, *L'Argumentation dans la langue*, Bruxelles, Mardaga.
ANSCOMBRE J.-C. et DUCROT O., 1977, «Deux MAIS en français», *Lingua*, n° 43.
APOSTEL L., 1980, «Communication et action», in *Langage en contexte*, H. Parret, L. Apostel *et al.* éds., Benjamins, Amsterdam.
ARISTOTE, 1967, *Rhétorique*, Livres 1 et 2, Paris, Les Belles Lettres.
— 1989, *Rhétorique*, Livre 3, Paris, Les Belles Lettres.
— 1990, *Poétique*, Paris, Librairie Générale Française, Livre de Poche, n° 6734.
ARNAULD A. et NICOLE P., 1981 (1662), *La Logique ou l'art de penser*, Paris, Vrin.
AUTHIER-REVUZ J., 1982, «Hétérogénéité montrée et hétérogénéité constitutive : éléments pour une approche de l'autre dans le discours», *DRLAV*, n° 26, Université Paris-Vincennes.
— 1987, «L'auto-représentation opacifiante du dire dans certaines formes de couplages», *DRLAV*, n°ˢ 36-37, Université de Paris 8.
BAKHTINE M., 1978, *Esthétique et théorie du roman*, Paris, Gallimard.
— 1981, *The Dialogic Imagination*, Austin, University of Texas Press.

— 1984, *Esthétique de la création verbale*, Paris, Gallimard.
BAKHTINE-VOLOCHINOV V.N., 1977, *Le Marxisme et la philosophie du langage*, Paris, Minuit.
BALLY Ch., 1965 (1925), *Le Langage et la vie*, Genève, Droz.
— 1965b (1944), *Linguistique générale et linguistique française*, Berne, A. Francke AG Verlag.
BARTHES R., 1970, «L'ancienne rhétorique. Aide mémoire», *Communications*, n° 16, Paris, Le Seuil.
— 1971, «De l'œuvre au texte», *Revue d'esthétique*; repris dans *Le Bruissement de la langue*, Paris, Le Seuil, 1984.
— 1973, *Le Plaisir du texte*, Le Seuil, Paris.
— 1977, *Fragments d'un discours amoureux*, Le Seuil, Paris.
BEAUGRANDE R. A. de 1980, *Text, Discourse and Process : Toward a Multidisciplinary Science of Texts*, Londres, Longman.
— 1981, «Design criteria for process models of reading», *Reading Reseach Quarterly*, 2, trad. fr. in Denhière 1985.
BEAUGRANDE R. A. de et DRESSLER W.U., 1981, *Introduction to textlinguistics*, London, Longman.
BEAUZEE N., 1986, article «Mot» de l'*Encyclopédie méthodique du XVIIIe siècle*, in P. Swiggers 1986.
BELLERT I., 1970, «On a condition of coherence of Textes», *Semiotica 4*, La Haye, Mouton.
BENTOLILA A., 1981, «Fleurs de lire et liserons», *Communication et langage*, n° 48, Paris, Retz.
BENVENISTE E., 1966, *Problèmes de linguistique générale I*, Paris, Gallimard.
— 1974, *Problèmes de linguistique générale II*, Paris, Gallimard.
BERRENDONNER A., 1981, *Eléments de pragmatique linguistique*, Paris, Minuit.
— 1983, «Connecteurs pragmatiques et anaphore», *Cahiers de linguistique française*, n° 5, Université de Genève.
BIERWISCH M., 1971, Compte rendu de *Discourse Analysis* de Z. S. Harris in *Literaturwissenschaft und Linguistik*, vol. 1, J. Ihwe éd., Francfort, Athenäum Verlag.
BLAIR H., 1830 (1797), *Leçons de rhétorique et de Belles Lettres*, 3 volumes, traduction française, Paris, Ledendru libraire.
BLANCHE-BENVENISTE C., STEFANINI J. et VAN DEN EYNDE K., 1987, *Pronom et syntaxe : l'approche pronominale et son application en français*, 2e éd., S.E.L.A.F.
BLANCHE-BENVENISTE C. et JEANJEAN C., 1987, *Le français parlé*, Paris, Didier-I.N.A.L.F.
BLINKENBERG A., 1928, *L'ordre des mots en français contemporain*, Copenhague, Levin et Munksgaard.
BONNEFOY Y., 1987, *Récits en rêve*, Mercure de France, Paris.
— 1988, «La poésie et l'Université», *Le Français dans le monde*, n° spécial, février/mars, Hachette.
BOSREDON B. 1987 «Si dire c'est faire, reprendre c'est faire quoi?», *Langue Française*, n° 73, Paris, Larousse.
BRINKER K., 1985, *Linguistische Textanalyse*, Berlin, Schmidt.
BRONCKART J.-P. et al., 1985, *Le Fonctionnement des discours*, Paris, Delachaux et Niestlé.
BROWN G. et YULE G., 1983, *Discourse Analysis*, Cambridge University Press.
BRUNOT F., 1966, *Histoire de la langue française*, tome 6, Paris, A. Colin.
CADIOT A. et al., 1979, «Oui mais, non mais, il y a dialogue et dialogue», *Langue Française*, n° 42, Paris, Larousse.
CADIOT A. et al., 1985, «Enfin, marqueur métalinguistique», *Journal of pragmatics*, n° 9, North-Holland, Amsterdam.
CARON J., 1983, *Les Régulations du discours*, Paris, P.U.F.
— 1984, «Les opérateurs discursifs comme instructions de traitement», *Verbum*, tome 7, fasc. 2, Université de Nancy.
— 1984-1985, «Le rôle des marques argumentatives dans le rappel d'un texte», *Bulletin de psychologie*, tome 38, n° 371, Paris.
CHAROLLES M., 1978, «Introduction aux problèmes de la cohérence des textes», *Langue française*, n° 38, Paris, Larousse.

— 1984, «En réalité et en fin de compte et la résolution des oppositions», *Travaux du Centre de Recherches Sémiologiques*, n° 47, Université de Neuchâtel.
— 1986, «La gestion des orientations argumentatives dans une activité rédactionnelle», *Pratiques*, n° 49, Metz.
— 1987, «Spécificité et portée des prises en charge en SELON A», in *Pensée naturelle, logique et langage*, volume d'hommage à J.-B. Grize, Université de Neuchâtel.
— 1988, «Les plans d'organisation textuelle : période, chaînes, portées et séquences», *Pratiques*, n° 57, Metz.
CHAROLLES M. et COLTIER D., 1986, «Le contrôle de la compréhension dans une activité rédactionnelle : éléments pour l'analyse des reformulations paraphrastiques», *Pratiques*, n° 49, Metz.
CHERCHI L., 1978, «L'ellipse comme facteur de cohérence», *Langue Française*, n° 38, Paris, Larousse.
CHEVALIER J.-C. et al., 1980, «Quelques éléments pour une étude de la concession», *Pratiques*, n° 28, Metz.
COLTIER D., 1986, «Approches du texte explicatif», *Pratiques*, n° 51, Metz.
COLTIER D. et TURCO G., 1988, «Des agents doubles de l'organisation textuelle : les marqueurs d'intégration linéaire», *Pratiques*, n° 57, Metz.
COMBETTES B., 1983, *Pour une grammaire textuelle, La progression thématique*, Bruxelles, De Boeck-Duculot.
— 1986, «Introduction et reprise des éléments d'un texte», *Pratiques*, n° 49, Metz.
CORBLIN F., 1983a, «Définis et démonstratifs dans la reprise immédiate», *Le Français moderne*, n° 2, Paris.
— 1983b, «Les désignateurs dans le roman», *Poétique*, n° 54, Paris, Le Seuil.
— 1987, *Indéfinis, définis et démonstratifs*, Genève, Droz.
COSERIU E., 1981, *Textlinguistik — Eine Einführung*, Tübingen, Narr.
COSTE D., 1978, «Lecture et compétence de communication», *Le Français dans le monde*, n° 141, Paris, Hachette-Larousse.
CULIOLI A., 1973, «Sur quelques contradictions en linguistique», *Communications*, n° 20, Paris, Le Seuil.
— 1979, «Valeurs modales et opérations énonciatives», *Modèles linguistiques*, I, 2, Presses Universitaires de Lille.
— 1984, Préface de *La Langue au ras du texte*, Atlani et al. éds., P.U. Lille.
DAHL Ö., 1985, «Remarques sur le générique», *Langages*, n° 79, Paris, Larousse.
DAMAMME Gilbert B., 1989, *La Série énumérative*, Genève-Paris, Droz.
DANJOU-FLAUX N., 1980, «A propos de de fait, en fait, en effet et effectivement», *Le Français moderne*, n° 48, Paris.
Degrés, 1986, n°s 46-47, «Science(s) du texte», Bruxelles.
DENHIERE G., éd. 1985, *Il était une fois*, P.U. Lille.
DIJK T.A. van, 1972, *Some Aspects of Text Grammars*, Paris-La Haye, Mouton.
— 1973a, «Grammaires textuelles et structures narratives», in *Sémiotique narrative et textuelle*, C. Chabrol éd., Paris, Larousse.
— 1973b, «Modèles génératifs en théorie littéraire», in *Essais de la théorie du texte*, Bouazis, Avalle, Brandt et al., Paris, Galilée.
— 1976, *Pragmatics of Language and Literature*, North Holland, Amsterdam.
— 1977a, *Text and Context. Explorations in the semantic and pragmatic of discourse*, London, Longman.
— 1977b, «Macro-structures sémantiques et cadres de connaissances dans la compréhension du discours», in *Denhière*, 1985 pour la trad. fr.
— 1980, *Macrostructures*, Hillsdale, Erlbaum, N.J.
— 1981a, «Le texte : structures et fonctions. Introduction élémentaire à la science du texte», in *Théorie de la littérature*, A. Kibedi Varga éd., Picard, Paris.
— 1981b, «Etudes du discours et enseignement», *Linguistique et sémiologie*, P.U. Lyon.
— 1984, «Texte» in *Dictionnaire des littératures de langue française*, de Beaumarchais et al. éds., Bordas, Paris.
— (éd.) 1985, *Handbook of Discourse Analysis* (4 volumes), Londres, Academic Press.
DIJK T.A. VAN et KINTSCH W., 1978, «Toward a Model of Text Comprehension and Production», *Psychological Review*, n° 85, 5; trad. fr. in Denhière 1984 éd.

DIMTER M., 1985, «On text classification», in *Discourse and Literature : New Approaches to the Analysis of Literary Genres*, T.A. van Dijk éd., Amsterdam et Philadelphia, John Benjamins.
DITTMAR N., 1988, «A propos de l'interaction entre la construction du thème et l'organisation de la conversation : l'exemple du discours thérapeutique», *Langue Française*, n° 78, Paris, Larousse.
DRESSLER W.U. éd., *Current trends in textlinguistics*, Berlin, Walter de Gruyter (Coll. Reseach in Text Theory), 1978.
DUCROT O., 1972, *Dire et ne pas dire*, Paris, Hermann.
— 1978, «Deux MAIS?», journée d'étude du 18-8-1978 : *Syntaxe et sens*, Université René Descartes.
— 1980, *Les mots du discours*, Paris, Minuit.
— 1984, *Le dire et le dit*, Paris, Minuit.
— 1989, *Logique, structure, énonciation*, Paris, Minuit.
DUPRIEZ B., 1984, *Gradus*, 10/18, Paris, UGE.
ECO U., 1985 (1979), *Lector in fabula*, Paris, Grasset pour la traduction française.
— 1988, *Sémiotique et philosophie du langage*, Paris, P.U.F.
ENKVIST N.E., 1986, «Linearisation, text type, and parameter weighting», in *Language and Discourse : Test and Protest. A Festschrift for Petr Sgall*, J.L. Mey éd., Amsterdam et Philadelphia, John Benjamins.
Etudes de linguistique appliquée, n° 68, 1987, «La Reformulation. Pratiques, problèmes, propositions», C. Normand éd., Paris, Didier.
EVERAERT-DESMEDT N., 1984, «La litanie publicitaire : valeurs fiduciaires et persuasion», *Argumentation et valeurs*, Actes du colloque d'Albi, G. Maurand éd., Université de Toulouse-le-Mirail.
FAUCONNIER G., 1984, *Espaces mentaux*, Paris, Minuit.
FAYOL M., 1985, *Le Récit et sa construction*, Neuchâtel-Paris, Delachaux et Niestlé.
FINKIELKRAUT A., 1976, «Sur la formule ‹je t'aime›», *Critique*, n° 348, Minuit, Paris.
FLAHAUT F., 1982, «Sur le rôle des représentations supposées partagées dans la communication», *Connexions*, n° 38, Paris, EPI.
FRANKE W., 1987, «Textypen-Textsorten-Textexemplare : Ein Ansatz zu ihrer Klassifizierung und Beschreibung», *Zeitschrift für germanistische Linguistik*, n° 15.
FUCHS C., 1982, *La paraphrase*, Paris, P.U.F.
FUCHS C. (éd.), 1985, *Aspects de l'ambiguïté et de la paraphrase dans les langues naturelles*, Berne, Peter Lang.
GALAY J.-L., 1974, «Le texte et la forme», *Revue Européenne des Sciences Sociales*, tome XII, n° 32, Paris, Droz.
GARCIA C., 1980, «Argumenter à l'oral : de la discussion au débat», *Pratiques*, n° 28, Metz.
GENETTE G., 1979, *Introduction à l'architexte*, Seuil, Paris.
GISLIMBERTI S., 1988, *Coesione testuale*, Gottfried Egest Verlag.
GREIMAS A.J., 1966, *Sémantique structurale*, Paris, Larousse.
— 1983, *Du sens II*, Paris, Le Seuil.
GRESILLON A. et MAINGUENEAU D., 1984, «Polyphonie, proverbe et détournement», *Langages*, n° 73, Paris, Larousse.
GROUPE μ, 1977, *Rhétorique de la poésie*, Bruxelles, éd. Complexe.
GRUNIG R., 1982, «La sémantique des mondes possibles et ses limites», *DRLAV*, n° 26, Presses Universitaires de Paris VIII.
GÜLICH E. et KOTSCHI T., 1983, «Les marqueurs de la reformulation paraphrastique», *Cahiers de linguistique française*, n° 5, Université de Genève.
GUMBRECHT H.U., 1978, *Funktionen parlamentarischer Rhetorik in der Französischen Revolution. Vorstudien zur Entwicklung einer historischen Textpragmatik*, München, Fink.
— 1979a, «Persuader ceux qui pensent comme vous. Les fonctions du discours épidictique sur la mort de Marat», *Poétique*, n° 39, Paris, Le Seuil.
— 1979b, «Faszinationstyp Hagiographie-ein historisches Experiment zur Gattungstheorie», in *Deutsche Literatur in Mittelalter-Kontakte und Perspektiven*, Ch. Cormeau éd., Stuttgart.

HALLIDAY M.A.K. et HASAN R., 1976, *Cohesion in English*, Longman.
HAMON Ph., 1981, *Introduction à l'analyse du descriptif*, Hachette, Paris.
HARRIS Z.S., 1969, «Analyse de discours», *Langages*, n° 13, Paris, Didier-Larousse.
HATAKEYAMA K., PETÖFI J.S. et SÖZER E., 1984, «Texte, connexité, cohésion, cohérence», *Document de travail* série A, n°s 132-134, Université d'Urbino.
HLAVA Z. et VIEHWEGER D., 1985, *Aspects of Text Organisation*, Prague.
HOUDEBINE J.-L., 1968, «Première approche de la notion de texte», in *Théorie d'ensemble*, Tel Quel éd., Paris, Le Seuil, coll. Points, n° 121.
JACQUES F., 1987, «Le mouvement du texte», in *Le texte comme objet philosophique*, J. Greisch éd., Beauchesne, Paris.
JAKOBSON R., 1973, *Questions de poétique*, Paris, Le Seuil.
JAKOBSON R. et POMORSKA K., 1980, *Dialogues*, Paris, Flammarion.
JAUSS H.R., 1982, «Le Texte poétique et le changement d'horizon de la lecture», in *Problèmes actuels de la lecture*, Colloque de Cerisy, Bibliothèque des signes, Paris.
JAYEZ J., 1983, «La ‹conclusion› : pour quoi faire?», *SIGMA*, n° 7.
JEANNERET R., 1973, *Recherches sur l'hymne et la prière chez Virgile*, Bruxelles. AIMAV et Paris, Didier.
KASSAI G., 1976, «A propos de la linguistique textuelle», *La Linguistique*, vol. 12, fasc. 2, Paris, P.U.F.
KESIK M., 1989, *La cataphore*, Paris, P.U.F.
KINTSCH W., 1981-1982, «Aspects de la compréhension du texte», *Bulletin de psychologie*, n° 356, Paris.
KLEIBER G., 1988, «Sur l'anaphore démonstrative», in *Nouvelles recherches en grammaire*, G. Maurand éd., Université de Toulouse-le-Mirail.
— 1989, «Sur la définition du proverbe», *Europhras 88, Phraséologie Contrastive*, Actes du Colloque international Klingenthal-Strasbourg, Coll. Recherches Germaniques, n° 2, Université de Strasbourg.
— 1990, «Quand IL n'a pas d'antécédent», *Langages*, n° 97, Paris, Larousse.
KRISTEVA J., 1969, «Le texte et sa science», in *Séméiotiké, Recherches pour une sémanalyse*, Le Seuil, Paris, coll. Points, n° 96.
KURODA S.Y, 1973, «Le jugement catégorique et le jugement thétique : exemples tirés de la syntaxe japonaise», *Langages*, n° 30, Paris, Larousse.
LABOV W., 1978, *Le Parler ordinaire*, vol.1, Paris, Minuit.
LANE Ph., 1989, *Le Paratexte éditorial : analyse pragmatique et textuelle*, Thèse non publiée, Université de Haute Normandie.
LE BIDOIS G. et R., 1938, *Syntaxe du français moderne, ses fondements historiques et psychologiques*, tome II, § 1467-1468, Picard, Paris.
LEHMANN D et MOIRAND S., 1980, «Une approche communicative de la lecture», *Le Français dans le monde*, n° 153, Paris, Hachette-Larousse.
LONGACRE R.E., 1968, *Discourse, Paragraphe and Sentence Structure in Selected Philipine Languages*, Santa Ana, Summer Institute of Linguistics.
— 1972, *Hierarchy and Universality of Discourse Constituents in New Guinea Languages*, vol. 1 et 2, Washington, Georgetown University Press.
— 1982, «Discourse typology in relation to language typology», Sture Allén éd., *Text Processing, Proceeding of Nobel Symposium 51*, Stockholm, Almquist et Wiksell.
— 1983, *The Grammar of Discourse*, New York, Plenum.
Linguistique et sémiologie, 1978, n° 5, «Textlinguistik», P.U. Lyon.
LUNDQUIST L., 1980, *La cohérence textuelle : Syntaxe, sémantique, pragmatique*, Nyt Nordisk Forlag Arnold Busck, Copenhague.
— *L'Analyse textuelle*, Paris, CEDIC.
— 1987, «Cohérence : marqueurs d'orientation argumentative et programme argumentatif», *Semantikos*, vol. 9, n° 2, Paris.
MAINGUENEAU D., 1976, *Initiation aux méthodes de l'analyse de discours*, Hachette, Paris.
— 1984, *Genèse du discours*, Bruxelles, Mardaga.
— 1987, *Nouvelles tendances en analyse de discours*, Hachette, Paris.
MANNONI O., 1980, *Clefs pour l'Imaginaire ou l'Autre scène*, Le Seuil, Paris.
— *Un commencement qui n'en finit pas*, Le Seuil, Paris.

MARANDIN J.-M., 1986, «CE est un autre. L'interprétation anaphorique du syntagme démonstratif», *Langages*, n° 81, Paris, Larousse.
MARTIN R., 1969, «Analyse sémantique du mot PEU», *Langue Française*, n° 4, Larousse, Paris.
— 1983, *Pour une logique du sens*, Paris, P.U.F.
— 1985a, «Argumentation et sémantique des mondes possibles», *Revue Internationale de philosophie*, n° 155/4.
— 1985b, «Langage et temps De dicto», *Langue Française*, n° 67, Paris, Larousse.
MEYER M., 1986, *De la problématologie*, Bruxelles, Mardaga.
MILNER J.-C., 1982, *Ordres et raisons de langue*, Le Seuil, Paris.
MOESCHLER J., 1982, *Dire et contredire*, Peter Lang, Berne.
— 1985, *Argumentation et conversation : éléments pour une analyse pragmatique du discours*, Paris, Hatier, coll. LAL.
— 1989, *Modélisation du dialogue*, Paris, Hermès.
MORTARA GARAVELLI B., 1988, «Tipologia dei testi» in G. Holtus *et al.* : *Lexikon der romanistischen Linguistik*, vol. IV (*Italiano, Corso, Sardo*), Tübingen, Niemeyer.
MURAT M., 1987, «C'est-à-dire ou la reprise interprétative», *Langue Française*, n° 73, Larousse, Paris.
NEF F., 1980, «Notes pour une pragmatique textuelle. Macro-actes indirects et dérivation rétroactive», *Communications*, n° 32, Paris, Le Seuil.
— 1986, «Sémantique discursive et argumentation», *Cahiers de linguistique française*, n° 7, Université de Genève.
NGUYEN T., 1985, «Sens et interprétation», *Semantikos*, vol. 8, n° 1, Paris.
NØLKE H., 1985, «Le subjonctif. Fragments d'une théorie énonciative», *Langages*, n° 50, Paris, Larousse.
PAVEL Th., 1988 (1986), *Univers de la fiction*, Paris, Le Seuil.
PELLISSIER A., 1883, *Principes de rhétorique française*, Paris, Hachette.
PERRIN L., 1989, «L'interprétation du discours rapporté» in *Modèles du discours. Recherches actuelles en Suisse romande*, Berne, Peter Lang.
PETÖFI J.S., 1975, *Vers une théorie partielle du texte*, Helmut Buske Verlag, Hamburg.
PETÖFI J.S. et REISER H., 1973, *Studies in Text Grammar*, Dordrecht, D. Reidel Publishing Company.
PLANTIN Chr., 1978, «Deux MAIS», *Semantikos*, vol. 2, n°[os] 2/3.
PROUST M., 1987 (1920), «A propos du ‹style› de Flaubert», in *Sur Baudelaire, Flaubert et Morand*, Bruxelles, Complexe.
RASTIER F., 1987, *Sémantique interprétative*, Paris, P.U.F.
— 1988, «Microsémantique et syntaxe», *L'information grammaticale*, n° 37, Paris.
— 1989, *Sens et textualité*, Paris, Hachette.
REBOUL O., 1984, *La rhétorique*, «Que sais-je?», n° 2133, Paris, P.U.F.
REICHLER-BEGUELIN M.-J., 1988, «Anaphore, cataphore et mémoire discursive», *Pratiques*, n° 57, Metz.
REMI-GIRAUD S., 1987, «Délimitation et hiérarchisation des échanges dans le dialogue», in *Décrire la conversation*, coll. P.U. Lyon.
REVAZ F., 1987, «Du descriptif au narratif et à l'injonctif», *Pratiques*, n° 56, Metz.
RICARDOU J., 1988, *Nouveaux problèmes du roman*, Le Seuil, Paris.
— 1987-1988-1989, «Eléments de textique I, II, III», *Conséquences*, n°[os] 10-11-12, Paris, Les impressions nouvelles.
RICŒUR P., 1986, *Du texte à l'action, Essai d'herméneutique, 2*, Paris, Esprit/Le Seuil.
RIMMON-KENAN S., 1985, «Qu'est-ce qu'un thème?», *Poétique*, n° 65, Paris, Le Seuil.
ROULET E., 1986, «Complétude interactive et mouvements discursifs», *Cahiers de linguistique française*, n° 7, Université de Genève.
— 1987, «Complétude interactive et connecteurs reformulatifs», *Cahiers de linguistique française*, n° 8, Université de Genève.
— 1989, «De la structure de la conversation à la structure d'autres types de discours», in *Modèles du discours. Recherches actuelles en Suisse romande*, Ch. Rubattel éd., Berne, Peter Lang.
ROULET E. *et al*, 1981, «Echanges, interventions et actes de langage dans la structure de la conversation», *Etudes de linguistique appliquée*, n° 44, Paris, Didier.

— 1985, *L'Articulation du discours en français contemporain*, Berne, Peter Lang.
RÜCK H., 1980 (1978), *Linguistique textuelle et enseignement du français*, trad. fr. J.-P. Colin, Paris, CREDIF-Hatier, coll. LAL.
RUTTEN F., 1980, «Sur les notions de texte et de lecture dans une théorie de la réception», *Revue des sciences humaines*, n° 177, Université de Lille III.
RUWET N., 1975, «Parallélismes et déviations en poésie», in *Langue, discours, société*, vol. collectif en hommage à E. Benveniste, Kristeva, Milner, Ruwet éds., Paris, Le Seuil.
SCHAEFFER J.-M., 1989, *Qu'est-ce qu'un genre littéraire ?*, Paris, Le seuil.
SCHELLING M., 1982, «Quelques modalités de clôture : les conclusifs finalement, en somme, au fond, de toute façon», *Cahiers de linguistique française*, n° 4, Université de Genève.
SCHLIEBEN-LANGE B., 1976, «Für eine historische Analyse von Sprechakten», in *Sprachtheorie und Pragmatik*, H. Weber et H. Weydt éds., Akten des 10. Linguistischen Kolloquiums, Tübingen, Niemeyer.
— 1977, «Pour une sociolinguistique pragmatique. Esquisse méthodologique», *Lengas* 2.
— 1979, *Linguistische Pragmatik. Zweite über arbeitete Auflage*, Stuttgart, Kohlhammer.
SEARLE J.R., 1982 (1979), *Sens et expression*, Paris, Minuit.
SEARLE J.R. et VANDERKELEN D., 1985, *Foundations of Illocutionary Logic*, Cambridge University Press.
SERIOT P., 1988, «L'anaphore et le fil du discours (sur l'interprétation des nominalisations en français et en russe)», in *Opérateurs syntaxiques et cohésion discursive*, H. NØlke éd., Nyt Nordisk Forlag Arnold Busck.
SLAKTA D., 1975, «L'ordre du texte», *Etudes de linguistique appliquée*, n° 19, Paris, Didier-Larousse.
— 1977, «Introduction à la grammaire de texte», *Actes de la session de linguistique de Bourg-Saint-Maurice*, 4-8 septembre 1977, publication du Conseil scientifique de la Sorbonne Nouvelle-Paris III.
— 1982, «Sémiologie et grammaire du nom propre dans Un prince de la bohème», Colloque de Cerisy : *Balzac, l'invention du roman*, Paris, Belfond.
— 1985, «Grammaire de texte : synonymie et paraphrase», in C. Fuchs 1985.
SOWINSKI B., 1983, *Textlinguistik, eine Einführung*, Stuttgart, Köhl, Mainz, Kohlhammer.
SPENGLER N. de, 1980, «Première approche des marqueurs d'interactivité», *Cahiers de linguistique française*, n° 1, Université de Genève.
SPERBER D., 1975, «Eléments de rhétorique cognitive», *Poétique*, n° 23, Paris, Le Seuil.
SWIGGERS P., 1986, *Grammaire et théorie du langage au XVIIIe siècle : «Mot», «Temps» et «Mode» dans l'Encyclopédie méthodique*, P.U. Lille.
TAMBA-MECZ I., 1983, «L'ellipse, phénomène discursif et métalinguistique», *Histoire, épistémologie, langage*, tome 5, fascicule 1, P.U. Lille.
VANDERKELEN D., 1988, *Les Actes de discours*, Bruxelles-Liège, Mardaga.
WEINRICH H., 1973 (1964), *Le Temps*, Paris, Le seuil.
— 1977, *Sprache in Texten*, Stuttgart.
— 1988, «Pour une histoire littéraire du lecteur», trad. fr. de *Literatur für Lesser* (Munich, D.T.V. 1986), in *Le Français dans le monde*, numéro spécial février/mars, Paris, Hachette.
— 1989 (1982), *Grammaire textuelle du français*, trad. fr. G. Dalgalian et D. Malbert, Paris, Didier/Hatier.
WELKE D., 1980, «Séquentialité et succès des Actes de Langage», *DRLAV*, n°s 22-23, Université de Paris VII.
WERLICH E., 1975, *Typologie der Texte*, Heidelberg, Quelle et Meyer.
— 1976, *A Text Grammar of English*, Heidelberg, Quelle et Meyer.
WIDDOWSON H.G., 1978, *Teaching Language as Communication*, Oxford University Press; trad. fr. Paris, Hatier, coll. L.A.L., 1981.
WITTWER J. éd., 1985, *La psycholinguistique textuelle*, numéro spécial du *Bulletin de Psychologie*, Paris.

Table des Matières

Avant-propos 7

Introduction
Le texte : un objet linguistique ? 11

1. De la phrase au texte 11
2. Point de vue local et point de vue global en linguistique 15
3. Du discours au texte 19
4. De la lecture au texte 25

PREMIERE PARTIE
VERS UNE PRAGMATIQUE TEXTUELLE 33

Chapitre 1
L'unité d'analyse textuelle : la proposition énoncée 35

1.1. Référence et construction d'une représentation discursive ... 37
1.2. Enonciation et prise en charge des propositions 38
1.3. La succession des propositions : cohésion et progression 41
1.4. De la proposition au tout signifié : la dimension configurationnelle 48

Chapitre 2
Les plans d'organisation textuelle 51

2.1. Anaphores et coréférence : les liages en chaînes 52
2.2. Prise en charge et polyphonie : les espaces sémantiques 61
2.3. La segmentation 68
2.4. De la période aux parenthésages 72

2.4.1. Définition classique de la période : unité phrastique
ou textuelle? 73
2.4.2. Du rythme de la période au texte 76
2.4.3. Regroupements de propositions marqués par des connecteurs :
les parenthésages 80
2.5. La structure séquentielle : pour une description unifiée 84
2.6. L'orientation pragmatique-configurationnelle 98
2.6.1. De la macro-structure sémantique aux isotopies 99
2.6.2. Ancrages énonciatifs 101
2.6.3. Actes de discours et orientation argumentative 103
En résumé 104

Chapitre 3
Hypothèses de base pour une pragmatique textuelle 107

Chapitre 4
Analyses textuelles : Deux exemples publicitaires 121

4.1. Complétude et incomplétude du texte 121
4.1.1. Deux cotextualisations d'une même proposition 122
4.1.2. L'enchaînement des propositions dans le syllogisme :
un texte quand même? 123
4.1.3. L'enthymème : un modèle de textualité? 125
4.1.4. Cohésion et progression : de la syntaxe au texte 128
4.1.5. De l'argumentation au «poème» : structure linguistique
subliminale en publicité 129
4.1.6. De la macro-structure sémantique à l'orientation
argumentative 131
4.2. Structure séquentielle descriptive et orientation argumentative 133

DEUXIEME PARTIE
ESSAIS DE PRAGMATIQUE TEXTUELLE : ORGANISATEURS
(énumératifs et reformulatifs) ET CONNECTEURS (mais et certes) .. 141

Chapitre 1
Aspects de la structuration du texte descriptif : les marqueurs
d'énumération et de reformulation 143

1.1. Un cadre textuel : la séquence descriptive 143
1.2. L'énumération et ses marques 151
1.2.1. Les organisateurs énumératifs (ou marqueurs d'intégration
linéaire) 154
1.2.1.0. Marqueurs d'intégration linéaire et construction d'une
structure hiérarchique 154
1.2.1.1. Organisateurs additifs 155
1.2.1.2. Marqueurs d'intégration linéaire proprement dits 157
1.2.1.3. D'abord, puis, ensuite, enfin 159
1.2.2. Les organisateurs temporels 161
1.2.3. Les organisateurs spatiaux 163
1.2.4. Les organisateurs IL Y A et C'EST 168
1.3. Approche textuelle de la reformulation 170

1.3.1. Ancrage, affectation et reformulation.................................. 170
1.3.2. Du marquage de la clôture à celui de la reformulation :
       autour du cas de BREF.. 174
1.3.3. Diversité des formes de l'opération de reformulation............... 177
1.3.4. Reformulation, prise en charge et polyphonie....................... 182
1.4. Connecteurs (POURTANT) et organisateurs (ENFIN)................ 187

Chapitre 2
L'exemple des connecteurs : MAIS et CERTES.......................... 191

2.1. Deux ou cinq fonctionnements de MAIS en français?................. 192
   2.1.1. MAIS <1> de renforcement-renchérissement..................... 192
   2.1.2. MAIS <2> réfutatif.. 194
   2.1.3. MAIS <3> «phatique» et/ou de démarcation de segments
          textuels... 197
   2.1.4. MAIS <4> concessif... 203
   2.1.5. MAIS <5> argumentatif... 206
   2.1.6. Un fonctionnement unique de MAIS?............................. 209
2.2. CERTES : de l'assertion à la concession................................ 211
   2.2.1. Emplois isolés : la valeur assertive de CERTES................. 212
   2.2.2. Un CERTES concessif?... 218
   2.2.3. En conclusion... 225

Chapitre 3
**Analyses textuelles : un poème de Raymond Queneau
et le début d'une chanson d'Eddy Mitchell**................................. 227

3.1. Approche pragmatique et textuelle d'un poème de Raymond Queneau 227
   3.1.1. Segmentation métrico-rythmique du poème...................... 228
   3.1.2. Parenthésages et orientation argumentative..................... 230
   3.1.3. De l'argumentation au poème : retour sur un ordre
          spécifique de production de sens.................................. 233
3.2. Parenthésages et prise en charge des propositions : le début
     d'une chanson d'Eddy Mitchell.. 237
   3.2.1. La segmentation des unités textuelle (propositions)........... 240
   3.2.2. La proposition 1 : «C'est pas perdu»............................. 241
   3.2.3. La proposition 2 : fonctions et fonctionnement de PUISQUE... 243
   3.2.4. La proposition 3 : «... un peu moins fort»...................... 246
   3.2.5. La proposition 4 : «... un peu quand même».................... 249
3.3. Pour conclure... quand même.. 252

Bibliographie.. 255